云南省基础教育教学成果奖"以小学教师专业发
教育一体化实践"（2019003）

Integrated Practice in Primary Education

小学教育综合实践

孙淑芳　吴　骏◎主编

科学出版社

北　京

内 容 简 介

本书是依据《教师教育课程标准（试行）》、《小学教师专业标准（试行）》和职业教育理念，并基于云南师范大学小学教育专业10年实践教学经验而编写的，对小学职前教师教育实践能力的全面培养具有实际参考价值和意义。本书旨在构建一个"综合实践"的课程体系，涉及小学职前教师应该具备的全方位实践能力的培养，包含六大教育实践环节的内容：小学教育见习、实习与研习，小学教育毕业论文写作，小学综合实践活动设计与指导，小学教育研究实践，小学教育微格教学，小学教师教学技能与特长考核。

本书可供高校小学教育专业师生参阅，也可供小学职前教师教育实践教学参考。

图书在版编目（CIP）数据

小学教育综合实践/孙淑芳，吴骏主编. —北京：科学出版社，2022.5
ISBN 978-7-03-072261-4

Ⅰ.①小⋯ Ⅱ.①孙⋯ ②吴⋯ Ⅲ.①小学教育–教学研究 Ⅳ.①G622.0

中国版本图书馆CIP数据核字（2022）第080854号

责任编辑：崔文燕/责任校对：杨 然
责任印制：徐晓晨/封面设计：润一文化

科 学 出 版 社 出版
北京东黄城根北街16号
邮政编码：100717
http://www.sciencep.com

北京虎彩文化传播有限公司 印刷
科学出版社发行 各地新华书店经销
*
2022年5月第 一 版 开本：720×1000 1/16
2022年5月第一次印刷 印张：18 3/4
字数：320 000

定价：99.00元
（如有印装质量问题，我社负责调换）

本书编委会

主　编　孙淑芳　吴　骏

副主编　樊莹莹　王　涓　马蕾迪　严庆丽

　　　　赵忠宇　殷　飞　王一鸣　丁亚琼

　　　　石雪玲　李　晶

顾　问　邹　敏　庞玉周

前 言

2011 年，由教育部颁发实施的《教师教育课程标准（试行）》提出了"实践取向"的课程理念，指出教师教育课程应该强化实践意识，引导未来教师发展实践能力。该标准明确了小学教师教育课程目标在"教育实践与体验"目标领域的基本要求，并要求教育实践课程设置为 18 周学时。该标准在实施建议上提出：要强化教育实践环节，完善教育实践课程管理，确保教育实践课程的时间和质量。2012 年，教育部颁发的《小学教师专业标准（试行）》提出了"能力为重"的基本理念，要求把学科知识、教育理论与教育实践有机结合，突出教书育人实践能力，大胆开展教育教学实践。从以上可见，我国在小学教师培养上，从教育理念、课程目标、课程设置、具体实施上都尤为重视教育实践，倡导发展其实践能力，将理论知识转化为实际的技能。

云南师范大学小学教育专业已经建设起完备的从本科到研究生培养的小学教师职前教育体系，获得了云南省基础教育教学成果奖一等奖和省级一流本科专业建设点。小学教育专业从 2011 年开办即提出以立德树人为宗旨、"双核"能力为导向，树立"知行合一、追求卓越"的人才培养理念，确立"能力本位"的高水平高素质小学教师的培养目标。根据《教师教育课程标准（试行）》和《小学教师专业标准（试行）》，小学教育专业创新了"1+2+1"小学全科教师人才培养模式，重构突出学生"专业核心能力+职业核心能力"的完善课程体系和丰富多元的"大实践"教育体系。"大实践"教育体系紧密结合基础教育改革发展需求，以实践为导向，由课堂教学实践、教学技能训练、教育教学实践、教育教学研究、艺体教育活动和创新创业活动 6 个维度组成。在一个人才培养周期中将这 6 个方面的实践环节有机融合在一起，改变了过去单一的实践教育体系，形成了丰富多元的"大实践"教育体系。该体系深化实践教育教学模式改革，变革师范生学习方式，实施过程性评价，优化评价方法，丰富和完善实践教育教学体系，从多方面和多角度培养学生的实践教育教学能力。

云南师范大学小学教育专业借助省职教师资培养基地、省高职教育创新发展行动计划骨干专业、省小学公费师范生培养单位等项目为平台，以小学教育专业教育实践为契机，形成了政府、高校、教研机构和小学"四位一体"（G-U-I-S）的协同培养机制，发挥师范生培养的合力作用，为师范生提供更多教育教学实践的平台。2013年，在云南省教育厅支持下，云南师范大学倡导成立"云南师范大学—小学教师教育联盟"并签订合作协议，与云南师范大学附属小学（简称"云南师大附小"）、春城小学等20余所小学共建教育实践基地，互聘教师，开展"高校—小学"合作教研活动，联合培养本科生、教育硕士研究生。邀请名师工作室主持人、一线优秀教师到学校担任教学法教师，组建由师范生和专任教师，以及合作学校的小学优秀教师三方组成的"教学技能训练协作团"，促进师范生教学技能的发展。同时，也邀请大量小学名师进入学校担任本科生毕业论文指导教师和教育硕士毕业论文第二导师、担任本科生教学技能类课程的主讲教师，担任本科生教学技能比赛的评委等。

本书正是基于云南师范大学小学教育专业10年教育教学实践成果，并针对目前小学教育综合实践书籍稀少的现状，编写了这部侧重实训的专著。本书旨在构建一个"综合实践"的课程体系，涉及小学职前教师应该具备的全方位实践能力的培养，包含六大教育实践环节的内容：小学教育见习、实习与研习，小学教育毕业论文写作，小学综合实践活动设计与指导，小学教育研究实践，小学教育微格教学，小学教师教学技能与特长考核。

第一章　小学教育见习、实习与研习。师范生教育实践是教师教育课程的重要组成部分，是教师培养的必要环节。小学教育专业的教育见习、实习与研习不仅是教育实践课程的主要内容，而且这三种教育实践活动互为衔接、有序连贯、循序渐进、螺旋上升，使师范生将已获得的专业知识和基本技能运用于小学教育教学之中，全面提高其专业素养。这三种教育实践活动既是师范生将知识转化为能力的关键环节，也是师范生提高教学技能的主要途径。

第二章　小学教育毕业论文写作。小学教育毕业论文的写作是学校对小学教育师范毕业生的教育理论基础、专业知识、学术水平、科研能力、创新能力等综合评定的一种重要的手段，是检验学生专业理论知识和技能掌握程度的重要标准之一，也是小学教育师范毕业生申请学位的基本依据之一，兼具综合性和实践性，是提高学生综合能力和创新精神的重要实践环节。

第三章　小学综合实践活动设计与指导。作为小学教师，应该具备综合实践活动设计与指导的能力。综合实践活动是我国新的小学课程体系中增设的一门高度综合的课程，该课程不是其他学科课程的延伸或辅助，而是具有独特功能和价值的独立课程，具有与其他学科课程同等的地位。小学综合实践活动课程有助于培养小学生的综合实践能力、探究与创新精神，以及社会责任感。本章主要通过考察探究活动的设计与指导、设计制作活动的设计与指导、社会服务类活动设计、职业体验类活动设计四个方面，阐述综合实践活动的基本知识在教育实践中的应用，培养师范生进行小学综合实践活动设计与指导的能力。

第四章　小学教育研究实践。小学教师的本职工作和角色是多方面的，既包括教书育人，也包括做好科学研究。从教师职业发展的角度看，小学教师也要将教育研究作为自己的工作内容之一。时代的发展要求教师要从经验型转向学者型、专家型，通过研究获得某些规律或原理，又能够将这些规律或原理应用到教育实践中解决实际问题，或者说迁移到教育实践中。在这个过程中，教师既提高了理论素养，又解决了实际问题，促进了专业发展，提高了教育质量。本章主要包括小学教育研究概述、小学教育研究的类型、小学教育研究的方法、小学教育研究的步骤四个方面内容。

第五章　小学教育微格教学。微格教学是一种利用现代化教学技术手段来培训师范生和在职教师教学技能的系统方法，让其在模拟情境中模拟教学、尝试小型的课堂教学，并把这种教学过程摄制成录像，以便课后进行分析。这是训练师范生和提高其教学水平的一个重要途径。微格教学模式主张教学既是一门艺术，也是一门技术。技术是可以在培养中逐渐进步的，因此，教学技能也是可以在一次次的锻炼中逐渐提高的。

第六章　小学教师教学技能与特长考核。小学教师教学技能与特长是小学教师专业与职业的核心能力。教学技能是小学教师的基本技能，特长是提升教学效果的一种筹码。当好教师需要专业技能，从案头到操作都需要技巧和艺术，课堂是师生展示才艺的舞台，教师技能与特长有自己的内容。如何考量师范生教学技能与特长掌握情况，就用到考核，考核是对学习的督促，对成果的检验。考核方式应具有多样性，应将证书认定、考试通过、作品呈现相结合。

本书注重实践教学，以小学教育专业师范生为学习主体，帮助学生在实践操作中掌握所应具备的教育教学实践能力。本书各章主要设计有学习目标、学习内容、复习思考、拓展资源四大板块。在学习内容中，列有较多表格、案例，有助于学生更好地学习。

本书编写团队为云南师范大学小学教育专业的教师：第一章由吴骏、王涓编写，第二章由孙淑芳、樊莹莹编写，第三章由王一鸣、丁亚琼编写，第四章由马蕾迪、赵忠宇编写，第五章由严庆丽、李晶编写，第六章由殷飞、石雪玲编写。前言由孙淑芳、吴骏撰写。小学教育专业的研究生李启鹅、石巧芹、王灿灿、任春雨参与了资料的收集与整理等编写工作。本书依托小学教育专业已经获得的云南省基础教育教学成果奖一等奖和云南省一流本科专业建设点，在学院领导的大力支持下，由副院长邹敏和院长助理庞玉周具体负责和指导，由孙淑芳、吴骏列出编写理念、编写计划和编写提纲，经编写团队共同讨论之后开始着手编写，最后由孙淑芳统稿完成。

本书对于小学教师教育实践能力的全面培养具有实际参考价值和意义，但肯定也存在一些不足之处，请各位读者批评指正！

孙淑芳　吴　骏

2022年4月于昆明

目 录

第一章　小学教育见习、实习与研习

【学习目标】

- 了解小学教育见习、实习和研习的目的和意义。
- 熟悉小学教育见习、实习和研习的内容和方法。
- 能够开展小学教育见习、实习和研习相应的活动。
- 能够撰写规范的小学教育见习、实习和研习的各种报告。
- 加强自身职业道德素养，稳定专业思想，热爱小学教育事业。

　　师范生教育实践是教师教育课程的重要组成部分，是教师培养的必要环节。小学教育专业的教育见习、实习与研习不仅是教育实践课程的主要内容，而且这三种教育实践活动互为衔接、有序连贯、循序渐进、螺旋上升，使师范生将已获得的专业知识和基本技能运用于小学教育教学之中，全面提高其专业素养。这三种教育实践活动既是师范生将知识转化为能力的关键环节，也是师范生提高教学技能的主要途径。通过系统设计和有效指导下的教育实践，师范生能够深入体验教育教学工作，逐步形成良好的师德素养和职业认同，更好地理解教育教学专业知识，掌握必要的教育教学能力，为从事小学教育教学工作和持续的专业发展奠定扎实的基础。

第一节　小学教育见习

　　教育见习作为教师教育实践教学的一个环节，是教育理论联系教育实践的重要途径。教育见习可以弥补课堂教学的不足，提高师范生对教育教学理论的理解能力，也是师范生对将要从事的工作进行的一种现场了解和体验，是师范生提高学习兴趣、内化学习需求的重要途径，有助于师范生加深对基础教育的理解，促使师范生及早进入职业角色状态，丰富其教育教学工作经验，增强其上岗的适应性。①

一、教育见习的目的

教育见习不仅可以提高师范生对基础教育工作的感性认识，促进理性思考，而且有助于未来教师的角色转换和培养，有助于未来教师的和谐成长和终身发展。教育见习的具体目的如下。

（一）接触教育实践，理论联系实际

教育见习是小学教育专业课程体系的重要组成部分，是教育理论联系教育实践的一个重要环节：形成基础教育阶段学校教育教学工作的感性认识，了解教育教学规律的运用，尝试积累教育教学经验，提高理论与实践相结合的意识；检验自己原有的所学知识，把所掌握的书本的间接知识，转变成真正为自己所理解的、能运用自如的知识；激发师范生对所学专业的学习热情，丰富其专业知识和提高其专业技能。

（二）感受教师生活，强化敬业精神

通过近距离观察教师的职业行为，师范生经历了"了解教师专业—熟悉教师专业—热爱教师专业"的历程，能够设身处地感受教师普通而又不平凡的生活，从而对今后从事教育工作的意义和重要性有进一步的认识，以此培养良好的职业认同感，进一步树立忠于人民教育事业的思想；学习优秀教师的高尚品行，增强职业信心，提高职业道德修养。

（三）积累教育经验，为教育实习奠定基础

师范生可以了解基础教育教学的常规工作，通过观察教育教学的活动形式、教育者和受教育者的行为等，把握基础教育课程与教学改革的理念、现状和特点，并从中归纳其特点，发现和提出问题，反思所学理论知识，为教育实习奠定基础。

---

① 彭小明，蔡志凌，李梁，等. 小学教育实践教程. 北京：高等教育出版社，2019：7.

（四）全面了解小学教育，为未来教师工作做准备

师范生通过教育见习，可以了解基础教育的实际情况，了解小学教育教学的各个环节及其运行机制，了解小学教师的职业活动、小学生的学习活动及思想状况，了解和熟悉小学的教育与管理现状，增强对小学教学的适应性。教育见习不仅能帮助师范生缩短与在职教师的距离，同时也为其未来的教师工作做好充分准备。①

二、教育见习的意义

教育见习与教育实习是高等师范院校培养方案的重要组成部分，两者略有不同。教育见习是教育实习的前奏，是教育实习必不可少的步骤，是提高师范生实践能力的重要途径。教育见习不等同于教育实习。教育见习以观摩学习为主，学生通过观察他人教育教学操作行为获得对他人行为的体验，强调的是替代性经验的获得与积累。《教育部关于加强师范生教育实践的意见》明确要求，"在师范生培养方案中设置足量的教育实践课程，以教育见习、实习和研习为主要模块"，改善过去教师职前培养中理论与实践相分离的做法，提高师范生的从教实践能力。因此，教育见习和教育实习都是必不可少的。

教育见习对师范生了解基础教育、了解中小学生、巩固专业思想、印证理论知识、学习与掌握教育规律和具备初步的教育科研能力具有重要意义。

（一）丰富对教育的感性认知，奠定献身教育的思想基础

教育是有目的地培养人的活动，是提高国民素质的重要途径，发挥着文化传承和创新的重要作用。学校教育带给人的影响比较全面、系统、科学和深刻，具有高度的组织性，它引导个体的发展方向，并激发受教育者的潜能。通过教育见习，师范生能够领会教育改革和发展的战略目标和战略主题，努力促进教育科学的发展；增强政治责任感和历史使命感，以推动教育事业不断向前发展为己任；能够明白新形势、新情况带来了新任务、新问题，呼唤着新思路、新对策，更需要以新的教育理念引导我国教育改革的探索与实践。

（二）了解基础教育课程改革的情况，促进专业化学习

近年来，基础教育改革体现了新时代的要求和素质教育的理念，贯穿全新的

---

① 刘维俭，王传金. 教师职前教育实践概论. 南京：南京师范大学出版社，2006：135-138.

课程观、教材观、教学观、学习观。新课程改革以培养创新精神和实践能力为重点，以提高综合素质为目标，从根本上改变了传统的教学行为和学习方式。通过教育见习，师范生可以对基础教育教学现状进行观察和体验，了解新课程改革实施的现状、存在的问题及其解决的办法等，从而为教育实习奠定基础。

（三）初步了解教师工作，增强职业认同感

教师是推动素质教育的主力军，其教育导向直接影响着受教育者。由于知识更新的速度加快，教师的角色也在不断地受到挑战，因此，教师只有站在所任学科的前沿，才能在教学过程中有主动权。教师的职业态度和教学行为会潜移默化地影响师范生。优秀教师所表现出来的职业品质会对师范生起到榜样示范作用，会激发师范生进一步增强敬业意识、创新意识、律己意识、协作意识、服务意识等，以提升其作为未来教师的基本素养。

（四）反思自我，在不断感悟中成长

当代大学生是在改革开放的环境中成长起来的，他们在享受改革开放和发展带来的益处的同时，也存在一定的问题：一是因为高考的压力，一些大学生的优秀个性品质和个性特长在进入大学前未能得到应有的培养；二是一些大学生只注重知识的学习和积累，忽视了必要的社会实践；三是一些大学生因为生活和学习条件好转而较少考虑社会责任；四是一些大学生的思想品质、知识水平、技能结构存在不足。通过教育见习，师范生能够运用课堂学到的知识去观察社会，了解学校、教师、学生及教育教学活动，增强社会责任感；将理论联系实际，不断地完善自我，真正做到四个学会，即学会求知、学会做事、学会共处、学会做人，成为全面发展的一代新人。

（五）加强反馈，促进高等师范院校教育专业的针对性

近年来，高等师范院校的教师教育专业虽然也进行了一些教育教学改革，但是仍然存在一些不容忽视的问题。通过教育见习，高等师范院校能够及时获得反馈信息，从学生全面发展和社会对教育的实际要求出发，科学、合理地设置课程，并加强课程的针对性、灵活性、适应性，通过"公共基础必修课""专业基础必修课""专业方向课""专业选修课""教育实践"等模块，将基础理论教学、专业技能训练与实践能力培养三者有机地结合起来，形成一套科学、规范、

稳定的专业培养方案，构建一个以职业素质为核心、突出专业技能实训和教学能力实践的课程体系。①

三、教育见习的内容

教育见习的内容涉及基础教育的多个方面，主要包括观察见习学校、观察学生、观察教师、观察课堂教学、观察班主任工作、观察教研活动等。

（一）观察见习学校

见习生不仅可以通过观察见习学校了解其发展历程、教学设施、师资队伍、组织机构、教育教学办学特色等，还可以通过听见习学校的专人介绍、观看校史展览或相关视频、留意学校组织机构图、参观年级组和教研组、参观学校一天的教育活动等了解学校教育的基本情况和基本规律。

现阶段，我国小学规模不一，但大多组织健全，一般有党政组织、社团组织、年级和班级组织。负责日常教育教学运行的有三个系统，即教学管理、德育工作和后勤保障，分别有专人负责，并有领导分管。教师往往按学科组成教研室或教研组。近年来，规模较大的学校一般成立年级组，形成交叉管理的格局。班级组织是学校实施教育管理的重要组织形式，是学校学生工作管理体制中的基础单位。

见习生进入见习学校后，往往感觉既熟悉又陌生。他们会把在见习学校的所见与大学课堂的所学联系起来，促进理论与实际的结合，同时通过见习能够从不同方面感受学校教育的重要性和复杂性，从而激发自己的从教欲望，使自己尽快成长。②

（二）观察学生

观察学生就是通过观察，对学生的行为习惯、心理状态、认知水平等状况进行记录、分析和研究，在此基础上了解学生的学习与发展、洞悉学生的内心世界，为其提供学习机会，以支持其智力开发与个性发展。教师只有准确地观察和分析学生的行为特点，才能全面掌握学生的信息，并运用相应的教学策略有效地促进学生的发展。因此，关注学生的行为，善于通过恰当的途径进行观察，是对

---

① 张治勇，龚宝成. 教育实习. 芜湖：安徽师范大学出版社，2016：2-4.
② 张治勇，龚宝成. 教育实习. 芜湖：安徽师范大学出版社，2016：11-12.

教师专业化教书育人的基本要求。

第一，观察学生的直接行为。教师观察学生行为时，首先应该关注的是学生的直接行为表现，如学生的言语表达、眼神及面部表情、各类肢体行为等。在这些直接的行为表现中，言语行为是最有观察价值的行为之一，学生的言语行为直接反映了其思想与情感的需求、思维品质与性格特征。在课堂教学中，学生在回答问题或者参与讨论时，语言表达是流畅的还是杂乱无章的，声音是响亮的还是微弱的，言语表达的内容是紧扣主题的还是缺乏针对性的，都能直接反映其思维、认知特征与个性特征。

第二，观察学生的间接行为。各类作业是学生行为特征重要的间接体现。教师虽未直接看到学生做作业时的行为表现，但从他们完成的作业中还是可以间接地观察到学生作业过程中的行为特征，而且这些行为特征可以与许多特定的教育目标相关联，从而成为有意义的行为信息。

第三，观察学生行为发生的特定环境。学生的每一类行为都有其相应的行为环境。当然学生的行为并不是由环境机械地决定的，而是其自身的特征与环境相互作用的结果。例如，在有或没有老师或同学在场时，学生弯腰拾起路边的废纸投入垃圾箱的行为可能具有不同的行为意义。只有同时注意观察学生行为及其行为环境，才能正确理解学生特定行为所蕴含的意义。[①]

有学者把学生的学习状态分为五个维度：参与状态、交往状态、思维状态、情绪状态和生成状态。[②] 这种分类对学生的课堂学习状态进行了较为全面的分析，但缺乏可操作性。也有学者从学习效果、参与情况、学习态度、学习能力和交流与合作五个维度构建学生学习过程评价的指标体系，每个维度下又设定了能够反映该维度的具体指标以及权重。[③] 学习效果维度反映了学生知识与技能的教学目标；参与情况和学习态度维度能够体现情感、态度与价值观的教学目标；学习能力和交流与合作维度能够体现过程与方法的教学目标。这是建构得较为全面的评价学生学习表现的工具，但具体评价时仍需从诊断性评价、形成性评价、终结性评价等多个角度去考虑，综合采用课前调查、作业分析、观察课堂、测验、作品展示等手段来收集资料，但这种工具难以在日常课堂观察中运用。

观察学生时要把握好以下四点：①关注学生的差异，主动发现差异的存在。②尊重学生的差异。尊重是一种态度，尊重差异就是要尊重差异的存在，理解差

① 段作章，魏本亚. 基于"标准"的教育见习与实习. 北京：高等教育出版社，2018：6-7.
② 翁永电. 课堂评价视角：学生学习状态观察分析. 上海教育科研，2006（3）：68-69.
③ 郭炯，霍秀爽. 学生学习过程质性评价工具的开发与应用研究. 电化教育研究，2012，33（7）：79-84.

异存在的价值。③利用学生的差异进行教学。④注重学生的发展。一是注重学生的个性化发展，在实施差异性教学的过程中，要让学生获得个性化发展；二是注重学生的共同发展，即注重学生个体间的相互启迪与补充，最终实现每个学生的进步。

良好的观察能力包括三个基本特征：①迅速而准确。教师要善于在瞬间捕捉学生的表情和行为的变化，并迅速地掌握学生的特点，真实地判断所发生的情况或学生的心理活动。②细致而深入。教师能否抓住一些具有决定性意义的成分，特别是能否善于从隐蔽的细节中探索出学生行为的本质，才是其观察能力的关键。③全面而客观。教师要注意多角度、多途径地对学生进行观察，要兼顾学生各方面的表现。教师在观察时必须克服期待效应、平均值效应、中心论等心理倾向的影响，还原事件的本来面目，体察学生的主观感受。结合以上分析，可以从完善自身知识结构和善于总结反思两个方面来提高见习师范生的观察能力。

（三）观察教师

教育见习是师范生走出高校、迈进中小学的第一步。通过细心观察教师和感受教师的实际教学工作，师范生不仅可以深化对教育教学知识的理解，还可以发展实践性知识，深化对教师工作的认识，为将来成为合格的教师奠定专业知识基础，也为今后进一步学习教育理论和从事教学实践奠定感性认识基础，以增强教师育人的责任感与使命感。通过观察教师，师范生还可以积累丰富的教学研究案例，为入职后开展教学研究积累研究资料，有助于教学研究能力的提高。[①]对教师职业的观察可以依据我国《小学教师专业标准（试行）》，从专业理念和师德修养、专业知识和专业技能等方面进行。

教师的专业理念和师德修养可以从教师对待教育工作的责任心与自信心、对待学生的态度以及日常言谈举止中反映出来。见习生在见习过程中要注意观察教师是否关注教育现象和教育问题，是否对本职工作充满热情。另外，教师对待学生的态度和管理方法也在一定程度上反映了教师的教育理念。教师职业生活的方方面面都能折射出教师的职业道德修养水平，教师的职业态度、学生观和教学行为等因素会潜移默化地影响见习生。

教师的专业知识和专业技能可以从课堂内外的各个环节中反映出来。见习生在课前准备中，可以观察到教师的敬业精神、广阔的知识面，学习教师教学准备

---

① 段作章，魏本亚. 基于"标准"的教育见习与实习. 北京：高等教育出版社，2018：15-16.

的方法和获取信息的途径等；在课堂上，可以观察教师的教学基本功，观察其处理突发问题的教育机智；在课后辅导中，可以观察教师如何获得学生的学习情况反馈，如何对学生进行多元评价，并有针对性地改善学生的学习问题；在课后反思中，还可以观察教师的自我评价和教育研究的方法。此外，见习生通过观察教师与同事、家长、社会人士等的交流情况，能够学习如何协调多方教育力量，以实现有效教育。对教师的观察还渗透在课堂教学观察、班主任工作观察、教研活动观察等诸多见习内容之中。[①]

（四）观察课堂教学

课堂观察，就是指通过观察，对课堂的运行状况进行记录、分析和研究，并在此基础上谋求学生课堂学习的改善、促进教师发展的专业活动。作为专业活动的观察，与一般的观察活动相比，它要求观察者带着明确的目的，凭借自己的感官及有关辅助工具（观察表、录音录像设备），直接或间接地从课堂上收集资料，并依据资料进行相应的分析、研究。课堂观察是教师日常专业生活必不可少的组成部分，是教师专业学习的重要内容。课堂教学是学校教育的核心，也是最基本的教育活动，教学理念、教学模式、教学行为、教学方法、教学艺术都集中体现在课堂教学活动中。课堂教学信息量大，观察具有一定难度，因此，见习生要善于从教与学两个方面用具体、实用的方法进行观察。

1. 观察课堂教学的方法

（1）观察教师的教学状态：行为分析法和思路反思法

行为分析法指利用前述选择性行为分析技术对任课教师的教学行为进行定向分析的方法，旨在了解教师的教学风格和行为规范。对教师教学状态的观察主要涉及五个层面的内容：环节、内容呈示、对话、指导、教学机智。在环节方面，主要观察和记录教师是如何导入、过渡和进行小结的；在内容呈示方面，主要观察教师的板书，即重要的问题和原理是否突出、美观，并做好记录；在对话方面，主要观察师生的语言互动质量，教师是否有本原性、启发性的提示语，如"让我们回到思考的原点，什么是方程的解"；在指导方面，主要观察教师面对学生的思维困惑点时，能否及时、恰当地给予点拨、指导而又不越俎代庖，比如通过类比如何提高自己的讲课效果而采用反馈的方法来说明求方程近似解需要反馈

---

① 张治勇，龚宝成. 教育实习. 芜湖：安徽师范大学出版社，2016：13-14.

的道理；在教学机智方面，主要观察教师能否应对课堂中预设之外的生成性事件。思路反思法则指对任课教师的教学思路进行反思和描述，看其教学思路是否清晰和有无逻辑性。

（2）观察学生的学习状态：目视法与调查法

观察学生的学习状态时，既要对学生进行整体观察，又要对学生进行个别观察，观察内容一般包括学生的学习专注度、智力参与度和学习热情度。观察学生的学生状态的方法主要有两种：目视法和调查法。

1）目视法。目视法是广泛使用的观察方法，在观课过程中可直接进行，不必中断教学就能得到结果，并且简便易行。但是，目视法容易受到干扰，有时未必能"视"到真实的情况。为使目视法更加可靠，观课者应对观察到的情况进行由表及里的推理判断，做到既尊重观察结果又不轻信表面现象。目视法可以分为扫视法、巡视法、注视法、凝视法。前两种是群体观察方法，适用于集体教学或课堂练习、小组讨论等环节；后两种则是对个体进行观察的方法，主要适用于观课者对学生个别观察的场合。

2）调查法。通常采用问卷或访谈等方式，从学生的答案、回答语气、神态、笔记和作业的观察中获取信息，或通过学生回答问题的频数、质量和分布来测量教学效果。[①]

2. 观察课堂常见问题的对策

学生在课堂观察能力方面的不足应引起教学法课程教师的高度重视，并在教学中采取相应的措施予以弥补。那么，怎样才能增强师范生观察课堂的有效性？

（1）观察课堂前要认真备课并做好观课方案

初始接触学科教育教学的师范生对现行的学科教材内容还不熟悉，把握不了小学学科知识体系，再加上对小学生缺乏深入的了解，对于小学学科知识的教学处理拿捏不准，因此特别需要通过观摩一些优质示范课进行多方面、多角度的学习。所以，师范生观察课堂时，需要提前了解教师观摩课的内容及相关事宜，并做好必要的准备工作，比如进行课堂观察前的认真备课、钻研教材、把握内容、初步提出自己的教学设想，并进而列出自己对某个问题或某些方面的困惑及疑问，从而使课堂观察有重点，增强课堂观察的针对性和有效性。

---

① 段作章，魏本亚. 基于"标准"的教育见习与实习. 北京：高等教育出版社，2018：19-27.

（2）观察课堂中能有效记录

观察课堂时，师范生要把注意力集中在听和思考上。听课记录既是观察课堂的第一手资料，又是课后进行教学反思交流的材料和依据，更是促进教师专业成长和提高教学水平的宝贵财富。所以，师范生观察课堂时要注意观察课堂记录的有效性，记录要有重点、详略得当，对记录内容要有选择，文字要精练，通常需要记录课堂教学的结构和重要的教学活动安排、板书设计、教师的重点提问、学生的典型发言、师生的互动情况、有效的教学方法和手段等。

（3）观察课堂后认真总结和反思

师范生还应形成观察课堂后进行总结和反思的良好习惯，一定要花时间重新审视这一节课，从宏观和微观上认真反思这节课的收获，要多问几个为什么，如为什么这样处理教材，为什么这样说、这样做等。师范生还可以进行换位思考，比如想一想如果我来上这堂课，会怎么样；如果我是学生，我学会了哪些知识、获得了什么能力等。[①]

（五）观察班主任工作

班主任是全班学生的组织者、领导者和教育者。班主任工作是一项复杂的工作，其好坏直接影响着学校教育教学工作的质量，影响着未来人才的素质。观察班主任工作可以从以下几方面入手。

1. 观察班级常规建设和学生集体荣誉感的培养

班级是学生参加学习活动的主要阵地。班级常规管理得好，可以培养优良的学风，促进学习质量的提高。第一，观察班级是否制定了规章制度，从班级制度中能够看出班主任对学生日常行为规范的要求及管理方式。第二，观察学生档案，班主任会通过学生档案详细了解学生的家庭情况、性格、兴趣、特长、学习状况等，在观察中能够学习班主任分析学生情况的视角和思路。第三，观察班级集体活动的组织情况，观察班主任对学生集体荣誉感的培养。集体荣誉感是一种热爱集体、关心集体、自觉地为集体尽义务和做贡献的道德情感。它能给予人自信、自尊，是团结学生共同奋斗的凝聚力。师范生在见习班主任工作时要观察班主任如何树立起班级的良好形象，在集会、出操、劳动等集体活动中如何培养学生的集体荣誉感。

---

① 段作章，魏本亚. 基于"标准"的教育见习与实习. 北京：高等教育出版社，2018：34.

2. 观察师生关系的建立

建立良好的师生关系是做好班主任工作的基础，也是教育好学生的前提。观察如何建立师生关系的重点是看班主任是否爱学生，能否公平地对待学生，是否关注学生生活和学习上的问题。每个班级都有优等生和后进生，班主任不仅要爱优等生，更要爱后进生，要爱每个学生。班主任要在生活上关心爱护学生，对于家庭困难等较特殊的学生要给予特殊的关爱；学习上要关注每一个学生，对后进生给予更多的关爱。这些都是观察师生关系时需要注意的，也是师范生在见习中可以观察到的。

3. 观察班干部的培养

要建设一个积极向上、团结友爱的班集体，仅靠班主任的力量是不够的，还需要有一支得力的班干部队伍作为助手。班干部队伍的好坏将直接影响班风的建设。观察班干部的培养，要从选拔班干部的程序看起。应以知识、能力、品行等多方面作为考核依据，在充分尊重大多数学生意见的基础上，真正选拔出一批工作能力强、受同学拥护、以身作则的班干部。班主任如何指导班干部开展工作也是见习生需要观察的内容。班干部队伍形成后，班主任要尽量放手让班干部开展工作，但又不能彻底撒手不管；要随时观察班干部的表现，有针对性地对其进行工作方法上的指导，及时调整其不合理的分工。

4. 观察班主任与任课教师以及家长的沟通工作

教育是一项集体性工作，仅靠班主任一人无法完成。在校内需要班级各科教师的通力配合，在校外还需要家长和其他教育力量的支持，这样才能形成教育合力。第一，见习生要观察班主任如何向学生介绍任课教师的优点、特长、教育教学方面的成绩等，以帮助任课教师树立威信，使学生因尊其师而重其教。第二，观察班主任与任课教师之间如何进行沟通与配合。一方面班主任要向任课教师介绍学生的情况，帮助任课教师更全面地了解学生；另一方面班主任向任课教师了解学生的课堂纪律如何、学习态度如何、是否按时完成作业等，并协助任课教师处理发现的问题。第三，在校大学生往往缺乏与各行各业人士打交道的经验，因此在见习中要观察班主任何时、何地、以何种态度、通过何种途径与家长进行沟通，怎样取得良好的沟通效果等。处于学校、家庭和社会中心的班主任，怎样联结三方面的教育力量发挥教育效果，是见习生观察和学习的重点。

（六）观察教研活动

现代的教师应该同时是教育研究者，教研活动已成为教师工作中不可缺少的一部分。见习生可以通过参加或观摩相关的教研活动，提高对教师职业的认识，增强对教学理念的理解。在教育见习中，见习生要重点观察以下几种常见的教研活动。

1. 观察听课、评课活动

听课、评课是传统的教研活动形式。授课教师要精心设计和实施学科教学，并在课后介绍教学设计的重点难点、方法及自己的体会等。优质的课堂教学值得见习生学习。与此同时，同行教师还会针对课堂上呈现的优缺点进行研讨，提出有参考性的意见和建议。这能够启发见习生更加深入地对课堂教学进行思考，掌握评价一节好课的标准。比起单纯的听课，见习生参与同行评课会有更大的收获。

2. 观察说课活动

说课是授课教师在备课的基础上面对同行或教研人员讲述自己的教学设计，然后由听者进行评说，达到互相交流、共同提高目的的一种教学研究和师资培训的活动。见习生通过观察说课活动，不仅能增强对学科教学的思考和领悟，还能促进教育理论的内化和运用。

3. 观察课题研究与论文交流活动

通过课题研究解决教育教学实践工作中的具体问题，能有效促进教师专业发展，提升教育教学水平。见习生在此类活动中可以拓宽视野，更多地接触教育领域的实际问题，学会在工作中反思，增强教研意识，进而提升专业素养。通过论文交流学习，提高实习生的论文写作水平，优化论文结构及语言的表达能力，增强教研教学能力。

4. 试题评讲活动

一名合格的教师必须能够独立编写试题、制作试卷。教师出题、解题的能力也能反映出其对教学内容的把握程度。见习生通过参加试题评讲活动能够提高自己对教材、大纲的理解和把握能力。

5. 观察教学竞赛

教学竞赛是学习和提高课堂教学能力的有效途径之一，参与的教师都会尽最大努力呈现一节优秀的课，以展示自己的最高教学水平。因此，观摩教学竞赛是见习生学习具体的教学方法、课堂管理艺术、提高课堂教学能力的最佳方式。需要注意的是，在观察过程中，见习生要做好详细记录，以便事后能够及时地进行反思和交流，真正达到促进和提高的目的。①

四、教育见习的总结与评价

教育见习结束后，见习生应对见习工作进行一次全面、系统的分析、总结与评定，全面、有效的见习分析、总结与评定是教育见习工作的重要组成部分。见习生只有切实做好见习的分析、总结与评定工作，才能把见习从感性认识上升为理性认识，并用这一理性认识去指导以后的教育实习工作，提高教育实习的质量。

（一）个人见习总结

教育见习结束后，见习生应认真填写见习手册，进行见习总结。个人见习总结是从整体上对见习进行回顾的过程，在个人见习小结中记录的事件应是给自己留下深刻印象或值得思考、引起重视的事情。

个人见习总结可以引发见习生对见习过程进行进一步的思考和分析。其思考和分析的内容可以是对整个见习过程的理解和把握，也可以是自己对教育教学理论或管理理论的一些新的理解。如果说对见习过程的回顾是叙事，那么思考和分析这一环节就是论述。见习生是否带着自己的观点和想法认真地见习，在其论述过程中可以得到体现，这也是进行个人见习总结的关键所在。

（二）见习成绩评定

见习成绩评定要根据见习学生在见习活动中的表现，如遵守纪律、见习态度、行为表现、见习任务完成情况等进行综合考量。在综合评定前，指导教师要对具体项目分别进行评定，得出结果，然后再进行综合。一般而言，见习成绩评定采取定量评定和定性评定相结合的方式。如见习行为、见习态度、遵守纪律情况可采用定性评定方式，见习手册填写、任务完成情况可采用定量评定方式。当采用定量评定方式时，指导教师要先设计出评定指标体系或评定量表，然后进行

---

① 张治勇，龚宝成. 教育实习. 芜湖：安徽师范大学出版社，2016：19-20.

等级评定。见习记录如表 1-1 所示。

表 1-1　见习记录

学科		授课教师		职称	
时间		地点			

见习内容：

收获与体会：

见习总结：

指导教师评定成绩：

指导教师签名（单位盖章）：

　　　　　　　　　　　　　　　　　　　　　　　　　　　　　　　　　年　　月　　日

注：总结内容不够写的，请自行加纸。

第二节　小学教育实习

　　教育实习是教师教育的重要课程，是培养师范生教学技能、班队管理能力及职业情感的重要实践环节，是考查师范生将来能否成为合格教师而进行的一次全面的综合训练。师范生在教育实习过程中，能够了解小学教育教学工作实际，检验、巩固和提高自己所学的理论知识，掌握教学技能，培养独立从事教育、教学工作及教育研究的能力，增强专业认同感，完成由师范生向准教师的转变。[①]

一、教育实习的目的

（一）增强教师职业情感，巩固和提高专业思想

　　小学教师的专业素养既有教师的共性，又由于其教学对象的特性在构成上有

---

① 彭小明，蔡志凌，李梁，等. 小学教育实践教程. 北京：高等教育出版社，2019：32-34.

一定的特殊性。与中学教师相比，小学教师除了具有教师情意的一般性以外，还有自身的一些特点。根据儿童的年龄特征及身心发展特征，小学教师必须具有鲜明的师爱与童心，以满足儿童强烈的向师性，适应儿童的思维方式。鲜明的师爱是小学教师专业情意的核心，童心是小学教师所特有的专业性格，也是形成师爱的基础。

教育实习也是师范生巩固教育思想、陶冶师德的有效途径。在教育实习中，当实习生用自己的言行感染、影响小学生并被小学生仿效时，他们会真实地体验到小学教师职业的神圣和光荣，真实地感受到自己所肩负的重任，从而逐步养成良好的教师职业道德。通过教育实习，大多数师范生会对自己将来从事教育事业产生强烈的认同感、自豪感、责任心和事业心。

（二）提高教学能力

教师教学能力是多方面的，一般包括教学计划的制订、课堂教学的设计、教案的编写、课堂教学与组织、作业批改与课外辅导、学生成绩评定，以及教学语言运用、教学方法选择、教学板书设计、听课与评课等方面。它既是教师能力的主体部分，也是评价教师的主要依据。培养教学能力是师范性的重要体现，更是教育实习的主要任务之一。教学能力的培养在师范生学习中更多地体现为教学技能的培养。

师范生的教学技能只有通过教育实践活动才能得到升华，才能内化为自己的能力。教育实习通常采取"双导师制"。一方面，师范生在进行教育实习时既有师范院校的带队指导教师指导，又有实习学校指导教师指导，实习生的教育教学实践能力在指导与实践的反复过程中不断提高，从而大大缩短了教学工作经验的摸索期。另一方面，只有历经实践方可练出真本事。尽管高校教师在课堂教学时会就教学技能训练对学生提出明确的要求，但对于教学语言条理清楚、表情自然、教学富于启发性、以手势助说话等，板书要求有计划性、规范性、美观性等，师范生只有在教育实习的实践中才能逐步加深认识，并且找到自己在这些方面的不足，从而有针对性地加强练习，逐步提高自己的教学技能。

（三）培养班队工作能力

班队工作能力是小学教师必须具备的能力，与教学能力一样，是衡量师范生是否合格的重要依据。培养师范生的班队工作能力是师范院校的一项重要工作。学校一般会开设"教育学""班队管理"等课程，师范生不仅要学习班队工作内容、原理、程序、方法、要领等理论，还要进行教育实习这种"实战演习"。实习生在带队教师和实习学校指导教师的指导下，以代班主任的身份主持班级工作，运用所学的教育基本理论，配合实习学校的中心工作，在了解班级情况后，拟订班队工作计划，组织班级集体活动，处理班级日常工作，进行学生个别教育和家访，组织召开主题班会等，对班队工作进行全方位的实习，这样可以得到多方面的锻炼和多种能力的培养。

（四）检验学校的办学质量，及时获得反馈信息

教育实习是检验学校办学质量的有效途径之。教育实习对师范生来说，是从文化知识到教育教学、思想道德品质、文化素质、教师职业素质、心理身体素质的一次全面检验，使他们在实习后能对自己在学校期间的学习进行深刻反思，发现自己的不足，从而产生强烈的求知欲望，进行必要的"补课"。

教育实习是一面镜子，它所反映的问题将暴露学校教育中的薄弱环节。由于教育实习内容广泛，不仅能反映出师范生个人的知识、素质、能力方面的情况，也能反映出学校的培养目标、办学质量等方面的问题，学校可以就此对症下药，修订人才培养方案，不断提高教育教学质量，培养出合格的甚至卓越的师资为基础教育服务。[①]

二、教育实习的意义

教育实习是高等师范院校培养合格教师的一次重要的职前训练，是执行教师教育教学计划实现其培养目标的一个重要的实践环节，对巩固和提高师范生专业思想、教学能力、班主任工作能力、教育教学研究能力等有着深刻的理论意义和实践意义。

（一）专业思想

衡量师范生综合素质的高低不仅要看其掌握的知识和技能的多少，还要看其思想品德是否高尚。如果师范生没有坚定、正确的政治方向，没有为人民的教育事业做贡献的高尚思想，那么，他们即使掌握了许多知识和技能，也不能成为合格的教师。教育实习是师范生巩固专业思想、陶冶师德的良好时机和有效路径。

师范生的专业思想不是与生俱来的，而是教育和培养的结果，专业思想需要

---

① 刘维俭，王传金. 教师职前教育实践概论. 南京：南京大学出版社，2006：185.

在实践中养成。师范生在与中小学师生朝夕相处、共同生活和工作的过程中,能够从许多长期在自己的本职岗位上默默无闻、辛勤工作的教师身上受到教育和鼓舞,从而克服困难,提高工作的自觉性,巩固专业思想,增强从事教育工作的光荣感和责任感,坚定献身教育事业的信念。因此,教育实习是培养师范生热爱教育事业的良好时机。实践证明,一个人对社会贡献的大小往往与其对所从事工作的热爱程度有关,只有热爱自己所从事的工作,才能全身心地投入其中。当师范生走上实习的讲台,教师的责任感就会油然而生,他们会认识到自己所肩负的重任,从而促使自己用实际行动去履行教师神圣的职责。

(二)教学能力

教学是以教师传授知识、技能等和学生获得知识、技能等为基础,教师的教和学生的学相互联系、相互作用的统一活动。在这种活动中,决定教师在其中的地位、作用的核心因素就是教学能力。教师的教学能力直接影响教学活动的效果。

《学记》有云,学然后知不足,教然后知困。师范生只有在实践中才能知道自己的不足之处,教导人以后才知道困惑之处,才能提高自己的专业知识水平和教学能力。正如医生要通过临床实习的专业训练、工程师要通过工程实习的专业训练一样,师范生要到中小学进行教育实习,才能使其教学能力得到体现和提高。学习的目的在于应用,学习到的知识技能如果不加以应用,就无法形成真正的教学能力。教学能力的形成是师范生在掌握一定理论知识的基础上,通过教学过程各环节的长期实践,逐渐获得经验并不断完善,从而实现从陌生到熟练的过程。所以,教育实习是培养师范生教学能力和教学艺术的必由之路。

(三)班主任工作能力

班主任工作能力是每一个教师必须具备的能力,也是衡量师范生是否合格的主要依据。培养师范生的班主任工作能力是高等师范院校的一项重要工作。

班级是学校的细胞,既是学校进行教育、教学工作的基本单位,也是学生学习活动的基层集体。只有把一个班级的学生很好地组织起来进行教育和教学活动,才能使这个班级的学生在德、智、体、美、劳等方面得到发展。只有把教育目的和教学计划很好地落实到每一个班级,才能提高全校的教育质量。

班主任工作能力必须通过教育实习这种"实战演习"来培养。在班主任工作实习期间,师范生与常年从事班主任工作的教师一起工作、生活和学习,能够认识到教师劳动的社会价值,感受到教师的神圣、职业的神圣和讲台的神圣,就会由衷地产生责任感。师范生还能在班主任工作中锻炼自己的社会活动能力和协调沟通能力。班主任工作的亲身经历能够加深师范生对所学教育科学理论的理解，使其初步掌握班主任工作技能，形成独立从事学生思想教育工作的能力。

（四）教育教学研究能力

"教师即研究者"应成为教师专业成长的目标与追求。事实上，教师职业的专业性之一就体现在对教育教学的研究上，教师不能游离于教育教学研究过程之外，而应成为研究者。只有当教育教学活动与研究结合起来，教师的行为才更富理性的内涵，教师的教育智慧才可能生成。

师范生在教学实习过程中应不断总结经验，认真钻研课标和教材，积极改进教学方法，提高课堂教学技能。师范生在实习学校通过一段时间的教育教学实践，再加上在高校学到的理论知识和指导教师的正确指导，有条件、有能力开展教育调查和初步的教学研究，并进行资料分析与归纳整理，撰写出具有一定水平的调查报告和教研小论文，以此提高自己的教育教学研究能力，为下一阶段毕业论文的撰写做好准备。[①]

三、教学工作实习

教学工作是师范生参加教育实习的重要任务，其内容包括备课、试讲、上课、听课、评课、批改作业与辅导等。这些环节组成了教学实习的整体，其中上课是核心环节。通过教学工作实习，师范生将自己在高校中学习的教育教学理论知识和专业知识与实际相结合，提高和检验自己习得的教学技能，在发现不足后及时地改进和完善自己的分析问题、解决问题的实践工作能力，从而缩短从校园走向社会的心理转型期。通过批改作业与辅导环节，师范生能够发现学生在学习中存在的问题，及时调整自己的教学方法，改进教学策略，进一步提高实践教学能力。

（一）备课

备课是教学工作的起始环节，是教师在课堂教学前进行的设计准备工作，是讲好一堂课的基础条件。教师根据课程标准的要求和课程的特点结合学生的具体情况，对教材内容认真研究并进行加工处理，创造性地设计出目的明确、方法适

---

① 张治勇，龚宝成. 教育实习. 芜湖：安徽师范大学出版社，2016：30-33.

当的教学方案。实习生在备课过程中，应在指导教师和原任课教师指导下，认真细致地钻研学科的课程标准和教材内容，了解学生原有的知识技能水平、思想状况、学习兴趣、方法和习惯，特别要了解与本课题的知识、技能教学直接相关的情况。在掌握教材内容和了解学生学习特点的基础上，确定本堂课的教学目标、重点、难点、教学方法及教学过程安排（含时间分配）；并考虑教具的选用、制作，练习的内容和方式，板书的设计及演示程序，布置的作业等。

编制教案时，实习生应深入了解学生的学习情况，针对学生的实际确定教学目标、重点、难点、教学方法，并写出详细的教案，还要进行集体备课。为确保课堂教学质量，实习生在每节课上课前必须进行检查性预讲，同组实习生参加听课，并邀请指导教师参加。预讲后由听课师生提出意见，实习生对教案进行修改和补充，最后送指导教师审阅批准后方能试讲。

（二）试讲

课前试讲是保证上好课的重要环节。通过试讲，实习生可以体验教一节课的全过程，并检验教案的可行性，把备课中的漏洞、课堂上可能发生的问题和差错提前暴露出来，从而及时地采取有针对性的改进措施。试讲要讲究技巧，应注意以下几点。

1）慢点：人在紧张的时候容易说话快，导致别人不易听懂，因此，实习生要时刻提醒自己讲话慢点，说清楚，宁可时间不够没说完也不能讲话太快。

2）目光：自信，眼睛要看着听课的人，把他们想象成学生。

3）熟悉：选一个熟悉的课题来讲，在有限的时间里把它讲清楚。熟悉的课题能够缓解紧张的情绪，可以使实习生做到脱稿，杜绝照本宣科。

4）专注：把注意力集中在要讲的内容上，并且全身心投入其中。

5）互动：适当地与听者互动，注意提问等教学基本技能的运用，也可以采用自问自答的方式。

6）条理：注意各教学环节之间的逻辑与衔接。

7）变化：不要背对听者，注意讲课的节奏、语速、语调等的变化。①

（三）上课

课堂教学是教学工作的中心环节，是教师教的活动和学生学的活动相互作用

---

① 黄忠裕. 数学教育实践教程. 北京：科学出版社，2013：93.

以实现教学目标的基本形式。对实习生来说，尽管在课前备课上下了一番苦功，并进行了试讲，但要上好一节课（特别是上好第一节课）的确不是一件容易的事情。实习生要上好一节课，必须紧紧把握常规要求，做好课前准备、课堂施教和教学反思三个环节，严格执行教学计划。为了避免在上课时出现一些意想不到的状况，实习生在课前准备时应认真备课，尽量做到细致，以做好充分准备；尽量熟悉教学环境；教学用具准备齐全；熟悉教案内容；整理着装，注重仪表；让学生提前做好准备。课堂施教的基本过程包括组织教学、检查复习、新课导入、教学展开、巩固新课、课堂小结和布置作业等环节。教学反思是指教师在上完一节课后对自己的教学决策、教学活动、教学行为、教学思路、教学状态、教学结果等进行"过镜"式回想和审视，以体会、感想、启示等形式对自己的教学行为进行批判性思考，以此提高自身对教学的认识，更好地进行后续的教学工作。教学反思是实习生整理教学经验、丰富教学认识、改变教学习惯、积累实践性知识、实现迅速成长的重要渠道，可以通过清单式回顾、撰写教学日志、叙写教后感等进行反思。

（四）听课

听课是教育实习的重要内容，是上好课的基础。实习生要想成为合格的教师，单纯地靠自己独立地摸索是不够的，需要学习同行的经验，吸取他人之长，听课则是学习同行经验的一条重要途径。根据不同的标准划分，听课可以分为两种类型：一是根据听课人的身份不同，分为实习生组内互相听课、原任课教师听课和指导教师听课；二是根据听课的种类不同，分为观摩课、竞赛课、检查课、评估课、教研课等。在听课前，实习生要做好课程准备和听课用具准备。课程准备包括明确教学内容和课程性质、了解学生的认知特点和学习基础、对教学过程进行预设计；听课用具准备包括听课记录表、计时器和学生座位分布图等。

在听课过程中，实习生要认真观察授课者教什么、怎么教、为什么这样教，听课内容涉及教师的教学行为和学生的学习行为等多方面。在听课中，实习生要看教师对教学目的的确定是否全面、具体；对教学内容的把握是否正确，重点是否突出，难点是否解决；对教学结构的安排是否合理；对教学方法的使用是否切实可行有效，是否符合学生的认知规律；对教学关系的处理，是否体现了教师主导、学生主体的教学原则；教学环节是否张弛有度、环环紧扣、首尾贯通。对于教师自身的素质，可从以下方面衡量：教学态度是否亲切、自然、大方；教学语言是否清晰、明白、流畅、生动；是否使用普通话；教师的板书是否工整、清晰；等等。学生的学习行为也是"听"的重要内容。实习生要看学生是否发挥了主体效应，比如参与状态是否全员参与、全程参与、主动参与，思考状态是否主动思考、深层思考、多项思考，情绪状态是否积极主动、愉快有效，交往状态是否多向交往、合作交往、和谐交往，等等。

（五）评课

评课是教学实习不可缺少的环节，如果只重视听课而不重视评课，甚至听而不评，就失去了听课的真正意义。评课和听课一样，也是一项重要的常规教学实习活动。评课是根据一定的标准对课堂教学进行分析、评议的教学研究活动。通过评课，授课者可以发现教学中的优点和缺点，总结经验，吸取教训，更上一层楼；听课人可以获得启迪和借鉴，取长补短，提高自己的教学能力和水平。评课的主要方式分为召开评议会和个别评课的方式，由于时间有限，实习课后，实习生首先应该虚心、主动地征求听课人的意见，与其进行讨论和交流，并在教案的相应内容处写下自己的心得体会，尤其要听取指导教师的指导和点评，及时地进行总结和反思。明确了评课的方式后，实习生还要明白评什么、以什么标准来评。评课的内容主要包括评教学思想、评教学过程、评教学方法和手段、评教学效果。评课时应该把握以下标准：课前准备充分、课堂导入适宜、教学过程严谨、教学内容正确、重点难点突出、教学方法得当、语言清晰准确、教态自然大方、板书工整规范、结束圆满完整。

（六）批改作业与辅导

教学过程中的作业、辅导、考查管理是教师"教"和学生"学"的反馈系统，它的良好运行可以使学生从教师的"教"和自身的"学"中提高对学习的兴趣。通过这个系统，可以体现教师教学质量的优劣、学生学习效果的显著程度，促进师生双方总结教学经验，制定适合自己的学习策略，使整个教学活动做到因材施教。

作业有课前预习作业、课堂练习作业、课后复习作业等。无论何种形式的作业，都是为了使学生消化、巩固所学的知识，熟悉技能和技巧，培养应用知识以及独立学习的能力。实习生要认真批改作业，从中发现教学中存在的问题，及时调整自己的教学工作。

辅导包括答疑、作业辅导、学习方法指导、补课、个别指导等。通过辅导，实习生可以增进对学生的了解，帮助学生更好地理解所学的内容。因此，实习生要利用各种机会，加强对学生的辅导，促进学生的学习。

四、班队工作实习

班队工作是小学工作的基本内容，是实习生能够对少年儿童施以有力影响的主要教育形式。小学班队工作的成败直接影响到育人效果，影响到学生现在和未来的发展。因此，全面了解班队工作的基本原理和实践方式，有助于增强班队工作的合理性和科学性，有利于完善学校教育的整体效能。班队工作实习包括以下几个方面。

（一）班主任工作

班队常规工作是班队工作实习的重要组成部分。班主任日常工作事务繁多，涉及班级集体学习、生活的方方面面。作为班集体的教育者和领导者，班主任不仅承担着繁重的任务，而且其工作态度、教育方法以及个人行为都会对班级学生综合素质的发展起到重要作用。因此，班主任工作意义重大。班主任工作实习涉及在熟悉学校工作计划和原班主任工作计划的基础上制订工作计划的实习、班级日常管理工作的实习、召开班会的实习、进行个别教育的实习和处理偶发事件的实习。

1. 制订工作计划的实习

为了更好地开展班级各项工作、提高工作质量，制订实习期间的班主任工作计划十分必要。实习生进入学校后应抓紧时间熟悉班级情况，并多接触学生，尽快熟悉学生的情况。制订的班主任工作计划要符合实习学校教育教学计划和原班主任的学期工作计划。班主任工作实习计划是实习阶段班主任工作的蓝图，它指导班主任工作的全过程，所以要尽快拟定，一般要求实习生在进入实习学校的一周内完成计划的拟定。班主任工作实习计划在实施过程中要及时地进行修正，使之日趋完善。计划是要付诸实施的，因此，工作任务以及行动措施等都必须以实习班级和实习生的实际为出发点，做到切实可行。

2. 班级日常管理工作的实习

班级日常管理工作包括日常学习活动、组织文化体育活动、组织社会实践活动等。思想政治教育方面，主要包括升国旗、团队活动、班会、读报、出黑板报等；文化课学习方面，主要包括上课、早晚自习、第二课堂及一些与此有关的评比、竞赛等活动；组织纪律方面，主要包括考勤、课堂教学、集体活动中的秩序与纪律等；文艺体育活动方面，主要包括早操、课间操、眼保健操、课前唱歌、课外的文艺体育活动、组织晚会等；劳动和卫生方面，主要包括保持教室、寝室内外的清洁卫生、大扫除及其他劳动。这些工作大多是每天要做的，有的是定时例行要做的。班主任要对此进行全面考虑、统筹安排、妥善处理。

3. 召开班会的实习

班会是班级全体成员的会议，是班主任向全体学生进行教育的重要途径，也是学生民主生活的一种重要形式，班会分为班级例会和主题班会两种形式。班级例会是比较固定的班级活动，主要有周会和晨会两种。周会一般列入学校的课程表，每周或间周一次，由班主任、班委或值周生主持。周会的内容是布置工作，总结一周、两周或一个月的班级情况，讨论班级活动计划，评估班集体建设的进展情况或者进行一些重要的主题教育活动等。晨会是每日都会举行的，一般持续15—20分钟。晨会的主要内容是安排当日活动、值日生讲评、简短的表扬或批评、通报重要信息等。主题班会是以特定内容为主题、形式生动活泼的班级活动，是一种学生集体自我教育活动，也是班主任培养班集体的重要途径。实习生应着重学会如何组织好主题班会。组织主题班会首先要选好主题、确定好内容；其次要注重过程、设计好形式，还要巩固结果。

4. 进行个别教育的实习

个别教育就是针对个别学生的特点和问题进行的教育。进行个别教育不仅是学生全面发展的需要，也是班主任工作的重要内容，还是实习生实习工作的重要内容。对学生进行个别教育对于锻炼实习生的工作能力、提高其实习质量有着积极的作用。实习生应该运用教育理论分析学生的学习思想、个性等方面的现实表现，针对不同类型学生的特点因材施教，掌握好个别谈话的艺术和技巧。具体的工作包括：做好后进生的转化工作，如在欣赏学生的前提下，根据学生特点找准原因、对症下药，鼓励、督促学生，以达到提升学生成绩的目的；做好优等生的教育工作，如引导其力求上进，帮助其认识自己的长处，给予其恰当的推动力，同时也要看到其不足之处，引导其正确评价自己和他人，发挥其优势，做好榜样，带领全班同学取得进步。

5. 处理偶发事件的实习

实习生在实习过程中会遇到一些偶发事件。常见的偶发事件有同学间的争吵与斗殴、钱物失窃、公物损坏等。一般来说，偶发事件常发生在课间休息、运动场或就餐就寝时，因此，实习生在这些时候要勤到班、勤提醒，尽量防止偶发事件的发生。正确处理好偶发事件对于维护纪律、树立正确的班级舆论非常重要。对于实习班主任而言，处理偶发事件要注意：视情况而定，沉着冷静、因势利导，调查研究、弄清真相，正向引导、重在教育。[①]

（二）少先队工作

班级和少先队虽然同属一个群体，但它们是两个不同的组织，两者的工作内容和工作重点存在一定的差异。班级工作是以日常管理和教学活动为主要内容，少先队组织则主要对少年儿童进行组织观念的教育，学习先锋、热爱组织、学当主人是少先队工作的重点。少先队的任务是团结、教育少年儿童继承中国共产党的光荣传统，努力学习，锻炼身体，爱祖国、爱人民、爱劳动、爱科学、爱社会主义，立志建设社会主义的现代化强国，做共产主义事业的接班人。少先队工作实习主要包括以下方面。

1. 召开少先队会

实习生应按照少年儿童的年龄特点和兴趣爱好，组织好少先队的全部生活，以共产主义精神培养教育少年儿童，使其成长为德、智、体、美、劳全面发展的共产主义事业的接班人。在实习班班主任的帮助下，实习生要认真处理班队事务，定期召开队会，召开队会时要注意充分认识制订《少先队活动课程指导纲要（试行）》的意义和价值，要把少先队主题队会当成一节课来上，要有目标、有方法、有过程、有总结、有评价。中队辅导员必须参与少先队主题队会课。中队辅导员一般由班主任兼任，应做到认清一身二任、钻研辅导业务、尊重队员意志、善于出谋划策、发挥组织功能。少先队活动课的设计要层层递进，不断创新；结合本校或本班实际情况，贴近少先队员的生活；要加入流行的时尚元素。在进行少先队活动过程时，中队辅导员和少先队员必须佩戴红领巾，要注意在整个活动中的用语和礼仪。

---

① 张治勇，龚宝成. 教育实习. 芜湖：安徽师范大学出版社，2016：156-172.

2. 制订少先队工作计划

实习生要积极配合实习班班主任，认真贯彻落实少先队工作计划；要认真学习党的方针政策，按照学校对少先队工作的要求部署，正确分析少年儿童的实际情况，制订少先队工作计划，确定开展活动的目的、任务、内容和方法。组织好活动，做好发展队员、编队选举、奖励处分等工作；要关心少先队员的健康成长，经常了解其思想、品德、学习、健康、生活等情况，听取他们的意见，积极帮助其克服困难和缺点，支持其合理的建议和要求，并及时向学校行政部门反映，做少年儿童的亲密朋友。

（三）家校工作

家长工作是班主任工作的一项重要内容，因为学生的成长不仅受到来自学校、班级的影响，还受到家庭生活的影响。班主任要做好学生工作就必须借助家长的力量。对于小学生来说，家庭生活尤其重要，一方面，因为其行为自主能力发展得不充分，他们在班级以外的生活中需要成年人的规范，因此家长的作用显得尤其重要；另一方面，小学生行为的可塑性强，良好的家庭教育对其学校生活乃至终身发展都会产生深远的影响。班主任与家长进行教育的协调，主要是为了促进学校教育与家庭教育的有机整合，从而发挥教育的最大合力。通常，教师可以运用微信的方式与家长沟通学校和班级生活状况，这种方式比较简便、灵活，随时可以操作。此外，教师也可以通过召开家长会、家访等形式加强与家长的联系，让家长及时掌握学生的在校表现，争取获得家长对教师工作的配合与支持。另外，班主任应注意充分发挥家长在教育中的作用。一个班级中，家长的职业、经历和社会背景各不相同，他们可以为班级提供大量信息，班主任和学生可从中学到许多自己所不知道的。总之，班主任面对的家长工作是十分复杂的，只有与家长进行良好的沟通并获得其支持、协助，才能更有效地开展学生工作。[①]

五、教育调查

教育调查的目的在于通过教育调查研究考察和了解基础教育改革的现状和发展趋势。教育调查报告是指在教育研究中，为了总结教育教学的典型经验、揭露教育中存在的问题、了解某项工作进行的基本情况等，在调查研究的基础上写出的书面材料。其特点是具有针对性、指导性和资料性。教育调查报告包括教育调

---

① 惠中. 小学教育实践导引. 北京：高等教育出版社，2016：156-172.

查的选题、设计和撰写三个步骤。

（一）教育调查的选题

选题实际上就是提出问题的过程。任何研究都是从研究问题开始的。爱因斯坦曾经说过，提出一个问题往往比解决一个问题更重要，因为解决一个问题也许仅仅是一个数学上或者实验上的技能而已，而提出新的问题却需要有创造性的想象力，而且标志着科学的真正进步。因此，对实习生来说，首先要有问题意识，要从纷繁复杂的教学活动中敏锐地捕捉到问题，以此作为自己研究的起点。

1. 选题的途径

一般而言，研究课题可分为理论性课题与实践性课题。由于实习生的教学研究刚刚起步，建议多从实践中找寻研究问题，具体来说，从实践中来源的教学研究问题包括从教育教学面临的突出问题中选题、从教育教学的疑点中发现课题、从成功的教育教学经验中发掘课题、从文献学习中提取课题、在相互交流中选择课题等。

2. 选题的范围

实习生在刚开始选题时会觉得需要研究的"点"很多，但又觉得没有头绪，所以有必要先弄清楚选题的范围。对于小学教育来说，实习生可以从以下几各方面选题。

1）实习学校基本情况调查。主要包括实习学校的历史沿革，办学理念的形成和发展，校风、校训的形成和发展，学校办学特色的积淀，等等。

2）教师教学情况调查。主要包括教师教学理念的调查、教师开展教研活动的调查、教师学科教学理论与实践的调查、教师开展教材与教法研究的调查、小学教师教学技能与手段的调查，等等。

3）学生学习情况调查。主要包括小学生能力培养调查、小学生学习心理与学习方法指导调查、小学生家庭作业情况调查、学困生学习情况调查、小学生学习兴趣调查、小学生阅读能力调查、小学生对分数概念理解的调查，等等。

4）德育工作调查。主要包括新时代背景下学校德育工作调查、儿童道德启蒙教育实践调查、爱国主义教育调查、德育课程调查、小学生道德情感教育调查、小学学科德育调查、班队工作开展情况调查、家校合作情况调查，等等。

5）小学教育管理研究。主要包括学校管理水平、管理效率、管理质量、管理体制调查，小学生管理、小学教师队伍管理、小学后勤管理等方面的调查，等等。

（二）教育调查的设计

设计研究方案时必须回答以下四个基本问题。

1）研究什么。要回答这个问题，一要有合适的标题，标题最好能涉及研究的范围、对象、内容和方法；二要明确提出研究问题，使人了解研究问题的性质；三要列举研究的待答问题或研究假设，使人了解研究的重点；四要界定研究的变量及关键名称，使人了解研究的范围。

2）为什么研究，即从事这项研究的理由。要回答这个问题，一要说明研究动机；二要揭示研究的重要性和必要性，以及研究的意义和价值。在此，要列举研究的具体目标。

3）如何研究，即说明研究将如何进行。要回答这个问题，一要说明研究方法和实施程序；二要说明对资源的合理配置。

4）有何成效，即说明要取得什么样的研究成果。要回答这个问题，第一，研究者必须在研究计划中具体说明研究的成果；第二，要说明成果达到的水平和表现形式。

虽然实习生的教学研究计划无须像专业的课题申报书那样面面俱到，也未必需要形成完整的书面报告，但研究计划中的四个问题却是缺一不可的，应熟稔于心。[①]

（三）教育调查报告的撰写

开展教育调查研究之后，要将研究结果整理成文字材料并进行提炼，形成调查报告。它的作用是就某一调查研究课题搜集材料、罗列现象，在整理过程中发现问题、提出问题，经过分析、综合、归纳，揭示出事物的本质，探索事物之间的内部联系及其规律，找出解决问题的方法和途径。教育调查报告的写作要先后有序，主次分明，详略得当。

1. 教育调查报告撰写的基本要求

第一，要有明确的目的。有明确的撰写目的是教育调查报告的鲜明特点，旨

---

① 张治勇，龚宝成. 教育实习. 芜湖：安徽师范大学出版社，2016：186.

在围绕特定的目标解决一定的问题。

第二，要依据材料真实。立足真实的教育情境，以真实的教育事实和材料为基础，这是教育调查报告撰写的最基本要求。

第三，教育调查报告是在分析、阐述科学。强调教育调查报告以客观事实为依据，必须坚持用教育科学理论和方法对材料进行分析和概括，从感性经验描述的层面上升到理性抽象概括层面，从而形成科学的结论。

第四，语言简明扼要，应做到简洁、准确。因此，陈述的事实要真实可靠，引用的数据要正确无误，得出的结论要言之有据。在此基础上，才能够强调语言的形象、生动，行文的活泼、流畅，以增强报告的感染力和可读性。

2. 教育调查报告的基本结构

教育调查报告一般包括标题、正文和附录三大部分。每个部分写作的基本要求如下。

（1）标题

一种是单标题。标题要简洁明了、准确，最好能包括调查对象，并直接表明调查的内容，例如《小学班主任工作时间分配的调查报告》。

另一种是双标题。即在正标题后加上副标题，正标题表明调查的中心，副标题是对正标题的补充说明，例如《昆明市社区学校合并成效的调查研究报告——以昆明市官渡区为例》。

（2）正文

正文一般包括前言（导言）、调查对象与方法、调查结果与分析、对相关问题的讨论、结论与建议。

1）前言：要用简洁的语言准确说明调查的背景、目的和意义等。当然，前言还有其他形式的写法，要根据调查的具体内容去写。

2）调查对象与方法：一般有时间、对象、范围和方法，使读者知道你为什么要进行调查。例如《五华区××小学大课间活动开展现状的调查分析》中提到："我们于2020年10月对五华区××小学的600名小学生进行了大课间活动开展现状的问卷调查。"

3）调查结果与分析：它是教育调查报告的主干部分，是写作的重点。研究者根据调查的内容，把调查的大量资料经过整理、分析、归纳，按一定的逻辑顺序分项、分条进行陈述；要做到选择的材料可靠、事例典型、数据真实、观点明确，恰当地利用数据和图表呈现实际情况，以增强说服力，让读者一目了然；在写作上要主次分明，详略得当。

4）对相关问题的讨论：根据调查的情况对有分歧的意见进行讨论，在讨论中进行辨析，弄清是非。当然，如果对调查的情况没有分歧，可以不进行讨论。

5）结论与建议：根据调查情况的分析，研究者要从事实中引出结论，即通过调查说明了什么问题，得出了什么结论，并说明调查具有针对性，结论具有指导性，调查的材料具有资料性和参考价值。研究者也可根据调查的情况，提出自己对调查结果的意见和建议。

（3）附录

附录是附在正文后面的原始调查资料，用于说明和佐证调查材料的可靠性，为读者和其他研究人员提供参考。[①]

六、教育教学案例

（一）教育教学案例的概念

教育教学案例是教育教学过程中真实的故事，是教师在实际教育教学活动中的喜悦与困惑，是足以引发他人思考和讨论的事件，是蕴含着教育理论的典型事例。在叙述典型事例的同时，常常还需要发表一些自己的看法（即点评）。简言之，一个好的案例就是一个生动的故事加上一段精彩的点评。

教育教学案例需要揭示案例中的各种困惑，更重要的是具有启发性，能够激发案例使用者进行反思、讨论和解决问题的正确方法。因此，教育教学案例与其他文体有所不同。比如教学案例与教学论文有很大区别。教学论文是以说理为目的，以议论为主的；教学案例则以记录为目的，以记叙为主，兼有议论和说明，是对已发生的教育过程的反映。也就是说，教学案例是讲故事，是通过故事来说明道理。论文写作通常是一种演绎思维，其思维方式是从抽象到具体；案例写作是一种归纳思维，思维的方式是从具体到抽象。

总之，教育教学案例要有独到的思考，同一件事可以引发不同的思考，教师要有一双从纷繁复杂的教育现象中发现问题、提出问题、分析问题、解决问题的"慧眼"。[②]

---

① 彭小明，蔡志凌，李梁，等. 小学教育实践教程. 北京：高等教育出版社，2019：104-105.
② 许华庚. 基于"十新十异"课堂观察评价的小学数学课例创新研究（三）——"十新十异"课堂观察评价的教学创新案例. 云南教育（小学教师），2020（4）：6-7.

（二）教育教学案例的特点

教育教学案例具有以下特点：①具有教育教学实践中的问题或者困惑的真实性；②是在一个主题下浓缩截取的片段，具有以小见大的案例故事的典型性；③具有场景、情节的"矛盾冲突"或者精彩问题描述的生动性；④具有通过事件的研究能够引起讨论、提供分析和反思的启发性。

（三）教育教学案例的类别

教育教学案例包括教育案例和教学案例两种类别。

教育案例大多是记录教育过程中发生的一件事的案例研究，甚至是课堂教学中的偶发事件处理、教师面对自己的失误场景等。教育案例的写作内容通常包括案例背景、案例描述和案例分析。参考选题如"谁弄坏了投影仪""教孩子是老师的事""说安静的人都是最没用的人""被赶出教室的小男孩""你怎么又不交作业"，等等。

教学案例通常是针对一节课中某个环节或侧面的教学案例，也可能是一节课中某个教学过程的特定阶段、特定内容，还可能是一节课中教师的某种教学行为或教学方式、学生学习方式的改变等。比如一个揭示知识本质的新方法、一种解决实际问题的新策略、一项渗透教学思想的新思路、一次满足学习困难学生的新途径等。教学案例的写作内容通常包括案例背景、案例描述、案例解决和案例反思。其基本写作方式可以参考《一一对应揭示植树问题本质及数学模型的根本——"植树问题"教学案例及反思》[①]《在提供挑战性素材中揭示"用数对确定位置"本质——"用数对确定位置"教学案例及反思》[②]等。

（四）教育教学案例的价值

教育教学案例的价值包括以下几个方面。

1）带有问题性。有价值的教育教学案例记录的应是一些含问题或疑难情景在内的事件，包含一些深刻的教育教学问题，它能够引发人们进行思考。

2）具有针对性和实效性。通过这些事例，能针对教育教学存在的问题说明一些道理，或验证某些理论、解决某一实际问题。

---

① 许华庚，刘萍. 一一对应揭示植树问题本质及数学模型的根本——"植树问题"教学案例及反思. 云南教育（小学教师），2020（4）：13-15.

② 张丽. 在提供挑战性素材中揭示"用数对确定位置"本质——"用数对确定位置"教学案例及反思. 云南教育（小学教师），2020（4）：7-9.

3）富有典型性。教育教学案例所选择的实例应是具有代表性、典型性的事件，这也是教育教学案例的生命。

可以根据小学教育教学案例评分表对教育教学案例进行评分（表1-2）。

表1-2　小学教育教学案例评分表

编号_____　　　　　　题目_____

一级指标	二级指标	分值	得分
案例 事实 （50分）	1. 科学性。案例有深度，能反映科学规律	10	
	2. 典型性。事例典型，主题鲜明，有明确含义能说明某方面的问题	10	
	3. 故事性。情节完整，故事生动，有戏剧冲突能引人入胜	10	
	4. 客观性。叙述事实客观公正，真实可信，没有个人的观点与好恶	10	
	5. 启发性。能引起大家对某些问题的关注，并进行深入地思考	10	
案例 分析 （30分）	6. 事理结合。能针对具体案例进行分析，观点与事实结合紧密	10	
	7. 认识深刻。能透过事实案例分析事物的本质，提出解决问题的办法	10	
	8. 思想先进。具有先进的教育思想和教育方法，评价解决问题的办法的优劣及理由	10	
写作 水平 （20分）	9. 表达准确。能正确无误地表达作者的意思，科学严密，没有歧义	10	
	10. 叙述简洁。文笔流畅，文字精炼，详略得当，重点突出，善于取舍	10	
简要 评语		100	

资料来源：昆明市教科院提供。

七、教育实习的总结与评价

教育实习的总结与评价指对教育实习期间的工作、生活、学习、思想进行全面系统的回顾、分析和研究，对实习的效果进行评价，对每位实习生的成绩做出认定。这项工作为实习生今后的教育教学工作奠定基础。

（一）教育实习的总结

教育实习的总结指实习生对教育实习期间的工作、生活、学习进行全面、系统的回顾和分析，并在此基础上进行交流。通过总结，实习生能够总结实习期间的经验、教训，找出存在的问题和不足，进一步认识教育规律，不断完善自己，向合格教师的标准不断迈进，并且把这些经验传递给低年级的师范生，形成师范院校教育实习工作的良性循环。为此，实习生个人和学校均要做好教育实习的总结工作。[①]

1. 实习生个人总结

实习生个人总结是实习生自我反思和自我完善的过程。实习生完成教育实习工作后，应该对实习的全过程进行回顾和总结，并对自己的实习情况做出实事求是的评价。实习生个人总结包含以下内容。

（1）教学工作实习总结

实习生在每一次课堂教学后都应及时进行总结，如备课是否充分，教学任务是否完成，教学手段使用是否恰当，师生交流是否充分，学生是否满意等，以便及时地发现问题和解决问题，扬长避短。

全部教学工作实习结束后，实习生还应进行系统的总结和分析，总结要点包括以下几个方面。

1）教学内容：是否体现了课程标准的理念，基本理论讲解得是否清楚，难点是否处理得当，能否联系学生的学习、生活实际等。

2）教学方法：能否采用启发式的教学方法，注重因材施教；能否启发学生的思维，调动学生学习的积极性；是否注意培养学生创造性地分析问题和解决问题的能力；是否善于使用现代化的教学手段。

3）教学态度：能否认真备课、讲课、辅导答疑、批改作业；是否虚心征求过指导教师的意见和建议，并积极改进教学；是否认真指导过学生的课外实践；是否积极参加学校的各项教研活动。

4）教学效果：任教课程是否受到学生的欢迎，课堂气氛是否活跃，学生成绩是否有所提高。

5）教书育人：能否以身作则，为人师表；能否做到既严格要求又关心学生的全面发展，寓教育于教学过程中。

（2）班队工作实习总结

班队工作实习总结的要点包括履行班主任工作职责情况、组织班队活动情况、班队工作的技能和效果等。

（3）撰写实习总结报告

实习总结报告要从思想行为表现、教学工作实习、班队工作实习、教育调查研究等方面展开，要求内容全面，着重体现对教育实习的认识、实习中的主要收

获和体会，特别是要找准问题，明确今后努力的方向。具体来说，实习总结包括：①基本情况，即简述实习的时间和地点、实习学校和班级、所授课程、指导班队活动的情况等；②主要成绩，可以从专业思想、教学工作、班队工作、教育调查研究等方面所取得的成绩和收获进行总结，并适当分析取得这些成绩的原因，行文要突出重点，对典型事例进行适当的深入分析；③存在的问题，主要是在实习中所暴露出的思想、知识、能力、素质等方面的不足以及出现的问题，同时要简要剖析原因，提出今后改进的措施。

2. 学校召开教育实习总结表彰大会

在实习生个人总结、实习队总结的基础上，学校应召开教育实习总结表彰大会。在会上应总结本次教育实习的经验教训，表扬好人好事，指出存在的问题，指明实习生今后努力的方向，表彰优秀带队教师、优秀指导教师和优秀实习生。同时，这个会也可以作为低年级同学的教育实习动员会。

3. 组织教育实习成果交流汇报展览

全部实习工作和实习总结工作结束后，学校或系可以组织教育实习成果交流汇报展览。教育实习成果可以是师范生在实习期间撰写的优秀教案、优秀班队活动方案，或师范生自己做的优秀课件、优秀教具、优秀汇报课视频资料，或者优秀教育调查研究报告、优秀实习工作总结、优秀事迹材料等。成果交流汇报展览不仅可以展示实习生的精神风貌，还能为未参加教育实习的师范生提供丰富的感性材料。

（二）教育实习的评价

教育实习成绩的考核与评定是整个教育实习过程的最后环节，如何客观、公正、准确地评定实习生的成绩，全面反映实习生的教育实习水平，对于增强实习生的进取心，提高教育实习质量，具有至关重要的意义。

教育实习成绩采取五级制（即优秀、良好、中等、及格和不及格），并与评语相结合的评定方式。首先，根据各项实习内容评分标准进行打分，通常各项优秀占总实习生分数有一定的比例：课堂教学占50%，班队工作占30%，教育调查研究占10%，纪律占10%；成绩90—100分的为优秀，80—89分的为良好，70—79分的为中等，60—69分的为及格，60分以下的为不及格，优秀率通常不超过

20%；成绩由双导师记分，实习小学的指导教师记录的成绩与高校带队教师记录的成绩以6∶4的比率进行计算。①教学实习鉴定表如表1-3所示。

表1-3　教学实习鉴定表

实习班级		实习科目			
教学实习工作内容					
班主任工作实习内容					
教育调查内容					
个人实习总结					
			实习生签名	年 月 日	
实习学校评定意见	（教学实习工作评语）				
			指导教师签名	年 月 日	
	（班主任实习工作评语）				
			指导教师签名	年 月 日	
	（实习单位对实习生综合能力的评定按"强、较强、一般、较弱、弱"五种程度计）综合能力：				
			学校领导签名 学校签章	年 月 日	
学院指导教师评语及实习成绩评定	（实习成绩按"优秀、良好、中等、及格、不及格"五种程度计）实习成绩：				
			指导教师签名	年 月 日	
学院审核意见					
			学院领导签名 学院签章	年 月 日	

---

① 彭小明，蔡志凌，李梁，等. 小学教育实践教程. 北京：高等教育出版社，2019：41-44.

第三节　小学教育研习

教育研习是指师范生在教师的指导下，运用之前所学的教育教学理论对教师职业专业化过程中所出现的有关问题进行分析、探讨和研究，在理论与实践的结合中提高自己的反思能力和科研能力，提升自己的职业能力水平，为将来更好地适应教师工作奠定基础。

一、教育研习的目的

（一）促进师范生的专业发展

第一，拓展知识面，加深对所学教育教学理论知识的理解。师范生在教育研习过程中了解到本学科的重要概念以及这些概念之间是如何联系的，了解到保证学生理解能力所必备的认知结构，经过反思与研究，加深了对之前所学教育教学理论知识的理解，从中学习到更多有效的学科教学理念与方法，促进了专业水平的提高。

第二，使师范生进一步形成敬业精神。教师敬业精神的核心是爱学生、热爱教育事业。教育研习的首要目的就是让师范生从亲身经历过的活生生的教育见习、教育实习的事例中总结和反思教师敬业精神的真谛，从一线小学教师身上体会教育的本质，认识到教育与国家发展的关系，从而提高师德水平，更新教书育人的理念与方法。

第三，进一步培养师范生的教育研究能力。新时代教师的显著特征之一就是教师的教育研究能力。师范生通过研究在教育实习中遇到的问题与现象，学会选择研究课题，并运用恰当的研究方法准确地提炼研究结论，以形成独立开展教育研究的能力。

（二）完善小学教师职前培养课程体系

以往的教师职前培养课程主要由理论教学和实践环节两部分组成，其中理论教学占主导地位，实践环节的课时总量偏小，在有限的课时里，师范生往往忙于应对教学实习和班队实习工作，很少有时间开展有关的研究工作。这种课程设置不利于教师素质的全面提高，尤其不利于师范生实践性知识的形成和实践能力的提高。在教师职前培养课程中增设教育研习有利于加强理论教学与实践环节之间的联系，对于完善教师职前培养课程体系起到重要作用。[①]

二、教育研习的意义

（一）全面了解小学教育教学工作

1）了解和熟悉教育教学工作的主要环节。教学工作是学校的中心工作，师范生通过教育研习能够熟知教学工作的主要环节，并能够运用有关教育教学理论进行分析和研究，从而掌握教学工作的一般规律。班队工作是中小学的重要工作，师范生有目的、有计划地开展班队工作方面的研究，有助于系统地了解班队工作的基本原理和方法。

2）了解新课程改革的基本目标和主要内容。新一轮基础教育课程改革正在全面展开，新课程改革必然是教育研习的重要内容。师范生通过教育研习能了解新课程改革的基本目标和主要内容，并能够知晓新课程改革的最新动态以及在当地的实施情况，进而明确应该如何适应基础教育的新课程改革。

3）了解学校管理、教师专业发展、校园文化建设等情况。

（二）培养初步的教育研究能力

未来教师不能满足于做一个"教书匠"，而应当成为教育专家。教育教学发展要求未来教师必须善于做教育教学的研究工作，这是因为基础教育在不断发展，课程、教材、教法在不断改革，新问题、新情况在不断涌现，教师需要从成功的经验、失败的教训、教育的疑点和热点问题中去研究、去思考。在教育研习的过程中，师范生运用科学的研究方法选取疑点问题和热点问题作为专题加以研究，从中获得对教育本质的认识，形成初步的教育研究能力。

（三）完善专业知识结构

教育研习从本质上来说就是一种研究性的学习，是师范生基于对小学教育实践研究的学习。在这种研究性学习的过程中，师范生能够获取教师职业所必备的知识，完善专业知识结构。具体来说，在教育研习中，师范生能够从两个方面增加自己的知识储备：丰富理论知识、形成和积累实践知识。

---

① 彭小明，蔡志凌，李梁，等. 小学教育实践教程. 北京：高等教育出版社，2019：45-46.

1. 丰富理论性知识

从事教师工作需要大量的理论知识做后盾，尽管师范生在学校学习了很多书本知识，但是由于缺乏对小学教育的详细了解，所学知识往往缺少感性支撑，学习效率相对较低。教育研习有利于师范生理论联系实践，也有利于其将感性认识提升到理性认识的高度，对于其提高教育理论素养有积极意义。

2. 形成和积累实践知识

实践知识是指在实现教育教学目的的行为中所具有的教育情境知识以及与之相关的知识，即教师积累的教育教学经验。在此之前，由于缺乏教育教学实践，师范生的实践知识往往要等到成为正式教师后才能获得，这就意味着师范生在职前教育阶段不能为将来成为合格的教师打下良好的基础。因此，在校期间，师范生必须通过教育研习在实践中形成和积累自己的实践知识，以缩短成为教师后的适应周期。

（四）全面提升教育教学实践能力

教育教学实践能力需要在实践中培养。对于师范生来说，教育见习和教育实习是主要的实践形式。在教育见习和教育实习中，师范生的教育教学实践能力得以提高，但由于在此之前的教育见习、实习主要限于教学工作和班队工作，对教育教学研究的工作做得还不够。事实表明，全面提高师范生的教育教学实践能力要靠反思和研究实践。因此，在教育研习中，师范生对自己的教育教学实践进行及时的总结、反思和研究，探讨如何改进自己的教育教学工作，在这个过程中提升自己的教育教学实践能力。[1]

三、教育研习的内容

（一）教育实习经验交流

教育实习经验交流主要是师范生对教育实习工作获得的成绩与存在的不足进行思考与总结，以期获得改进措施。具体要求包括：认真反思教育实习过程；实事求是地进行教育实习总结；交流内容丰富、生动、全面；所提的改进措施妥当。

---

[1]　彭小明，蔡志凌，李梁，等. 小学教育实践教程. 北京：高等教育出版社，2019：46-47.

（二）教学设计文本研讨

教学设计文本研讨主要包括研讨题目、教学设计文本规范性分析、教学目标与理念研讨、教学重点与难点研讨、教学思路及内容研讨。具体要求包括：积极参与课堂教学设计文本研讨；对教学设计文本的研讨要较为全面、细致，理由要充分、合理；能够反思自己的教学设计文本中存在的问题。

（三）课堂教学观察评议

课堂教学观察评议主要包括研讨题目、授课年级、教学技能研讨、教学方法研讨、教学策略研讨及教学效果研讨。具体要求包括：对选取的课堂教学案例（视频或试讲）进行认真观摩，做好观摩记录；对课堂教学案例进行认真评议，指出其优点与不足；结合评议，反思自己的课堂教学，提出改进意见。

（四）主题班会评议

主题班会评议主要包括班会主题、设计思路、活动准备、开展的过程、实际效果。要求师范生能够正确认识主题班会的意义，能设计一次主题鲜明的主题班会，能对主题班会进行认真评议。

（五）教育调查报告研讨

教育调查报告研讨包括调查报告题目、选题意义探讨、调查设计研讨、调查过程研讨、结果表述研讨。要求师范生认真陈述教育实习期间所写的调查报告的选题意义、调查研究设计、调查研究过程及结论；正确评议小组同学的调查报告。

四、教育研习的流程

（一）研习准备

主要向师范生说明研习过程需要准备的材料、工具等，并向他们说明研习工作如何开展。同时以实习学校或者教学年级为依据将参加研习的师范生进行分组。一般以4—6人为一小组，每个小组设小组长1名，记录员2—3名，发言人2—3名，轮流开展研习活动。

（二）分主题进行研习

一般安排在教育实习结束回校的第一周，通常采用集中分小组研习的形式。

按以下流程进行：个人说明（授课者对课堂教学或教育科研相关情况进行说明）→观察文本、案例或报告（根据研讨主题做相应记录）→合作交流（小组合作分析数据）→反思提高（总结经验教训，明确改进方向）。

（三）分小组进行研习

以小组为单位，按以下流程进行：个人陈述（如主要的活动、成功的经验、深刻的教训、难忘的经历、感人的细节、实践的感悟、存在的问题与困惑等）→小组讨论（补充说明、质疑问难、反思成败、提供借鉴等）→明确个体专业发展的方向与改进方法（学科专业知识、条件性知识与实践性知识等的改进）。

五、教育研习的评价

（一）教育研习的评价方法

教育研习的评价方法要体现多元化，可以采用档案袋评价、研讨式评价等方法，教师要鼓励每个师范生建立自己的活动档案，以便让师范生深入地了解和肯定自己的能力，并能与他人分享研习带来的快乐。

1. 档案袋评价

（1）档案袋评价的内容

教育研习中的档案袋主要应包括以下内容。

第一，教育研习的目标、计划及安排，主要反映各类教育研习活动的目的、要求和具体安排，如师范生自己的研习目标、学校的研习计划等。

第二，教育研习的过程性材料，主要指为实现目标而产生的各种材料，如师范生在研习过程中设计的各种活动方案、观察记录、调查问卷、数据资料等。

第三，教育研习的结果性材料，主要包括在教育研习中的反思性记录、经验总结、研究论文、各类评价表格等。

（2）档案袋评价的形式

档案袋评价可分为三种形式：自我评价、小组评价和教师评价。自我评价即师范生进行自我反思；小组评价即由同一研习小组的其他成员进行评价；教师评价是档案袋评价中极为关键的环节，即在创建教育研习档案袋时教师给予指导。在实际评价中，首先由指导教师做出初步评价，然后由学院的学术委员会组织有关教师进行评价，对师范生的教育研习提出一些具体的改进意见和建议。

2. 研讨式评价

研讨式评价是指有关专家、教师与师范生交流、研讨在教育研习中出现的各种问题，肯定其在教育研习过程中取得的成绩，同时找出其中存在的问题，帮助师范生明确今后努力的方向，进一步提升反思和研究的能力。研讨式评价注重对师范生教育研习过程的评价，并将师范生的自我评价和同学间的相互评价相结合。研讨式评价的内容一般包括三个方面。

（1）教育研习方案评价

教育研习方案评价就是讨论与论证教育研习方案的合理性、可行性。教育研习方案评价一般在制订方案以后进行，这样不仅能够避免一些不合理的安排，也可以对发现的问题做出及时调整。

（2）教育研习过程评价

教育研习过程评价就是对教育研习的过程进行评价，旨在发现教育研习过程中存在的问题，为正在进行的教育研习活动提供反馈信息，从而提高教育研习的质量。

（3）教育研习成果评价

教育研习成果评价就是依据教育研习的目标，对教育研习所取得的成果进行全面、系统的评价，必要时还需要对教育研习成果做出等级评定。

（二）教育研习成绩评定

教育研习成绩评定就是对教育实习经验交流、教学设计文本研讨、课堂教学观察评议、主题班会评议、教育调查报告研讨进行量化评价（表1-4—表1-9），它是整个教育研习过程的最后环节，能够全面反映师范生在教育研习过程的收获及成果，促进师范生建立对教育研究的信心，增强其提升职业能力水平的进取心。

表1-4 教育研习成绩评定表

教育研习项目	要求	分值	得分
教育实习经验交流	1. 认真反思教育实习过程； 2. 实事求是进行教育实习总结； 3. 内容丰富、生动、全面； 4. 所提今后改进措施妥当	20	
教学设计文本研讨	1. 积极参与课堂教学设计文本研讨； 2. 对教学设计文本的研讨较为全面、细致，理由充分、合理； 3. 能反思自己的教学设计文本存在的问题	20	
课堂教学观察评议	1. 对选取的课堂教学案例（视频或试讲）进行认真观摩，做好观摩记录； 2. 对课堂教学案例进行认真评议，指出其优点与不足； 3. 结合议，反思自己的课堂教学，提出改进意见	20	

续表

教育研习项目	要求	分值	得分
主题班会评议	1. 能正确认识主题班会的意义； 2. 能设计一次主题鲜明的主题班会； 3. 对主题班会进行认真评议	20	
教育调查报告研讨	1. 认真陈述教育实习期间所写的调查报告的选题意义、调查研究设计、调查研究过程及结论； 2. 正确评议小组同学的调查报告	20	
教育研习等级		成绩	
指导教师签名		日期	

注：等级标准为优秀（90—100）、良好（80—89）、及格（70—79）、不合格（0—69）。

表 1-5　教育实习经验交流

项目	主要内容
教学工作的成绩与不足	

表 1-6　教学设计文本研讨

研讨题目	
教学设计文本规范性分析	
教学目标与理念研讨（目标更容易理解的预设与生成，理念的运用与体现等）	
教学重点与难点研讨（重点难点的合理性，突出重难点的方式方法等）	
教学思路及内容研讨（导入、展开、强化、收束及过渡语等）	

表 1-7　课堂教学观察评议

研讨题目	
授课年级	
教学技能研讨（语言、板书、教态、课件运用、资源运用、课堂提问等技能的合理性）	
教学方法研讨（讲授、提问、阅读指导、材料分析、情境创设问题讨论等教学方法的合理性）	
教学策略研讨（教学过渡、方法引导、机智应变、偶发事件处理等策略的合理）	
教学效果研讨（重点难点的解决、教学目标的达成等）	

表1-8 主题班会设计评议

主题	
设计思路	
活动准备	
开展的过程	
实际效果	

表1-9 教育调查报告研讨

调查报告题目	
选题意义探讨	
调查设计研讨	
调查过程研讨	
结果表述研讨	

复习与思考

1）教育见习主要包括哪些方面的内容？

2）如何观察小学生的行为？

3）课堂教学观察的方法有哪些？

4）教学工作实习包括哪些环节？

5）班主任如何做好班队工作？

6）如何撰写教育调查报告？

7）如何撰写教育教学案例？

8）教育研习的目的和意义是什么？

9）教育研习的内容有哪些？

10）如何开展教育研习工作？

拓展资源

蔡志凌. 小学教师职业教育实践教学研究. 杭州：浙江大学出版社，2012.

段作章，魏本亚. 基于"标准"的教育见习与实习. 北京：高等教育出版社，2018.

郭炯，霍秀爽. 学生学习过程质性评价工具的开发与应用研究. 电化教育研究，2012（7）：79-84.

黄忠裕. 数学教育实践教程. 北京：科学出版社，2013.

惠中. 小学教育实践导引. 北京：高等教育出版社，2016.

刘初生. 教育实习概论. 长沙：湖南教育出版社，2001.

刘维俭，王传金. 教师职前教育实践概论. 南京：南京大学出版社，2006.

彭小明，蔡志凌，李梁，等. 小学教育实践教程. 北京：高等教育出版社，2019.

沈嘉祺. 小学教育实践手册. 上海：华东师范大学出版社，2012.

翁永电. 课堂评价视角：学生学习状态观察分析. 上海教育科研，2006（3）：68-69.

许华庚. 基于"十新十异"课堂观察评价的小学数学课例创新研究（三）——"十新十异"课堂观察评价的教学创新案例. 云南教育（小学教师），2020（4）：6-7.

许华庚，刘萍. 一一对应揭示植树问题本质及数学模型的根本——"植树问题"教学案例及反思. 云南教育（小学教师），2020（4）：13-15.

张丽. 在提供挑战性素材中揭示"用数对确定位置"本质——"用数对确定位置"教学案例及反思. 云南教育（小学教师），2020（4）：7-9.

张治勇，龚宝成. 教育实习. 芜湖：安徽师范大学出版社，2016.

周跃良，杨光伟. 教育实习手册. 北京：高等教育出版社，2011.

第二章　小学教育毕业论文写作

【学习目标】

- 了解毕业论文写作的目的和意义。
- 熟悉毕业论文达到的毕业水准和毕业论文写作的特点。
- 掌握论文选题的原则。
- 学会撰写规范的开题报告。
- 熟悉毕业论文各部分的撰写规范。
- 能够完成一篇达到毕业水准的、具有创新性的毕业论文。

第一节　小学教育毕业论文写作的概述

一、毕业论文写作的目的及意义

小学教育毕业论文的写作是学校对小学教育师范毕业生的教育理论基础、专业知识、学术水平、科研能力、创新能力等综合评定的一种重要的手段，是检验学生专业理论知识和技能掌握程度的重要标准之一，也是小学教育师范毕业生申请学位的基本依据之一，兼具综合性和实践性，意义重大。

（一）学校教师教育人才培养计划的重要组成部分

人才培养质量和教育教学水平是高等教育的生命线，是社会、家庭和家长关注高等教育的永恒主题，而大学毕业论文质量又是高校人才培养质量和教育教学水平的集中表现。[①] 早在 1903 年，《奏定高等学堂章程》中就对各科毕业学生在

---

① 张艳国. 大学本科毕业论文创作指导. 武汉：华中师范大学出版社，2017：3.

毕业前要进行毕业论文或毕业设计做了规定。高校各种专业设置的目的就是培养不同类别、不同层次的人才。小学教育专业的设置正是为了培养具有良好思想道德品质，扎实的学科知识和较强的教育教学能力，能在小学从事教育、教学和管理方面工作的复合型人才。[①] 毕业论文的写作是作为小学教育师范毕业生是否能按时毕业，能否获得学位的一种考核手段或者条件，是小学教育人才培养计划的不可或缺的组成部分。

（二）提高综合能力和创新精神的重要实践环节

小学教育专业除了培养不同科目的小学教师，还培养小学教育科研和管理人才，学生的毕业论文是进行科研的基本训练，对培养学生的综合能力和创新精神有着十分重要的作用。小学教育毕业论文写作既要对学生在校所学的教育学、心理学、课程与教学论等多门专业知识的理解和运用进行考查，同时也注重对学生在实践中提出问题、分析问题和解决问题的能力进行考查。学校通过毕业论文写作对学生综合运用所学专业知识来解决教育问题的能力以及对在实践中所发现的教育问题提出具有创新性和建设性意见进行考查，有利于全方位培养和提高学生的教育研究能力、社会调查能力、语言文字表达能力等综合实践能力，并以此激发学生的创新意识，培养其创新能力。这为学生毕业后走上小学教师工作岗位、从事其他相关教育工作、进行相关教育学术研究打下了坚实的基础。

（三）对学生已完成学业的梳理和总结

毕业论文从性质上来说具有总结性质，它是学生在校学习期间在指导教师的指导下完成的最后一次作业。学生撰写毕业论文的过程也是对已完成的专业课程和专业知识进行复习、梳理、消化和巩固的过程。它具有很强的综合性，要求学生在规定的篇幅内把自己的观点进行提炼并表述清楚。对小学教育专业毕业生来说，通过毕业论文的撰写这一过程，可以把所学的教育学、心理学、小学课程与教学论等课程理论知识加以梳理、概括和总结，既能够为研究在教学实践中发现的问题提供理论支撑，也可以从这些理论知识中获得一些新的想法和观点，甚至把这些新的想法和观点运用到教育教学实践中，进而提炼形成新的知识点和新的理论，最终以文字的方式将自己的实践成果呈现出来，即以毕业论文的形式呈现出来。

---

① 教育部高等学校教学指导委员会. 普通高等学校本科专业类教学质量国家标准（上）. 北京：高等教育出版社，2018：74.

（四）对学校教学工作的检验和反馈

毕业论文写作不仅是对学生学业的一种考核和检测手段，也是对学校教学工作的检验和反馈。首先，通过毕业论文的撰写，学校可以了解学生的理论基础是否扎实，书本知识掌握得是否牢固，观察问题和分析问题是否有一定的深度，并从学生毕业论文写作情况中总结小学教育这个专业在开展教育教学的过程中有哪些成功与不足之处，从而采取相对应的措施，以期获得更高的教育教学质量，培养具有高质量的小学教育人才。其次，进行毕业论文写作可以有效地促进教学与科研的结合。撰写毕业论文的过程实际上就是通过教师的引导，让学生进行一项教育科学研究的过程，可以让学生学会收集和整理材料、掌握和运用科研方法，培养其初步的科研能力，这不仅有利于提高该专业的教学效果，而且促进了教学和科研的结合，使二者相辅相成、互相促进，巩固和提高了学校的教学效果。

二、毕业论文需要达到的毕业水准

国家和学校对判定毕业生的毕业论文是否达到毕业水准都有明确的要求。具体可以分为两大类，一是数量上的要求，二是质量上的要求。

（一）数量上的要求

1. 正文字数需要达到要求

正文也就是论文的主干部分，学校一般会针对各专业有具体的字数要求。小学教育专业毕业论文一般不少于6000字，但还要根据各学校的具体情况而定。例如云南师范大学小学教育专业本科生毕业论文字数要求为理科原则上不少于4000字，文科原则上不少于6000字。研究生硕士论文字数要求理科为4万字左右，文科为5万字左右。用外文撰写学位论文一般要有与中文字数相当的单词量。

2. 参考文献数量和格式需要达到要求

除正文字数的要求之外，还有不少学校为了让学生对选题的意义、国内外研究现状有更全面、更深刻的了解，对中文和英文参考文献的篇数也有明确要求，并且在格式的撰写上要符合格式规范。例如云南师范大学本科生毕业论文参考文献要求为：参考文献篇数上没有具体要求，但最好不少于15篇，参考文献的著录应符合国家有关标准及相关学科格式规范。本科生毕业论文参考文献采用顺序编码制，文末参考文献序号左顶格，并用数字加方括号表示（如[1][2][3]等），序号应与正文中的标注序号格式一致，并且序号与文后参考文献信息一一对应。一本著作在论文中多处引用时，应在参考文献中将页码归并到一起集中列于参考文献最后。

（二）质量上的要求

1. 内容科学翔实

研究内容科学、翔实是毕业论文质量合格的一项重要要求。小学教育专业的毕业论文内容一般要求基本掌握本门学科的教育学、心理学理论基础和专业知识，对研究的问题进行探讨和研究，找出实际教育教学中的问题所在，并在此基础上为教育教学出谋划策，提出一些具有创新性和可行性的见解，切不可异想天开，写一些不着边际的想法。

2. 语言符合逻辑

语言逻辑是思维逻辑的体现，要把意思正确表达出来，就需要逻辑。毕业论文写作也一样，在论点表达以及回答问题的过程中都要符合语言逻辑，文字通顺，语言流畅，无错字别字，语法规范。这不仅考查毕业生语言文字的表达能力，还考查毕业生的思维逻辑能力。

3. 撰写遵守规范

毕业论文写作一般会采用计算机撰写。毕业论文内容主要由题目、标题、摘要、关键词、目录、正文、参考文献、附录、致谢等构成。

1）题目：应简明扼要地概括和反映出论文的核心内容，一般不宜超过25个字，必要时可加副标题。

2）摘要（中英文）：摘要具有独立性和自含性，即不需通读全文，就能获得必要的信息。英文内容与中文摘要相对应。

3）关键词（中英文）：关键词要另起一行标明，每篇论文选取3—5个词作为关键词，词与词之间用"；"分开。尽量使用《汉语主题词表》等词表提供的规范词。

4）目录：目录由标题名称和页码组成，包括正文（含结论）的一级、二级、三级标题和序号，参考文献，附录，致谢等内容。目录应将文内的章节标题依次排列。

5）正文：包括①正文文本，包括引言、章节、结论等；②图；③表格；④注释。

6）参考文献：包括①连续出版物（期刊）；②专著；③论文集；④学位论文；⑤报纸文章；⑥报告；⑦英文文献；⑧电子文献等。按论文（设计）中参考文献出现的先后顺序以方括号加数字的格式连续编号，将序号标于文本右上角。

7）附录：可将有损于编排的条理性、逻辑性或有碍于文章结构的紧凑和突出主题思想的材料作为附录编排于全文的末尾。

8）致谢：它是作者对该文章的形成做过贡献的组织或个人表示感谢的文字，其语言要诚恳、恰当、简短。

4. 诚信检测合格

诚信检测合格即查重合格，这是毕业论文完成后要进行的一项重要工作。其目的是检测毕业论文是否为学生原创，避免抄袭、伪造、剽窃等学术不端行为。

三、毕业论文写作的类型

学术论文的类型多种多样，可以根据其内容、用途、性质、适用范围、学科领域、研究目的、写作角度等分为多种不同种类。比如，按研究学科可以分为社会科学类和自然科学类；按性质和研究方法可以分为理论性论文、实验性论文、设计性论文和描述性论文；按研究内容可以分为理论研究论文和应用研究论文；按写作目的可以分为交流论文和学业论文，学业论文又可分为学年论文、毕业论文和学位论文，学位论文又可分为学士论文、硕士论文和博士论文。[1] 毕业论文是学术论文的一种，张艳国在其论著中将毕业论文按照研究特点分为综述性论文、计算性论文、创新性论文和教研性论文；按研究方法分为分析评论型论文、扩展研究型论文、综合论述型论文和自主命题型论文。[2]

从以上分类可以看出，毕业论文类型与学术论文类型有相似之处，但因为毕业论文是大学生为获得学位而撰写的论文，受范围的限制，其类型划分相对于学术论文来说较为单一。

小学教育专业毕业论文从学生层次来说主要有以下几种类型。

---

① 薛爱峰. 英语专业毕业论文写作概论. 南京：南京大学出版社，2019：1.
② 张艳国. 大学本科毕业论文创作指导. 武汉：华中师范大学出版社，2017：3.

1）一般性毕业论文，是指大专毕业生撰写的、不授予学位的论文。一般要求学生能够运用已学的小学教育专业理论知识和在实践过程中获得的一定的教育教学技能对小学教育教学中遇到的实际问题表达出一定的见解即可，对论文的学术性要求较低。

2）学士论文，是本科毕业生为毕业而撰写的论文，在论文答辩通过后可获得学士学位。小学教育专业要求本科毕业生在完成相应的教育学、心理学等多门专业课程并且各科成绩都合格后，能够撰写一篇运用相关理论知识解决小学教育教学实践中亟待解决的问题的毕业论文，在论文通过答辩后可获得教育学学士学位。

3）硕士论文，是攻读硕士学位的研究生撰写的毕业论文。小学教育专业的硕士研究生论文与本科毕业生的学士论文在理论性、实践性的要求方面都有相似性，但在篇幅长短、内容结构、理论运用、学术水平等要求上比本科生高得多。

从论文的内容性质来分可以分为两种类型。

1）理论型论文，偏向于理论运用，对学生的学术功底、理论分析能力和深入阐述问题的能力有很高要求，其突出的特点是学术色彩浓厚、创新性要求高。

2）应用型论文。应用型论文偏重实践性，对于小学教育专业来说，主要是指选取小学教育教学领域内的一些教育教学现象或问题作为研究对象，运用一些教育教学理论对收集的数据资料进行判断和分析，并提出相应的解决对策或措施的论文。

四、毕业论文写作的特点

小学教育专业毕业论文属于学术论文的范畴，因此同样具有学术性、创新性、专业性、实践性、规范性等多重特征。

（一）学术性

学术性是毕业论文写作的基本要求。首先，研究问题要有学术性，小学教育专业毕业论文写作作为学术研究的一种，对问题的提出、问题的分析和探讨须从小学教育出发，使问题的研究进入小学的学科之中，而不能游离在学科之外。其次，表达要学术化，如论文中的动词、名词的使用，小学各学科中的一些抽象术语的使用等。一般而言，本科生的毕业论文带有很强的练习性，学术性要求相对于硕士论文偏低。

（二）创新性

创新性是毕业论文的灵魂所在，一篇毕业论文或者学术论文的质量是否合格、水平是否达标，其创新性是不可缺少的衡量标准。创新性一般是从学术传承出发，在追踪其前沿问题中提出新的问题和新的观点，在前人研究的基础上继续研究。小学教育专业毕业论文的创新之处主要指从小学教育这一领域的教学、教法、教育、管理等的研究中寻找一些新的发现，做出一些独创性的研究与贡献，可以是探索了小学教育方面一些未知的新领域，发现了一些新的文献资料，找到了观察和解决问题的新视角，对研究方法的新探索，进行了学科知识的新融合，理论观点的新突破等。对于以上的创新点，学生做不到也不需要面面俱到，一般情况下，学生只要在以前所学的专业知识、理论的基础上，提出自己的新观点、新见解或在论述中运用新材料……做到其中一个方面的突破即可。

（三）专业性

专业性是毕业论文写作的必要要求，每个领域都有其自己的专业性。毕业论文的专业性在哪里？在于对自己所研究的领域和问题有深邃而清晰的认识，相关的信息、理论、知识以及数据等都凸显出专业性。写作过程中应运用专业的理论、专业的术语或专业的符号。例如小学教育专业毕业论文的写作要运用小学教育教学中常用的教育理论、教师专业用语等来体现其专业性。其中的一些说法，如教学还是教法，教学实录还是教学设计，它们之间的异同体现在什么地方，学生都必须清楚，在使用过程中不能混用，也不能含糊其辞。

（四）实践性

实践性是指毕业论文的选题、观点等都应来自实践。实践性更加注重学生的动手和参与能力，因为只有学生参与其中，才能不断发现新问题。小学教育专业更重视实践性，因此实践性是小学教育毕业论文写作的一个重要特征。其毕业论文的选题、论点、支撑材料等都应来自基础教育学校的教育教学实践，用教育教学理论支撑教育教学实践、教育教学实践印证教育教学理论，一切遵循从实践中来又回到实践中去的原则，而不是凭空想象或捏造出来的选题。

（五）规范性

一是内容规范，符合专业要求。小学教育专业毕业论文的写作内容必须在小学教育范围内。例如，写初中、高中或者大学的教育教学内容是不可以的。二是格式规范，符合学术论文要求。毕业论文也是学术论文的一种，需按照学术论文的要求来写，该有的部分不能随意省略。三是尊重学术规范，不是自己原创的图、表、数据或者观点，就要在适当的位置进行标注，以示对原作者的尊重。四是语言规范，符合表达逻辑。毕业论文的写作要符合语言表达规范，要注意表达的语法规范，精炼语言，不写错别字，对一些有争议的词语必须谨慎使用。五是排版及印刷规范，符合学校的要求。

以上是毕业论文写作的特点，当然除以上特点外，一些学者还认为毕业论文属于学术论文，但是和其他学术论文相比，又兼具教学性、练习性以及初级性等特点。①

第二节　小学教育毕业论文写作的准备

一、选题

毕业论文的撰写是从选题开始的。选题是指在已获得大量材料并进行分析研究的基础上提出问题，确定科学研究和文章写作的方向和目标，它既包括研究问题的选择和确定，也包括文章题目的斟酌和推敲。②

在论述选题问题时，首先应当把毕业论文的选题和标题两个概念搞清楚，选题和标题是两个既有区别又相互联系的概念。所谓"论文选题"，是确定要研究的方向、范围和对象。"论文标题"则是在论文选题确定后，用文字符号对论文主题（即论文的中心论点）进行概括（即点题）。它要求遣词用字确切、科学、规范，并具有简单明了、易于检索和新颖醒目等特点。③因此，论文选题的范围要大于论文标题，同时也比后者复杂。一般来说，论文的选题确定后就不能轻易改变，而论文的标题则可反复斟酌、修改，力求准确、新颖、简明。开题后，一般学校要求不能改变的是选题，而不是标题，所以有些学生在写作的过程中还在修改标题。

① 彭泽润. 毕业论文写作与指导. 北京：中共中央党校出版社，2006：2-3.
② 欧阳周，汪振华，刘道德. 毕业论文和毕业设计说明书写作指南. 湖南：中南工业大学出版社，1996：23.
③ 蔡翔. 硕士论文选题应注意的几个问题. 高等工程教育研究，2004，（3）：57.

（一）选题的意义

正确、合适的选题对撰写毕业论文具有重要意义。通过选题可以大体看出作者的研究方向和学术水平。爱因斯坦曾经说过，在科学面前，提出问题往往比解决问题更重要。我国著名哲学家张世英也曾指出："能提出像样的问题，不是一件容易的事，却是一件很重要的事。说它不容易，是因为提问本身就需要研究；一个不研究某一行道的人，不可能提出某一行道的问题。也正因为要经过一个研究过程才能提出像样的问题。所以我们也可以说，问题提得像样了，这篇论文的内容和价值也就很有几分了。这就是选题的重要性所在。"①

1. 决定研究的价值和论文写作的成败②

很多学生毕业论文的失败大多是由于在选题时没有引起足够的重视，选择了毫无价值或价值很小的选题，或是选题过大、过小，或是选题过于空泛，或是自己根本不感兴趣，毫无基础，导致后面一系列工作无法正常开展。

2. 规划文章的方向、角度和规模

只有明确了论文的选题，选定了研究的方向和目标，才能决定材料的选取和使用，选择论证的角度，组织安排篇章内容及最后确定标题等，使得下面的步骤得以顺利进行。

3. 促进知识的深化和能力的提高

要选择一个有意义、有价值的选题，就要求学生能够综合运用已有的知识、经验和能力，广泛地收集材料，从中选择与自己的知识结构、能力背景、兴趣爱好相吻合的课题作为自己研究和写作的方向。这一过程需要学生具备一定的勇气和相应的能力，需要以原有的知识背景为基础，同时通过对选定课题细致、深入的研究，发现自己的不足，并及时进行弥补，充实自己的专业知识。这样，选题的过程就成了学习新知识、拓宽知识面、加深对问题理解的好机会。

（二）选题的原则

由于选题对撰写毕业论文具有关键性的作用，且由于论文写作的目的、价

---

① 转引自王力，朱光潜，吴小如等. 怎样写论文：十二位名教授学术写作纵横谈. 大连：辽宁教育出版社，2006：71.

② 徐辉. 教育硕士专业学位论文写作指导. 杭州：浙江大学出版社，2005：30-31.

值、材料等条件的限制，选题必须遵循一定的原则。

1. 专业性原则

高校是培养各类专门人才的阵地，出于人才培养专业化的需要，每个专业都有自己的特点和要求。另外，一个人的精力是有限的，不可能在各方面都是专家，往往只能在某一方面或某些方面比较擅长。毕业设计（论文）应结合专业培养方向选择本专业领域内具有一定理论意义和应用价值的论题作为毕业设计（论文）的选题，体现专业对口，一般情况下不能跨专业选题。①

2. 创新性原则

对毕业论文的新意可以从以下几个方面考虑：①填补空白为人先，是指研究前人没有发现、没有涉猎的领域，这是科学研究的最高境界，成果的价值最高，难度也最大。②匡正谬误随人后，是指通过自己的研究对别人的某一问题的研究上存在疑难或已发现的谬误加以证实和纠正。③提供验证为人佐，是用新的方法、条件和研究视角再一次证明前人某一结论的置信度，起到辅佐前人研究的作用。总之，对毕业论文的创新可以是方法上的创新，应用上的创新（把已有的原理、方法、理论应用到新的领域、项目中），对已有的结论、材料、研究方法等质疑，给出新的答案等。

3. 科学性原则

科学性原则要求教育科研的选题必须遵循教育及与之相联系的各种事物的客观规律，必须充分认识研究的客观条件，也就是要确保研究的问题必须是真问题。这可以通过对他人研究成果和各方面资料的收集、整理和分析，经过严密的科学论证形成课题。

4. 目的性原则

为什么选择这一问题？这一问题的研究是否来自教育的客观需要？也就是说，应该从教育实际出发，去解决教育中的理论或实际中存在的问题，使理论研究与应用研究相结合，以应用研究为主，促进教育的改革和发展。

---

① 张艳国. 大学本科毕业论文创作指导. 武汉：华中师范大学出版社，2017：10-11.

5. 可行性原则①

可行性原则主要表现在主观和客观两个方面。

（1）主观方面

主观方面的条件包括个人的知识能力结构、兴趣爱好。合理的知识能力结构是学术研究的必要条件，这是因为一个人不可能在各个方面都是专家，所以要选择与自己的知识能力结构相适应相吻合的选题。此外，选题的难度要适中，难度过大会使研究者产生力不从心的消极体验，并且难以保证论文写作的进度；难度过小则不能很好地反映研究者的真正水平，难以达到锻炼和提高自己的科研能力的目的。当然，兴趣也是选题时必须考虑的主观条件之一。

（2）客观方面

客观方面的条件包括时间、材料的丰富性、导师的条件等。

1）撰写毕业论文要求在一定的时间内完成，一般为一年，因此，在选题时要全盘考虑时间的分配情况，并据此选择相应的选题。

2）材料的条件是科学研究和论文写作的首要条件，材料没有或不充足会使毕业论文的撰写难以继续或显得苍白无力，因此选题时要充分考虑材料的丰富性。

3）毕业论文的撰写一般需要导师的指导。导师一般是某一方面的专家，拥有开阔的学术视野和丰富的学术经验，因此，在考虑选题时，最好选择导师熟悉和精通的专业范围，尽量与导师的研究方向一致，以便能够得到导师的有效指导和帮助。

（三）选题的方法

一说到选题，很多学生会感到焦虑，一是因为好题目研究得差不多了；二是因为一定要选择热门的问题进行研究，而热门的问题不多；三是因为这个主题别人已经写过，感觉自己无法再写了。实际上，只要善于观察和思考，好题目无处不在。

下面介绍三种常用的论文选题的方法。

1. 追溯验证法②

这是一种先有拟想，然后再通过阅读资料加以验证来确定选题的方法。由于

---

① 徐辉. 教育硕士专业学位论文写作指导. 杭州：浙江大学出版社，2005：32-34.
② 徐辉. 教育硕士专业学位论文写作指导. 杭州：浙江大学出版社，2005：39-40.

这种拟想还未经过实践的检验，还未确证其是否真正可行，因此还需要按照"拟想"规范的方向，跟踪追溯。追溯应从以下几方面考虑：

1）了解有关的学术动向，看拟想是否与别人重复，如果两者完全一致，则应马上改变拟想，以避免重复劳动；若是部分重复，则可以做出适当的改变，在非重复方面进行深入的探讨和研究。

2）看自己的拟想是否对他人的见解有补充作用，若有且又有足够的理由来证明，则可以立即将拟想确定下来。

3）如果自己的拟想别人没有论及或者论及较少，而自己通过主客观方面的权衡，把握很大，那就确定下来。反之，则应该中止，再做新的构想。

4）要善于捕捉一闪之念。有时突然产生的某些想法，尽管简单、朦胧甚至有点可笑，但不要轻易放弃，而应顺势追溯下去。当然，这种主观的拟想绝不是凭空想象，而必须以客观事实、客观需要等为依据。

2. 浏览捕捉法

浏览捕捉法就是通过对已有的文献资料进行快速、大量的阅读，在比较中确定题目的方法。也就是无经验者在对论文选题没有丝毫头绪，甚至缺乏大致方向的情况下的最好选择办法。当然有人会问，既然没有任何的方向，又怎样知道该收集哪方面的材料以及如何收集呢？其实，虽然论文的具体研究方向还没有确定，但是可以肯定的一点是，一般总是在自己的专业范围之内，比如小学教育专业的学生，其方向就是小学教育，可以收集关于这方面的研究。

浏览捕捉法一般可按以下步骤进行。

（1）广泛浏览

1）学位论文。万方数据、中国知网和国家图书文献中心都提供学位论文数据库的检索。查学位论文数据库有几方面的作用：一是查看自己拟研究的方向上已经有哪些论文，用于借鉴并避免重复；二是熟悉毕业论文的特点和写作方式；三是将论文作者及导师的姓名或工作单位作为进一步展开检索的线索，通过配合其他数据库的检索，发现与某项研究相关联的其他研究的论文。

2）期刊论文。从中国知网或维普数据库上都可以查到中文期刊论文。这部分检索的目的是查看文摘和关键词，关键词可以作为优化检索的参考词。除了阅读命中文献外，还要格外关注系统给出的有关链接，如相关文献、共引文献、耦合文献等线索，以便拓展检索范围。

3）参考文献。阅读文献时，要关注参考文献部分，因为参考文献通常是同一领域的，在一定程度上反映了学科发展的脉络，可以作为扩大检索的线索。通过参考文献有可能发现某领域中的热点人物，通过对热点人物的进一步追踪检索，可以提高文章的专指度。

（2）分类整理

将阅读所得到的资料内容进行分类、排列、组合，从中寻找问题、发现问题。资料可按纲目分类，如分成系统介绍有关问题研究发展概况的资料、关于某一问题研究情况的资料、关于同一问题几种不同观点的资料以及对某一问题研究最新的资料和成果等。

（3）细心比较

将自己在研究中的体会与资料加以比较，找出哪些体会在资料中没有或部分没有；哪些体会虽然资料已有，但自己对此有不同看法；哪些体会和资料是基本一致的；哪些体会是在资料基础上的深化和扩展等。经过思考，师范生就可能萌生自己的一些想法，要及时捕捉住这种想法，再进行进一步的思考，选题也就可能渐渐明确。

3. 交流讨论法

与有研究或工作经验的人进行交谈、讨论，让他们指点迷津，有助于师范生确定自己的选题。这也是学生和导师保持联系、沟通的原因。

（四）小学教育常见选题

1）教学研究：包括教学方法、教学策略、教学内容、教学过程、教学评价等。

2）教材研究：对各类教材进行分析。

3）教师研究：对小学新手教师及其课堂教学知识能力进行研究。

4）学习研究：主要集中于学科学习策略的研究以及对其现状和对学生学习情况评价的研究。

5）作业研究：对作业设计、作业布置策略等相关问题进行研究。

6）课程研究：主要收录了立足小学课程（语文、数学、英语、艺术、信息、品德、科学）的一系列研究。

7）其他研究：包括教育思想研究、能力培养研究、政策研究、家庭教育以及对培训机制的研究。

表2-1是云南师范大学初等教育学院2019届小学教育专业毕业生的选题汇

总，可供小学教育专业师范生参考。

表2-1　云南师范大学初等教育学院小学教育专业毕业生的选题汇总

序号	毕业论文（设计）选题名称
1	关于小学生性教育问题的调查研究——以昆明市××小学为例
2	隔代教育对小学生道德认知影响的研究——以昆明市××小学为例
3	母语迁移对藏族小学生学习影响的调查研究
4	小学生学习倦怠与亲子关系的相关研究
5	家庭教养方式对小学生身心健康影响的调查研究
6	"污名"对小学生不良影响的调查研究
7	二胎家庭教育现状调查与对策研究——以官渡××小学为例
8	小学教师职业倦怠的现状及对策调查研究
9	小学古诗词中的植物意象教学研究
10	小学语文教材生字表中的形声字解析——以苏教版高年段为例
11	游戏在小学低年段语文课堂教学中运用的现状
12	苏教版小学语文教材寓言类课文的教学探究
13	小学中段语文朗读教学的现状调查——以昆明市官渡区某公立小学为例
14	农村小学国学经典阅读现状的调查研究——以××完小为例
15	小学古诗词教学中多媒体课件制作研究
16	小学中年段语文教材中的成语教学研究——以苏教版为例
17	小学作文教师书面评语研究
18	小学语文抒情散文朗诵指导研究
19	小学第三学段课外阅读推进策略——以××小学为例
20	小学新生学习习惯的培养研究——以××小学一年级（3）班为例
21	思维导图在小学语文阅读教学中的应用研究——以五华区××学校高年段为例
22	小学象形字趣味性教学方法研究
23	论小学语文课堂评价语的改进策略——以昆明市××小学为例
24	小学低年级归类识字教学方法研究
25	对小学语文教材课文插图编制和使用的建议——以苏教版为例
26	小学古诗词教学中学生审美情趣培养研究——以苏教版古诗词为例
27	浅论小学语文作文教学策略——以××小学为例
28	小学一年级班级管理中奖励机制的分析研究
29	小学低年段语文课堂即时评价调查及策略研究——以××小学为例
30	小学语文低年段看图写话教学调查及策略研究——以××小学为例
31	小学语文教材中儿童寓言选文的研究——以苏教版为例
32	小学生班级全员性自主管理的调查研究——以××小学为例

续表

序号	毕业论文（设计）选题名称
33	云南边远地区农村小学集中资源办学的利弊分析——以香格里拉市××小学为例
34	傣族民间文学进小学课堂的思考——以盈江县××小学为例
35	小学语文教材中中国风插图的美育价值探究——以苏教版为例
36	浅析苏教版小学语文教材中的"月意象"
37	苏教版小学语文教材之中国传统节日主题教学研究
38	儿童动画片在小学低年段写话教学中的运用探究——以C小学为例
39	小学语文高年段阅读教学中小练笔的运用研究——以LH小学为例
40	小学中年段叙事作文中存在的问题及解决方法研究——以昆明市GD小学为例
41	微课在小学低年段语文识字教学中的应用探究
42	小学中年段古诗词教学中的共情能力培养教学方法研究——以HQ小学为例
43	小学语文记叙文板书设计课堂观察实录分析研究
44	小学语文高学段错别字纠正方法研究
45	低年级小学语文教材中的插图的运用研究——以部编本为例
46	小学高段作文教学中存在的问题及对策研究——以昆明市某小学六年级为例
47	小学语文课堂中学生做笔记现状研究——以××小学四年级为例
48	小学校内课外活动管理现状研究——以昆明市官渡区某小学为例
49	小学低段寓言选编及教学研究——以部编本为例
50	小学古诗词《清平乐·村居》教学例的比较研究
51	课本剧在小学语文小说教学中的调查研究——以昆明市LX小学为例
52	小学高年级学生班级自主管理的现状研究——以昆明市某小学五年级为例
53	小学生儿童文学课外阅读现状调查与研究——以昆明市五华区某小学六年级为例
54	城市公立小学男教师工作满意度现状调查研究——以昆明市官渡区某小学为例
55	小学语文课堂合作学习的现状调查研究——以昆明市五华区某小学三年级为例
56	小学语文课前预习的现状调查及对策研究——以昆明市官渡区某公立小学四年级为例
57	小学寓言故事教学现状调查及其对策研究——以昆明市官渡区某公立小学五年级为例
58	小学生汉字书写教学现状的调查研究——以昆明市某公立二年级小学为例
59	小学班主任与家长沟通现状调查研究——以官渡区某公立小学二年级为例
60	小学语文标点符号的教学现状调查研究——以昆明市五华区某公立小学四年级为例
61	小学生课外阅读读物选择研究
62	小学文言文教学中存在的问题及对策研究
63	小学毛笔书法教学方法研究——以××小学为例
64	传统私塾教学方法对小学古诗词教学的启示
65	《声律启蒙》在小学语文教学中的价值研究
66	小学语文教材主题单元教学研究——以苏教版为例
67	小学想象类作文教学研究

续表

序号	毕业论文（设计）选题名称
68	苏教版小学语文教材中外国文学作品的教学研究
69	小学语文第二学段阅读教学研究——以昆明市××小学为例
70	小学部编版语文一年级识字复习课教学研究
71	小学语文记叙文板书设计课堂观察实录分析研究
72	简笔画在小学语文第一学段教学中的运用
73	小学语文课堂教师衔接语的研究——以昆明市五华区××小学为例
74	小学语文教师课堂评价语使用现状的调查研究——以××小学四年级为例
75	藏区小学语文汉语拼音教学方法研究——以香格里拉市××小学一年级学生为例
76	拓展阅读教学在小学语文教学中的问题研究
77	《三字经》对现代小学语文教育的启示
78	言语行为动词在小学语文课堂提问中的运用研究
79	小学语文课堂评价语的使用及改进策略——对三十节课堂教学实案研究
80	小学高年段语文家庭作业的现状与对策研究
81	《千字文》对小学语文古诗文教学的启示
82	古代蒙学教材《幼学琼林》对当前小学语文习作教学的启示
83	《父师善诱法》对小学语文阅读教学的启示
84	小学语文古诗词中传统文化内容的研究——以部编义务教育语文低段教材教学为例
85	小学语文"先认后拼"识字教学的策略研究
86	故事导入在小学中学段语文课堂教学中的运用研究——以西山区××小学三、四年级为例
87	小学语文课堂"虚假繁荣"现象归因及对策探析
88	AR/VR技术在小学语文识字教学中的应用研究——以统编版教材为例
89	小学语文课堂发言有效性的研究与思考——以××小学四年级为例
90	小学语文高年段口语交际课堂有效互动研究
91	情境教学法在小学语文古诗词教学中应用策略的研究——以文山市××小学五、六年级为例
92	在一年级形声字教学中渗透儿歌识字法的研究
93	多媒体课件在小学语文说明文中的应用研究——以苏教版为例
94	小学古诗词情境教学
95	汉字造字法在小学语文识字教学中的应用研究——以部编版第一学段为例
96	小学中年段课外活动项目开发研究
97	小学低年段班级自主管理研究现状——以五华区某公立小学为例
98	建构主义视角下小学语文中段读写结合教学研究——以昆明市五华区××小学为例
99	小学中段习作评价研究——以五华区××小学为例
100	小学语文中段批注式阅读法研究——以昆明市三所小学为例
101	小学选修课存在的问题及对策研究——以五华区××学校为例
102	赏识教育视角下小学低段口语交际能力培养研究——以××中心学校为例

续表

序号	毕业论文（设计）选题名称
103	小学校园隐性伤害及对策研究——以五华区××学校为例
104	小学生感恩教育存在的问题及对策研究——以××小学为例
105	小学高学段快速阅读策略研究
106	小学生厌学的原因及对策研究——以昆明R小学为例
107	小学问题学生的成因及其转化措施研究
108	离异家庭小学生教育的负面影响及对策研究——以××小学为例
109	农村留守儿童的学校教育问题及对策研究——以××小学为例
110	小学课堂违规行为的表现及对策研究
111	论美育在小学语文课堂中的实施对策——以昆明S小学五年级为例
112	小学中段识字教学现状及对策研究——以××小学四年级为例
113	小学高年级语文教学中学生学习兴趣现状研究——以昆明某小学为例
114	部编版小学语文一至三年级古诗选编及教学策略研究
115	经典诵读与小学生素养培养研究——以昆明某公立小学六年级为例
116	陶行知生活教育理论与小学语文教育的关系
117	小学《思想品德》课程教学现状调查——以昆明某小学为例
118	小学数学翻转课堂现状调查及对策研究——以昆明市某小学为例
119	海峡两岸《小学生字典》的比较研究
120	小学三年级家长教育思想现状调查——以昆明市某小学为例
121	小学语文课堂阅读教学的现状调查及对策研究——以昆明市某小学为例
122	建模思想在小学数学中的应用
123	符号意识在小学数学中的应用
124	转化思想在小学数学教学中的应用
125	小学中段学生数学解决问题解题策略研究
126	数学史在小学数学教学中的应用研究——以××小学为例
127	问题导向式教学在小学数学教学中的应用研究
128	少数民族地区低年段寄宿生班级管理研究——以维西县攀天阁中心完小一年级为例
129	小学数学教材中数形结合思想的比较研究——以人教版、北师大版和苏教版"图形与几何"为例
130	100以内加减法的错误类型调查研究——以盘龙小学二年级学生为例
131	小学列方程解决实际问题的现状调查研究——以昆明市某两所小学为例
132	小学统计与概率教学现状调查研究——以昆明市四所小学高年级为例
133	如何在小学数学教学中发挥数形结合的作用
134	生活化教学在"数学广角"中的应用调查分析——以昆明市某两所小学为例
135	小学数学教材中"分数"内容的比较研究——以人教版和北师大版为例
136	教育游戏在小学数学教学中的应用研究
137	教具在小学低年级数学课堂中的应用研究

续表

序号	毕业论文（设计）选题名称
138	小学数学高年级"数学广角"课堂教学比较研究
139	小学数学五年级学生运算能力培养策略研究
140	小学低段数学估算教学研究
141	小学数学解决问题中的数学思想方法研究——以"行程问题"为例
142	数学史融入小学数学现状调查研究
143	变式教学融入小学数学课堂教学研究
144	合情推理在小学数学教学中的策略研究
145	藏族建筑中的数学文化在小学数学教学中的应用研究——以云南迪庆为例
146	五年级学生数学抽象能力的调查研究——以昆明市三所小学为例
147	五年级学生数感现状调查研究
148	小学高年级学生数学自主学习能力调查研究
149	小学数学建模思想渗透的调查研究——以架车乡中心小学为例
150	五年级学生数据分析能力的调查研究——以昆明市三所小学为例
151	小学生数学情感的调查研究
152	小学数学教师MPCK的调查研究
153	小学数学教学中渗透数学美的案例研究
154	对小学生做数学笔记习惯与方法的调查研究——以云南××小学五年级学生为例
155	小学生判断题在小学学业水平评价中的有效性研究——以××小学为例
156	小学生立体图形与平面图形相互转化能力培养途径研究——以二年级"观察物体"为例
157	小学生参加课外辅导的现状调查——以云南××小学四年级学生为例
158	小学生计算能力缺失原因调查研究
159	中新小学数学教材比较研究——以小数内容为例
160	小学生数学作图能力调查研究——以祥云县××小学六年级学生为例
161	转化思想在小学数学"空间与图形"中的应用——以××小学六年级学生为例
162	饮食文化融合小学数学教学的策略
163	基于数学核心素养下小学生运算能力的培养
164	人教版小学数学教科书主题图设计与功能探析
165	"统计与概率"在小学数学教材中的比较研究
166	变中有不变思想在小学数学教学中的应用研究
167	抛锚式教学模式在"分数运算"中的教学应用
168	小学生"除数是两位数的除法"计算出错原因调查分析及对策
169	合情推理在小学数学教材中的呈现研究
170	合情推理在小学数学教学中的应用
171	小学生整数混合运算错误的调查研究
172	小学数学教科书"分数除法"内容的比较——以人教版和苏教版为例

续表

序号	毕业论文（设计）选题名称
173	四、五年级学生符号意识的调查研究
174	哈尼族文化中的数学元素及其小学数学案例分析
175	小学生数学合情推理能力的调查研究——以官渡区××小学为例
176	农村小学生数学学习主观幸福感的调查研究
177	白族文化中的数学元素及其在小学数学教学中的应用
178	民族数学文化与小学教学设计的运用——以××中心小学为例
179	微课在小学数学课堂教学中的应用研究——以官渡××小学为例
180	小学数学学习习惯培养策略的研究——以××小学二年级为例
181	乘两位数的错因分析及对策——以××实验学校四年级为例
182	小学"数学广角"的教学设计研究——以昆明市××小学二年级为例
183	小学数学课堂导入方法的对比与应用研究
184	小学数学中算法多样化的教学策略研究
185	小学生分数除法计算错误原因分析及教学建议研究——以昆明市××小学六年级为例
186	小学生减法计算错误成因分析及对策——以古镇一小二年级为例
187	"算理算法"对小学生计算能力的影响调查研究——以××小学三年级为例
188	小学图形的测量问题调查与解决策略——以××小学四年级学生为例
189	小学数学课堂教学中的基本活动情况调查——以××小学三年级为例
190	小学生列方程解决问题现状调查——以昆明市××小学六（3）班为例
191	学生在学习小数乘、除法计算中的错误成因及教学策略
192	对小学生数感培养的调查研究——以多位数乘一位数的教学为例
193	小学数学教学中创设问题情境的现状调查研究
194	信息技术与小学数学教学融合策略研究
195	小学班级文化建设策略研究
196	小学数学中"解决问题"的教学策略研究
197	小学一年级学生数学学习习惯培养个案研究
198	昆明市少先队活动组织与实施现状调查研究
199	小学生数学语言能力的培养策略研究
200	小学数学教材"认识分数"内容比较研究——以人教版和苏教版为例
201	小学数学课前预习现状及优化策略研究——以××小学三年级为例
202	小学班级文化建设的问题和对策研究——以××小学六年级为例
203	合作学习在小学语文课堂中出现的问题及对策——以××小学为例
204	一年级小学生生活自理能力现状及对策研究——以××中心学校为例
205	小学班主任与学生家长沟通现状研究——以××实验学校六年级为例
206	小学班主任工作时间分配现状的个案研究——以××小学Z教师为例
207	小学语文口语交际教学现状研究——以××小学为例

续表

序号	毕业论文（设计）选题名称
208	小学语文个性化阅读教学策略研究——以××小学为例
209	教学做合一在小学数学教学中的应用——以××小学二年级为例
210	小学高年级学生数学学习兴趣的调查研究——以××小学高年级学生为例
211	课堂总结形式在小学数学教学中的应用现状——以云南××小学文林校区为例
212	小学数学分层作业设计——以昆明市××小学六年级为例
213	多媒体在小学数学教学过程中的使用情况调查——以关锁中心学校为例
214	小学数学解决问题教学调查研究——以××小学二年级为例
215	小学生数学错题现状调查及成因分析——以××小学四年级为例
216	少数民族小学生数感培养的调查研究——以迪庆藏族自治州为例
217	小学低年级学生数学学习习惯的培养研究
218	小学中段班级文化建设中的问题与对策研究——以××小学为例
219	父母教养类型对小学生个性形成的影响及对策——以××小学为例
220	小学班主任管理策略、学生学习动机与学习成绩的相关研究
221	《小学科学》课程课堂管理的策略调查——以××小学为例
222	小学高段认知风格、学习动机与学业成绩的调查研究——以××小学为例
223	家庭教养方式与小学生自我意识发展的关系研究——以昆明市五华区××小学为例
224	合作学习在小学数学学习中的应用效果研究
225	纳西族文化中的数学元素及其数学案例分析
226	昆明市小学校园足球开展现状调查——以昆明市××小学为例
227	体育游戏在体育教学中的运用研究——以昭通市镇雄县××小学为例
228	函数思想在小学数学教材中渗透的比较研究——以人教版和北师大版为例
229	课外活动对体质健康的影响——以官渡××小学为例
230	浅析昆明市盘龙区7—8岁儿童饮食对健康体质的影响
231	在体育教学中如何培养学生的学习兴趣——以昆明市五华区××小学三年级（部分）学生为例
232	小学生体育运动习惯对体质的影响
233	传统体育项目在小学体育教学中的应用——以昭通市××小学为例
234	体育游戏在体育教学中运用的现状作用分析与对策研究
235	儿童小说教学策略研究——以人教版小学语文教科书为例
236	小学低年级学生错别字矫正策略研究——以昭通市××小学为例
237	小学古诗词教学中古典美渗透路径研究
238	小学语文随文识字教学方法研究
239	小学低学段学生想象力培养策略研究——以看图作文为例
240	课后习题使用策略研究——以部编版小学语文教科书为例
241	小学低年段字理识字法应用研究
242	小学低学段形声字教学策略研究

续表

序号	毕业论文（设计）选题名称
243	小学班主任与家长合作的研究——以昆明市金康园小学为例
244	小学生视力保护问题研究——以昆明市某小学为例
245	小班化教学的现状与对策研究——以官渡古镇一小为例
246	小学中年段学生数学阅读能力培养研究——以昆明市韶山小学为例
247	父母职业对小学生学业成绩影响的研究——以莲华小学六年级为例
248	教育信息化视角下小学语文自学能力培养的研究——以龙翔小学为例
249	"人物"主题群文阅读教学探究——以盘龙小学为例
250	动手操作在小学数学课堂中解决问题的作用——以关锁中心学校高年段为例
251	浅谈小学数学教学生活化
252	小学数学课堂教学中的有效提问
253	小学数学小组合作学习的应用效果研究
254	小学数学课堂教学中问题设计的误区与对策
255	小学数学课程与信息技术整合的思考
256	论小学生数学家庭作业布置的误区及其改进策略
257	数形结合思想在数与代数中的应用——以小学数学六年级为例

二、文献收集与开题报告的撰写

（一）文献收集的途径

简单地说，文献收集的途径就是指从哪里入手查验、收集文献，通常可以从文献外部特征和文献内容特征来确定文献收集的途径。①

1. 从文献外部特征确定文献收集途径

（1）文献名称途径

这是一种用自然语言标引、检索的方法。它利用书名、刊名、篇名等编成一览表等来查找文献。文献名称途径即把文献名称按照字顺排列起来。中文以笔画的多少或者以汉语拼音字母的顺序进行排列，日文也是以笔画多少或日语假名读音的顺序排列，其他语系一般按字母顺序排列。第一字相同时，再对照第二字排列，以此类推，不管其内容所属，检索时就像查字典一样。从国内现有检索工具的排检方法看，用这种方法的较少，常用的是图书馆书名目录。书名目录是按照

① 邵婷芝. 社会科学文献检索与利用. 南京：东南大学出版社，2014：283.

书名的字顺排列的目录。人们需要某本已知书名的图书时，就可以照此目录查索。书名目录可以明确告诉读者图书馆是否有某一种书，并把同一种书的不同版本集中在一起，方便读者查找。对于这种检索工具，只要记准文献名称，就可以很快查到。但如果文献名称较长、较复杂而不易记忆，或者文献名称相同或相似，就容易出现误检，往往不能集中内容主题相同的文献以及相关的文献，所以文献名称途径不能作为主要检索途径。

（2）著者姓名途径

著者姓名途径主要是利用著者目录或者著者索引来查找文献。著者包括个人著者，团体著者，学会、机构、公司的名称，学术会议召集单位等。从著作方式来说，编者、作者、译者、文摘人、专利权人等都属于"著者"范畴。使用这一途径时可以检索自己所学专业领域的专家学者的文献，因为他们的文章往往具有一定的水平和代表一定的动向，通过著者线索，可以连续不断地、系统地发现和掌握他们的研究进展，了解其最新的论著。在搜索文献时会看到著者，如果对该著者研究理论感兴趣，就可以采用著者姓名途径来检索文献，如检索薛法根的文献，毕业论文选题需要参考其资料，可以检索著者"薛法根"，就会出现与其相关的文献。这种著者姓名途径对熟悉作者的读者查找文献资料线索非常重要。但一个著者的所有著作也只是某一学科、某一专业知识的局部，不能系统地提供某一学科、某一专业的所有文献，这是它的局限性。

（3）引文途径

文献所附参考文献或引用文献，是文献的外表特征之一。利用这种引文而编制的索引系统，称为引文索引系统，它能够提供从被引论文去检索引用论文的一种途径，称为引文途径。一篇文献会出现引文，而引文通常出现在正文当中，最后文献末尾会附上引文相对应的文献，如阅读文献时，发现引文对其研究内容有帮助，就可以找到引文对应的参考文献，通过引文途径便可快速找到引文的来源，最后确定其出处，找到文献。

2. 从文献内容特征确定文献收集途径

一般来说，当开始为某个课题查找文献时，往往考虑的不是文献的外部特征，只要对主题的参考范围有用的、与之相关的，就都要掌握，因此需要以文献的内容特征为检索途径。所以，从文献内容特征确定文献收集途径是主要的文献收集途径。

（1）分类途径

分类途径是按照文献资料所属的学科性质的类别来检索文献的途径，其关键在于掌握分类法，以便顺利地从分类表中查出所需类目的分类号。检索时，先决条件是要确定课题所属学科的类别，以便按学科分类体系来检索文献。这一途径是以知识体系为中心分类排检的，因此，比较能够体现学科的系统性，反映学科与事物的隶属、派生与平行关系，便于研究者从学科所属范围查找文献资料，并且可以起到"触类旁通"的作用。从分类途径检索文献资料，主要是利用分类目录和分类索引。例如，小学教育专业毕业论文可以根据学科进行检索，可以检索"语文"或者"数学"学科来查找所需文献。

（2）主题途径

主题途径通过反映文献资料内容的主题词来检索文献。由于主题途径能够集中反映一个主题的各方面的文献资料，因而便于读者对某一问题、某一事物和对象进行全面、系统的专题性研究。研究者通过主题目录或索引即可查到同一主题的各方面的文献资料。例如，小学教育专业毕业论文可以在中国知网按照主题进行搜索，如输入"小学语文阅读""小学语文写作""小学数学复习"等主题进行检索。

主题途径的标引等级有单级主题和多级主题两种。单级主题是在主题下根据规定的著录规则著录文献题目、著者、出处、卷期、年月、提要等项。其使用较简单，只要按字顺就可找到需要的主题词，主题词下就是研究者所需要的文献。而多级主题由一级主题、二级主题甚至三级主题组成。一篇文献确定主题后，由于这些主题比较宽泛，为了避免在一个主题下集中过多文献，某些主题表就采用一级主题词（主标题）、二级主题词（副标题）及三级主题（说明语）形成较为详细的多级主题系统，带有层层展开的分类意义，同级之间再按字顺排列。

3. 选择文献收集途径的原则

（1）从已知文献特征选择检索途径

如事先已知文献名称、著者等条件，就可以采用相应的"篇名目录""著者索引"或有关的目录索引，从这些途径进行检索较快速、方便和有效。如果把这些途径与分类、主题途径配合起来使用，检索效果就会更好。例如，小学教育专业毕业论文可以根据选题选择相关学者进行检索，如涉及古诗词教学可以搜索作者"王崧舟"，涉及情境教学法可以搜索作者"李吉林"，涉及研究部编版教材可以搜索"温儒敏"，这样可以快速找到他们的文章，便于师范生查阅。

（2）从课题检索要求选择检索途径

如果课题检索的泛指性较强，所需文献的范围较广，则选用分类途径较好；若专指性较强，即所需资料较为专深，则选用主题途径较好。

（3）从检索工具情况选择检索途径

目前，国内外检索工具提供的检索途径的情况不一，因此，选择检索途径还要根据使用检索工具的具体情况来决定。

4. 常用文献检索工具介绍

（1）常用的中文数据库

1）中国知网（CNKI）（http://www.cnki.net）。目前中国知网已建成中国期刊全文数据库，收录国内重要期刊，以学术、技术、政策指导、高等科普及教育类为主，同时收录部分基础教育、大众科普、大众文化和文艺作品类刊物，内容覆盖自然科学、工程技术、农业、哲学、医学、人文社会科学等各个领域。

2）中文科技期刊数据库/维普数据库（http://www.cqvip.com）。重庆维普资讯有限公司推出的《中文科技期刊数据库（全文版）》（简称"中刊库"）是一个功能强大的中文科技期刊检索系统。截至2021年，该数据库已收录中文期刊15 100余种，文献总量7100余万篇，年更新近400万，内容涵盖自然科学、工程技术、农业科学、医药卫生、经济管理、教育科学、社会科学和图书情报等八大专辑。

3）万方数据库（http://www.wanfangdata.com.cn）。万方数据库是由万方数据公司开发的，涵盖期刊、会议纪要、论文、学术成果、学术会议论文的大型网络数据库。截至2020年，万方数据库内容涵盖医药卫生、工业技术、农业科学、基础科学、社会科学、经济财政、科教文艺、哲学、政法等各个学科领域，包含100多个类目的8000种期刊。

（2）常用的外文数据库

1）ISI Web of Science。ISI Web of Science是Thomson ISI建设的三大引文数据库的Web版，由三个独立的数据库组成（既可以分库检索，也可以多库联合检索），分别是科学引文索引扩张（Science Citation Index Expanded，SCI Expanded）、社会科学文献索引（Social Sciences Citation Index，SSCI）和艺术与人文引文索引（Arts & Humanities Citation Index，A & HCI）。截至2017年，SSCI内容涵盖自然科学、工程技术、社会科学、艺术与人文等诸多领域内的8500多种学术期刊。其中的SCIE数据库——《科学引文索引》网络版，收录了5900余种期刊文摘和引文，内容涉及自然科学、工程技术的各个领域。

2）Springer Link。德国施普林格（Springer-Verlag）是世界上著名的科技出版公司，通过 Springer Link 系统地提供学术期刊及电子图书的在线服务，目前 Springer Link 全文期刊已在云南师范大学开通，可在线阅读 400 多种电子全文期刊，包含化学、计算机科学、经济学、工程学、环境科学、地球科学、法律、生命科学、数学、医学、物理与天文学等学科，其中许多为核心期刊。

3）EBSCO 数据库。EBSCO 是一个具有 60 多年历史的大型文献服务专业公司，提供期刊、文献订购及出版等服务。该公司开发了近 100 多个在线文献数据库，涉及自然科学、社会科学、人文和艺术等多种学术领域。

（二）文献检索方法

文献检索方法即查找文献的方法，往往与文献检索的课题、性质和所检索的文献类型有关，文献检索的方法主要有手工检索和计算机检索。

1. 手工检索

手工检索就是检索者利用印刷型检索工具检索文献，这是一种传统的检索方式。手工检索一般分为直接检索法和间接检索法。

（1）直接检索法

直接检索法是指不依靠工具书和参考书而直接进行检索的方法，其检索效果取决于检索者平时的知识积累和记忆力。

（2）间接检索法

间接检索法是指凭借工具书检索文献的方法，可以分为以下几种。

1）顺查法。顺查法指按照时间的顺序，由远及近地利用检索系统进行文献信息检索的方法。这种方法能搜集到某一课题的系统文献，它适用于较大课题的文献检索。例如，已知某课题的起始年代，现在需要了解其发展的全过程，就可以用顺查法从最初年代开始，逐渐向近期查找。该方法的优点是漏检率、误检率较低，但工作量较大。一般在撰写学科发展动态、综述、述评、申请专利时使用此种方法。

2）倒查法。倒查法是由近及远，从新到旧，逆时间顺序利用检索工具进行文献信息检索的方法。其重点放在近期文献，查到基本满足需要时为止。使用这种方法可以较快地获得新资料，而且近期的资料往往既概括了前期的成果，又反映了最新的水平和动向，这种方法工作量较小，但漏检率较高，主要用于新课题立项前的调研。

3）抽查法。抽查法是针对检索课题的特点，选择有关该课题的文献信息最可能出现或最多出现的时间段，利用检索工具进行重点检索的方法。它适合检索某一领域研究很明显的、某一学科的发展阶段很清晰的、某一事物出现频率在某一阶段很突出的课题。该方法是一种用时较少又能查到较多有效文献的一种检索方法。

4）追溯法。追溯法是指不利用一般的检索工具，而利用已经掌握的文献末尾所列的参考文献进行逐一追溯查找"引文"的一种简便的扩大情报来源的方法。它还可以从查到的"引文"中再追溯查找"引文"，像滚雪球一样，依据文献间的引用关系，获得越来越多与内容相关的文献。

5）扩展法。扩展法是利用相关文献的夹注、脚注、参考文献等扩大检索线索，进一步查找所需文献的一种检索方法。该检索方法虽然具有查找文献比较专深的优点，但非常容易漏检，一般在文献检索过程中，尤其检索的内容要求完整时，最好不使用此法。

2. 计算机检索

随着计算机技术和现代信息存储技术的应用，使文献信息的载体从传统的纸质媒介向光学、磁性媒介发展，文献信息的缩微化、电子化已成为主要的发展趋势。计算机检索除提供手工检索法的目录、文摘、引文、主题、作者等一般信息，还提供关键词、基金、机构、全文等多种信息。这里介绍常见的计算机检索途径，如表2-2所示。

表2-2　计算机检索常见类型

类型	主要内容
自由词检索	自由词又称文本词，是作者写文章时所使用的自然词语，包括标题词、关键词、文摘词、全文词。自由词不受词表约束，同一概念用词取决于著者的偏爱
主题词检索	是一种规范化的检索语言。主题词的规范作用在于对同义词、近义词、拼写变异词、全称与缩写等进行归并，以保证一词输入、多词命中，提高文献的查全。例如，关于"肾功能衰竭"的描述，著者可以用renal failure表示
分类检索	分类检索普遍用于图书馆馆藏目录查询系统，也用于 CBMdisc 等中文数据库中，但西文数据库中采用分类检索的少见。国内最常用的分类法是《中国图书馆分类法》
著者检索	著者检索是用文献上署名的作者或编者的姓名作为检索入口词。检索时，著者的姓（last name、surname、family name）在前，名（first name、given name）在后，更多的情况是名只用首字母

类型	主要内容
图书分类法	按图书分类法进行分类检索的检索词是分类号。有的检索系统采用自己编制的分类体系且不设分类号，检索时层层点击分类类目名进行查询，如《中国期刊全文数据库》《中文科技期刊数据库》等网络检索工具

（三）文献资料的整理

文献收集不是简单地下载文献资料，其目的是"为我所用"。因此，有必要在认真阅读的基础上对文献进行整理、归类，使其系统化、条理化，形成自己的文献库。记录到手的文献资料要进行整理，从而把散乱的文献资料条理化，能很快地找出自己要用的文献。文献资料的整理一般包括以下几个步骤。

1. 文献信息的阅读和消化

阅读文献的一般顺序为：①对于主题相同的中外文资料，先阅读中文资料，后阅读外文资料，这样既有助于理解内容，也能加快速度。②对于同一篇文献既有文摘又有原文的，先阅读文摘，后阅读原文。根据文摘提供的信息，决定是否需要索取原文，以节省精力和时间。③对于同一类文献既有综述性文献又有专题性文献的，先阅读综述性文献，后阅读专题性文献，这样有助于在全面了解课题的基础上对专题文献做出选择。④对于同一主题文献发表时间上有先后的，先阅读近期的，后阅读早期的，这样有助于了解最新水平和发展前景。

消化文献的一般步骤为先粗读或通读，后精读。粗读旨在初步确定资料的取舍。粗读时，短文可全读，长文可只读摘要、引言和结论，以求了解其梗概。通读用以掌握课题的概貌，因此可以选择综述和述评文章，对重要论点、核心数据随时做一下笔记。精读用以消化重点文献，因此精读的文章常常是与课题密切相关的专论。精读的笔记内容除了文章著者的观点、结果以外，还可以有自己的评论，以进行分析、比较。精读的文章如果是外文资料，则须先摘译或全译，以求准确理解。例如，如果是一本书，应先阅读内容提要、前言，再浏览目录，若发现其中确有需要仔细阅读的章节，然后再进一步精读。如果是一篇论文，应先读标题、目录、文摘、前言和总结，浏览图表，若发现有价值的部分，再仔细阅读。

2. 文献信息的鉴别与剔除

（1）来源鉴别

来源鉴别是对所收集的文献信息进行来源国、学术机构、研究机构的对比鉴定，看其是否出自发达国家的著名学术机构或研究机构，是否刊登在同领域的著名核心期刊上，该文献被引用频次的多寡，来源是否准确，是公开发表还是内部交流。对那些故弄玄虚、东拼西凑、伪造数据和无实际价值的资料，应一律予以剔除。

（2）著者鉴别

著者鉴别主要是对所收集的文献信息的著者进行必要的考证，看该著者是否是本领域具有真才实学的学者。

（3）事实和数据性信息鉴别

事实和数据性信息鉴别主要指对论文中提出的假设、论据和结论进行鉴别，应首先审定假定的依据、论据的可信程度，结论是否是推理的必然结果，实验数据、调查数据是否真实可靠。对于那些立论荒谬、依据虚构、逻辑混乱、错误频出的资料应予以剔除。

3. 文献资料的记录

（1）需要记录的资料

需要记录的资料有两种：一种是经过鉴别的真实、精当的资料，另一种是触发思考出来的资料。经过鉴别的资料要不加改动地记录下来。对于过长的资料，或者用自己的话概括出来，或者以提纲的形式记录下来。因资料触发思考出来的问题与看法是发展性资料、创造性资料，要详细地、及时地记录下来。

（2）记录资料的方法

1）用成册笔记本记录。使用成册笔记本记录时，最好按类单独成册，如果所有资料都杂糅在一起，就不便于查找、利用。成册笔记本多用于记录系统性较强、记录量较大的资料。

2）用活页本记录。使用活页本记录既便于调动、分类、补充，又节省纸张。活页本多用于记录论文的提纲和摘录较多的资料。一份资料写好了，将其从活页夹中取出来。单页的则可以分类保管；页数多的，可以单独装订在一起，封面上写上文献名、作者名，以便保管、查找和使用。

3）用卡片记录。卡片在科学研究、撰写学术论文中有三种用途：一是用作记录书名、篇名的目录卡；二是用作摘录较短材料的资料卡；三是用作记录个人因文献资料触发而产生的见解的记录卡。卡片的优点很多，如便于调动、分类和使用，但也有缺点，如管理不好难于查找、容易散失、难以记录较长的资料。使用卡片记录时，要将一个问题记在一张卡片上，哪怕只是一句话，也不可与其他问题混在一起。只有单独成卡，才便于分类和使用。

4. 文献资料的管理

在阅读文献前，要检索大量文献，如果不将其进行归类、管理，就不便于师范生后期的论文写作。可以利用文献管理软件对文献资料进行管理，常用的文献管理软件如下。

（1）NoteExpress

NoteExpress是北京爱琴海软件公司开发的一款专业级别的文献检索与管理系统。NoteExpress的核心功能如下。

1）拥有快速检索的能力，支持数以百计的图书馆数据库和网络电子库，可以随时随地找到想要的文献。

2）以题录的方式管理文献，可以按重点对文献进行划分，方便查找。

3）强大的笔记功能，可以轻松把笔记导至Word中，还会自动生成符合要求的参考文献索引。

（2）Mendeley

Mendeley是一款免费的跨平台文献管理软件，同时也是一个在线的学术社交网络平台。可一键抓取网页上的文献信息添加到个人的library（图书馆）中。还可安装MS Word和Open Office插件，方便在文字编辑器中插入和管理参考文献。Mendeley的核心功能如下。

1）多PDF同时批注，更好、更快地切换内容。

2）高效管理已读文件资料，准确提取文章信息。

3）相关文献快速搜索功能。

4）云同步功能，可以同步到其他客户端。

（3）Zotero

Zotero是开源的文献管理工具，是可以方便地收集、组织、引用和共享文献的工具。Zotero的核心功能如下。

1）对网页信息有着很强的抓取能力。

2）中英文兼顾，有着很好的汉化和对中文文献很好的读取能力。

3）使用浏览器插件+桌面客户端的模式轻松同步你的资料。

（四）开题报告的撰写

每个高校对于开题报告的内容和具体格式的要求不尽相同，有的参照毕业论文格式，有的是表格格式，但无论按照什么样的格式，都应该按照相关要求进行写作。在撰写开题报告前，首先要理清思路。理清思路的过程就是厘清开题报告的大纲，需要思考以下几个问题。

1）根据研究方向可以确定怎样的选题？为什么要进行这样的研究？（研究选题、研究目的）

2）研究方向有什么特殊的背景？（选题背景）

3）研究想要得出什么结论？可以带来哪些实际的意义？（研究结论、研究意义）

4）关于这个方向，国内和国外已经做过哪些研究？有哪些成果？（国内外研究现状）

5）我的研究与前人研究相比，有哪些创新的地方？（研究创新之处）

6）要完成开题报告，需要做哪些方面的研究？（研究内容）

7）要完成开题报告，需要掌握哪些方法和技术？（研究方法）

8）在这个过程中可能遇到哪些挫折，应该怎么克服这些挫折？（研究困难）

开题报告通常由以下几个部分组成。

1. 选题背景

选题背景就是选择该选题的根据是什么，受什么启发进行本选题研究，一般从现实的角度去论述。根据什么、受什么启发而选择这个题目？可以来自生活、学习，来自社会热点问题，来自研究热点，如国务院、教育部新出台的政策法规，时代的进步与发展，当前学校教育、学科教学等方面存在的问题。这部分要紧紧围绕选题展开论述，要写得有针对性，如题为"建构主义视角下小学语文中段读写结合教学研究——以昆明市五华区××小学为例"的开题报告关于选题背景是这样描述的：

　　阅读和写作是小学语文教学中的重要内容，同时也是两个相对独立的组成部分，阅读和写作共同组成了文学语言的重要来源，彼此之间有着千丝万缕的关联。从因果关系上来讲，阅读是写作的基础，只有做到大量的阅读积累，才能在写作过程中达到"下笔如有神"的效果。小学阶段作为教育的起点，培养学生的阅读与写作能力意义重大。小学生身心发育和学习都处于初始阶段，在认知和储备能力方面都有很大的局限性，因此，在小学语文的阅读和写作过程中教师应做好有效地引导，同时采用科学的教学模式，从而达到阅读和写作有效整合的目的。

但是，综观我国小学语文教学，阅读与写作并没有很好地融合在一起，读写分离或者机械结合，导致语文教学效率不高，学生的读写水平也不尽人意。随着信息化时代的到来，新课标对培养学生语文素养更加重视，提高学生的阅读能力与写作能力成为语文教学的两大重要目标。而建构主义理论的兴起和发展，为建立以学生为中心的语文课堂教学提供了理论基础，且和我国新课程改革理念不谋而合，对小学语文的阅读与写作整合教学上具有重要的借鉴意义。建构主义指导下的读写结合教学策略能够突出阅读与写作之间的内在联系，科学地进行语文教学，提高语文课堂的教学效率。

该同学在选题背景交代了当前小学语文阅读和写作结合教学现状，从当前小学语文教学读写分离或机械结合的问题，引出基于建构主义理论开展读写结合教学策略研究的必要性。

2. 研究价值

选题的研究价值就是阐述为什么要研究，研究它有什么意义。研究价值包括理论价值和实践价值，首先写该选题的理论价值；其次写该选题的实践价值，一定要讲清楚选题的研究有什么实际作用，解决了什么问题。例如，如题目为"建构主义视角下小学语文中段读写结合教学研究——以昆明市五华区××小学为例"的开题报告关于研究意义是这样概括描述的：

理论价值：为小学语文新课程改革中关于阅读与写作教学改革提供一定的理论指导和实践依据。实践价值：①有利于实施小学语文读写结合教学策略；②有利于学生阅读与写作的发展和创新思维的培养。

其中，理论价值注重学术理论指导；实践价值注重在一线教学中具体的实践，可以为一线教师和学生提供帮助与指导。

3. 国内外研究现状

这部分要明确指出国内外文献已经提出的观点、结论、解决方法和阶段性研究成果，这些研究成果所表达出来的观点是否一致，叙述完国内外研究现状时，要评述当前研究成果的不足，指出可能的发展趋势，指明研究方向，提出可能解决的方法。在撰写这部分时，可以按照这样的格式来撰写。

第一，撰写国内研究现状。根据自己的选题，分点归纳、概括国内相关学者观点，并加以述评。例如，题目为"建构主义视角下小学语文中段读写结合教学研究——以昆明市五华区××小学为例"的开题报告关于国内研究现状从四方面概括描述：①古代学者对读写结合的经验描述；②近现代学者对读写结合教学法的研究；③当代学者对读写结合教学理论的研究；④建构主义理论与语文教学。

第二，撰写国外研究现状。同样，国外研究现状要根据自己的选题分点归纳概括国外相关学者观点，并加以述评。例如，题目为"建构主义视角下小学语文中段读写结合教学研究——以昆明市五华区××小学为例"的开题报告关于国外研究现状从三个方面概括描述：①建构主义视角下的阅读教学；②建构主义视角下的写作教学；③阅读与写作的关系。

第三，对已有文献进行述评。这部分力求客观分析当前国内外研究现状，总体撰写该部分要做到：①求全（不可能包罗万象）；②求精（不同于以偏概全）；③求新（不排斥引经据典）。

4. 选题研究的理论依据

毕业论文需要一些基本的理论依据来保证研究的科学性，例如，师范类专业就必须以教育类的相关理论知识作为理论依据。例如，小学教育专业选题研究的理论依据有建构主义理论、多元智能理论、皮亚杰儿童认知发展规律等。

5. 研究方法

研究方法是完成研究任务达到研究目的的程序、途径、手段或操作规律。常用的研究方法有文献法、调查法、个案分析法、实证研究法、经验总结法、实验法、观察法、描述性研究法等。具体采用哪些研究方法要根据各自研究内容选择不同的研究方法。小学教育专业论文研究常用方法有文献法、调查法、个案分析法等（表2-3）。

表2-3 小学教育专业论文研究常用方法

类型	主要内容
文献法	根据研究目的需求，通过查阅文献获得资料，全面地、正确地掌握所要研究问题发展历史、研究进展和未来趋势的一种方法
调查法	是有目的、有计划、有系统地搜集有关研究对象现实状况或历史状况的材料的方法。调查法最常见的是问卷调查法

续表

类型	主要内容
个案分析法	是认定研究对象中某一特定对象,加以调查分析,弄清其特点及其形成过程的一种研究方法
实证研究法	是依据现有的科学理论和实践的需要,设计实验实证确定条件因素与现象之间的因果关系的活动。阐明自变量与某一因变量的本质关系的一种研究方法
经验总结法	对过往大量实践活动进行归纳与分析,泛化提升为一般性、系统性的经验理论方法。再经过不断的修正完善,指导自己和他人研究开展,经验水平与主体认知层次能力高低有很大关系
实验法	主动设计控制实验的条件,人为地改变对象存在方式和变化过程,以发现、确认事物之间的因果联系
观察法	观察法是指通过主支变革、控制研究对象来发现与确认事物间的因果联系的一种科研方法
描述性研究法	将已有的现象、规律和理论通过自己的理解和验证,给予叙述并解释出来

6. 研究内容

研究内容是选题研究目标的落脚点,研究内容要努力从选题的内涵和外延上去寻找,紧密围绕选题的界定去选择研究内容,要与选题相吻合,与目标相照应,细化选题研究内容。撰写这部分可以先总括选题要研究的主要内容,再以提纲方式列出框架。例如,题目为"建构主义视角下小学语文中段读写结合教学研究——以昆明市五华区××小学为例"的开题报告关于研究内容概括是这样描述的:

> 在建构主义理论视角下,本论文基于读写结合教学对小学语文教学的重要意义,以昆明市五华区的一所代表性小学为调查对象,调查了解小学生读写结合的学习现状和小学老师阅读与写作课教学的现状,分析存在这些问题的成因,运用建构主义理论探究更加有效的读写结合教学策略。该教学策略真正做到以学生为中心,改进阅读与写作课教学现状,全面提高学生的阅读与写作水平和语文素养。

7. 主要参考文献

这部分是指在撰写开题报告时阅读、引用过的主要参考文献。列举时,分为中文参考文献和外文参考文献,并且严格按照学校规定的参考文献格式进行编辑。在列举参考文献时可以对参考文献分类列举,如①标准[S];②期刊[J];③专著[M];④论文集[C];⑤学位论文[D];⑥报纸文章[N];等等。这样的分类可以使参考文献更加清晰。

三、开题

开题即开题答辩。开题者对所做论文进行简要介绍，对论文今后的进度安排进行规划，开题委员会对开题者的论文选题提出自己的看法，如选题的意义、可行性、路线等，这些反馈信息无论是赞成的、反对的、质疑的还是疑虑的，都可以使开题者得到除指导教师之外的意见和建议，使其在以后的学位论文写作中少走一些弯路。[①]

一般来说，云南师范大学小学教育专业在每年11月中旬左右召开论文开题报告会。下面将从开题前的准备、开题时的做法和开题后的修改三个方面进行介绍。

（一）开题前的准备

从发布开题通知到正式召开开题报告会之间是有一定时间的，开题者要合理地利用时间，做好开题前的准备工作。

1. 熟悉开题报告书

将要参加开题的同学首先必须对自己所写的开题报告内容有比较深刻的理解。开题者需要对开题报告书的框架进行梳理，尤其是选题缘由、研究目的、创新点、将要解决的问题和拟采用的研究方法等内容。这是为回答开题委员会成员就有关开题报告的深度及相关知识可能提出的问题做准备。

根据以往的开题记录，这里整理出几个高频问题，希望能对大家有所帮助。

1）你为什么选择这个课题？

2）研究这个课题的意义和目的是什么？

3）文章的整体框架是什么？

4）这个课题有何创新之处？

5）研究是否具有可行性？

6）开题报告的撰写情况如何？

另外，针对某些论点模糊不清或者不够准确和确切的地方，对论据不够充分的地方，对论证层次比较混乱、条理难辨的地方，以及限于篇幅结构没有详细展开说明的问题，开题委员会成员也有可能对此进行提问。

开题者应仔细想一想以上问题，必要时可以用笔记的形式整理出来并写成发言提纲，在开题时使用。这样才能做到有备无患，临阵不乱。

---

① 蔡铁权，楼世洲，谢小芸. 教育硕士专业学位论文写作指导. 杭州：浙江大学出版社，2005：127-135.

2. 制作开题PPT

开题所用到的PPT一般包括封面、选题缘由、文献综述、研究内容、研究方法、创新之处、参考文献等部分。制作PPT时最好控制在15页以内，不要大段复制文字，应力求简单清晰、突出重点（主要展示你的研究内容和创新之处）。另外，对于开题委员会成员来说，由于经历了长时间的听述，所以最好以概念图、路线图或计划表等形式进行表述，这有助于开题委员会成员在更短的时间内理解开题者的思路，减少不必要的分歧，提高研讨效率。

3. 控制陈述时间

开题报告会有时间限制，一般开题时间为15—20分钟/生。所有开题者需准备10分钟左右的陈述，陈述结束后，开题委员会成员进行提问，开题者进行回答。开题者需要提前对陈述内容熟悉、掌握，并根据自己的节奏进行反复练习，以防止汇报时超时，导致未完成开题汇报。另外，开题者在练习过程中需要注意寻找适合自己的连接词，以便将所述内容融为一体，而不是单纯地介绍每个部分。

（二）开题时的做法

现场的开题陈述是一次客观的开题检验：一方面，它可以训练开题者的演讲能力；另一方面，它可以真实地反映开题委员会成员对课题的意见。一些开题者对现场陈述有一些不正确的态度和做法，比如在现场感到特别紧张，或者不够重视，这些皆非上策。

1. 端正态度

专家对开题报告提出问题是正常的。对于开题委员会成员提出的意见和建议，开题者应该持虚心交流的态度，不能有抵触情绪，要善于把握专家提出的有益信息，尤其是要分清楚哪些是批评，哪些是建议，不必一听到批评就立即反驳。

专家虽然是内行，但有可能对开题者的论证思路不甚了解，有可能其思路是好的，只是讲得不好而已。所以，在准备良好的情况下，开题者可以礼貌地坚持自己的研究初衷。

另外，在开题过程中可能出现一些尴尬的局面，尤其是开题者难以回答开题委员会成员提出的问题时，态度要端正，应该实事求是地讲明自己对这个问题还没有进行深入的研究，切忌强词夺理、不耐烦或自傲。

2. 文明礼貌

开题者在汇报的过程中应该谦逊有礼，尊重开题委员会成员，在进行陈述时，要自信大方，不要畏畏缩缩、扭扭捏捏。在开题过程中，杜绝摸鼻子、挠头等小动作，这些动作容易给开题委员会成员留下不稳重、不自信、不礼貌等印象。开题者最好目视开题委员会成员进行陈述，跟他们进行有规律的互动，并观察他们的反应，这有助于及时调整思路与进度。开题结束后，开题者要诚恳地请求开题委员会成员给予批评指正，并礼貌地道谢、从容地退场。

3. 控制语速和节奏

一些开题者即使提前模拟练习过答辩过程，在开题时也会因为紧张而导致说话速度越来越快，以至于开题委员会成员听不清楚。所以，开题者一定要注意在陈述过程中的语速，要有急有缓，语气要有轻有重。当然，开题者在开题过程中根据实际情况进行灵活地减少或增加内容也是对开题时间控制的一种表现，在现场要懂得随机应变。

4. 条理清晰、表述合理

开题报告是一个专业训练的展示，要尽量接近专业水准，应尽量用专业术语和思维进行陈述，注意学科的规范和标准，避免一些外行的表述。另外，尽量少用助词，如"啦""喽""呢""吧"等，不要给开题委员会成员留下用语不清、不严谨的感觉。

5. 学会倾听、及时记录

在开题过程中，开题者不仅要会说，还要会听。学会倾听，是对对方的一种尊重，也是自身修养的一种表现。在开题报告会上，开题委员会成员会根据开题者的开题情况进行点评，并提出相应的修改建议。开题者需要将注意力放到提问者身上，开题委员会委员提出问题后，开题者要迅速、正确地理解提出的问题，并有针对性地对开题委员会委员的提问进行有效的解释，以提高交流效率，切忌答非所问。

另外，开题者除了需要回答开题委员会委员的提问外，还需要及时、准确地记录开题委员会成员提出的意见和修改建议，方便后续修改开题报告。如果时间紧迫，可以在开题前委托同学帮忙录音或做记录，防止有所遗漏。

（三）开题后的修改

开题结束后，开题者需要根据开题委员会的意见及建议，在和指导老师沟通后，进行开题报告书的修改撰写工作。一般来说，开题后的修改可分为一般修改和重大修改。

1. 一般修改

一般修改是指论文思路基本上没有问题，没有原则性错误，可能出现一些细节性的争议，经开题委员会商议后决定该开题者开题通过。这样的话，开题者需要主动与论文指导老师进行沟通，可以将开题委员会委员的意见以修改记录的形式传达给指导老师，对开题委员会老师的建议进行选择性的改进。

2. 重大修改

重大修改是指开题者犯了原则性错误，经开题委员会商议后决定该开题者开题不予通过。开题者需要在开题结束后与论文指导老师再次进行沟通，对开题委员会委员提出的建议进行选择性的改进，并在规定时间内进行二次开题。

第三节　小学教育毕业论文的写作过程

在毕业论文写作过程中，首先要列出提纲，按照提纲写成初稿，然后对初稿进行修改、加工。因为毕业论文可能有一些相应的图表材料等，所以最后还要进行必要的整理。

一、编写提纲

提纲的编写是进一步完善论文构思的过程。提纲是论文写作的蓝图，是整篇论文的框架。编写提纲的过程就是理清思路、形成粗线条的论文逻辑体系、构建论文框架的过程。按照编写好的提纲展开论文结构，是组织论文的一种有效方法。

（一）编写提纲的内容和步骤①

要拟定提纲首先应了解提纲包括的项目，提纲主要应包括以下内容：①题目

---

① 徐辉. 教育硕士专业学位论文写作指导. 杭州：浙江大学出版社，2005：92.

（暂拟）；②文章的宗旨、目的；③中心论点所隶属的各个分论点；④各小论点所隶属的论据材料（理论材料、事实材料）；⑤每个层次采取哪种论证方法；⑥结论意见。

除此之外，还要了解编写提纲的步骤。

第一，先拟题目。当然，这个题目是暂时的，毕业论文初稿完成后，还可以对其进行仔细推敲和反复修改。

第二，写出总论点、文章的主旨，也就是开题者要表达的主要论点。

第三，考虑全篇的安排，即从几个方面、以什么顺序论述论点。这是论文结构的骨架。

第四，大的项目安排妥当后，再逐个考虑每个项目的下位论点，直到段一级，写出段的论点句。每个分论点都是用来论证总论点的。

第五，依次考虑各个段的安排，把准备使用的材料按顺序编码，以便写作时使用。将材料与其要证明的论点有机结合起来。

第六，全面检查，做必要的增减。

（二）编写提纲的方法

标题式是普遍且简单的一种提纲写法，也就是把拟写的论文题目和各个部分的大标题、小标题都列出来，形成论文目录，这就是提纲。学术著作、教科书等都有目录，这些目录全面、准确地反映了书中的主要内容，是一个既简洁又明了的写作提纲。不足的是，标题式提纲所反映出的信息量不充分，往往只有作者自己明白，他人只能看个大概。当然，提纲只是给作者本人看的，只要能看明白就行。例如，题目为"建构主义视角下小学语文中段读写结合教学研究——以昆明市五华区××小学为例"的提纲这样概括描述的：

一、绪论
（一）研究的目的及意义
（二）国内外研究现状
（三）研究方法
二、建构主义相关理论
（一）建构主义的发展
（二）建构主义基本观点

三、C小学中段语文课堂中读写结合教学的现状调查研究

（一）调查设计

（二）教师层面的读写结合教学调查

（三）学生层面的读写结合现状调查

（四）建构主义视角下小学语文中段读写结合教学中存在的问题

四、基于建构主义理论指导下的小学中段语文课堂读写结合教学提升策略

（一）意义建构以学生为中心

（二）立足教材，开发教材中读写结合教学的资源

（三）加强教师"读写结合"的理论素养，丰富教学形式

五、结语

建议提纲写好后一定要由导师审定，因为从提纲上可以了解作者对问题认识的深度和掌握材料的广度，也可以了解作者的基本观点、总体构思和谋篇布局。通过导师的及时指导，提纲可以更加合理、完善。

二、撰写初稿

毕业论文初稿的写作就是依据提纲，将课题研究获得的结果、形成的结论以书面语言按毕业论文要求规范地表述出来。

既然拟定了提纲，就要围绕提纲逐章写作，尽可能不打乱原定章节顺序，以便系统地编排材料，使文章条理清楚，不出现遗漏和重复现象。还要注意，不要颠倒顺序先撰写后面的理论分析部分，然后补写前面的材料部分，以致论文的逻辑性受到影响，因此严格顺序法是撰写论文的主要方法，按照提纲上排列的顺序，从开头到结尾、从绪论到本论到结论的写法；或先写材料后综合分析，写出抽象概括所得的概念引出结论，即把材料放在前面，然后提出作者的观点。这是论文写作的常用写法，符合人们的思维习惯，也符合作者认识客观事物的基本规律，具有较强的说服力，因为人们在思考问题时，总是先提出问题，然后分析问题、解决问题。这种写法的好处是文思贯通，避免材料和内容上的重复。如果一开始就写得不顺畅，可能有两个原因：一是提纲没写好、思路不畅，这时就要对提纲进行检查，捋顺思路后再写；二是个人的写作状态不好，这时也不要强迫自己去写，可以干点别的事情调整一下心态，待心态平静后将思想沉下去，然后进入写作状态。运用严格顺序法时不必担心论文篇幅太长，因为可以进行相应的修改加工。

三、修改加工

毕业论文的写作过程是一个不断修改的过程。修改就是对论文初稿的内容不断加深认识、对论文表达形式不断优化的过程。"不改不成文"说明了修改在论文形成过程中的重要作用。好的论文是写出来的，同时也是改出来的，因为要在一篇论文中反映出研究的成果，是一件不容易的事情。它涉及很多新的观点、需要丰富的材料，并需要进行反复论证，才能形成一个严密、完整、科学的逻辑体系，而只有经过反复研究、深入思考、认真修改才能达到这一目标。对论文的认真修改也有助于提高个人的科研水平。每一次修改都不仅是对客观事物的再认识，还是对写作规律的总结。修改是对读者负责的表现。如果论文中存在很多问题，使别人看不懂，就失去了意义。从这个意义上说，修改加工也是对自己负责。总之，修改不是可有可无的，而是必须认真完成的一项工作。

（一）修改范围

修改的目的是使论文能够更准确、更鲜明地表述研究成果，就是发现什么问题修改什么问题。修改范围包括内容和形式两个方面。内容是指观点和材料，形式是指结构和语言。

1. 内容修改

1）观点修改。观点是毕业论文的灵魂，它体现着论文的价值，是修改时应该首先注意的问题。修改观点应从两方面进行：一是观点的订正，即检查全文的论点及由它说明的若干问题是否带有片面性或表述得不够准确，是否需要进行反复斟酌和推敲。如发现问题，应重新查阅资料，对实验方法及数据给予增补、改换；二是观点的深化，即应检查自己的论点是否与别人雷同、有无新意。如果全篇或大多数观点是别人已经阐述过的、没有自己的见解和新意，则应从新的角度提炼观点，形成自己的见解。否则，宁可"报废"，也不勉强成文。

2）材料修改。材料是文章的"骨肉"。初稿中的材料一般按顺序罗列。材料修改就是通过对这些材料增、删、换、改，使文章更丰满、观点更明确，使论点和材料达到和谐统一。"增"是为了使支持和说明观点的材料更充分，增加多种层次、多种属性的材料，做多方面的论证。如果材料单薄、不全，论点立论就不稳，就应当再次选材、增加内容、弥补缺陷，使之丰润饱满。"删"即净化和精炼材料，突出重点。好的论文不是材料的堆砌，例如，若所用材料有相似的情况，应适当归类合并，去掉累赘。纵观全文，所用的材料应该是充分而必要的，且质量可靠、数量适度。"换"即初稿中的材料如果并不都是最令人满意的、最恰当的，为了使所用材料更准确、更有说服力，可对材料进行适当调换。"改"就是改动材料：一是改动材料在全文中的位置，使各部分材料遵旨定位、强有力地支持论点，增加论证的逻辑效果；二是改换新的材料，丢掉不典型、不新颖和说服力不强的材料，使文章内容精练、中心突出。

2. 形式修改

形式方面的修改主要考虑结构和语言，例如，从大的部分到小的段落构成是否完整，段与段、部分与部分之间的衔接是否恰当，句子是否准确地表达了内容，书面格式是否符合规范等。

1）结构修改。结构是论文表现形式的重要因素。结构的优劣直接关系着论文整体布局和内容的表现效果。初稿完成后，一要检查其是否符合论文的结构和形式的要求，层次脉络是否清楚分明，思想内容是否进行了顺畅的表达；二要检查论文各部分的安排是否妥当，开头、结尾、段落、层次、过渡、照应、主次、详略等各个环节是否合适。如果有不理想的地方，就应进行修改。一般是做部分修改，很少全部打乱从头开始。结构的修改要从大处着眼，抓住主要矛盾，目的是更鲜明、更准确地表达论文主题。

2）语言修改。语言是形式的主要表现内容。语言修改的目的是使论文的观点得到准确、鲜明、简练、生动的表达。毕业论文的语言属于专门科学语体，其语言特征为准确、简练、严密。准确就是用语周密、恰当、有分寸；简练是指用经济的字句去表现丰富的内容，使之"文约而事丰"；严密是指语言合乎规范、表述符合实际，诸如"首创""填补了空白""达到了国内外先进水平"等一般不宜采用。论文一般不用第一人称和第二人称。第一人称往往给读者以"听讲演、受教育"的感觉，容易引起读者反感；第二人称往往给读者留下咄咄逼人的论战姿态，使人畏而远之。即使是批驳性论文，也应以商量的口气，摆实事、讲道理，不要以大话压人，与别人展开讨论时不能用诽谤、攻击性的语言。语言的可读性也不容忽视，文稿中的语句难免出现重复、生涩的现象，这就需要进行修改加工。此外，图表是论文的特殊语言，在进行这部分内容的修改时，还应检查一下文章中图表数据是否可靠、图表文表述是否一致、形式是否规范、符号是否符合要求、标点是否合理等。

（二）修改方法

修改论文很难有一个固定的方法，每个人的思维方式、写作习惯不同，修改的方法自然也不同。根据毕业论文的特点，有效的修改方法通常有下列几种。

1. 整体着眼，通篇考虑

修改时应反复阅读初稿，注意从大的方面发现问题，先不要被枝节上的问题纠缠住。所谓大的方面，即论文的基本观点、主要论据是否成立，全文布局是否合理，论点是否明确，结论是否自然、必然、恰当，论证是否严谨，全文各个部分是否形成了有机的整体。

2. 逐步推敲，精细雕琢

初稿完成后，作者可逐字、逐句、逐段审看，挑瑕疵、找毛病，发现问题后及时解决。一般来讲，这种修改方法需要事先对全文进行通读，对文中各个部分的表述基本上做到心中有数。如果盲目地进行，则效果甚微，甚至会越改越乱、越改越不称心。

3. 虚心求教，请人帮助

初稿完成后，作者头脑里已经形成一个框框，修改时往往很难从中跳出来。同时，作者对自己煞费苦心写出的初稿往往十分偏爱、很难割舍，这种心理是正常的。这时，为了保证论文的质量，最好的办法就是虚心向别人求教，把自己的稿子送给同行专家或导师看，请他们提意见，然后对所提意见进行认真分析，对初稿进行修改。实践表明，这种方法可以避免较大的失误。

4. 暂时搁置，日后再改

这是一种灵活的修改方法。初稿完成后，作者往往仍处于高度兴奋的状态，其思想也常常沉浸在论文的内容中，此时急于修改，往往不容易发现主要问题。一个有效的方法是先将原稿搁置，暂时轻松一下紧张的状态然后再改。

四、整理定稿

整理定稿包括对毕业论文初稿压缩、定稿打印等工作，它是毕业论文写作的最后一个环节。

（一）初稿压缩

毕业论文并不是越长越好，所以常常要对初稿进行压缩，压缩可从以下几方面考虑。

1）绪论压缩。绪论的作用是交代课题研究背景、研究动态、本文的目的及主要研究方法和手段。它对支持论点有重要作用，但绪论毕竟不是全文的核心，因此语言应力求简练，否则会有喧宾夺主之感。

2）论证过程压缩。毕业论文不是教科书，对论点的论证不必从基本的原理说起。有的作者唯恐读者看不懂或担心论证有漏洞，在论证时不惜笔墨从基本知识讲起，原想使论文天衣无缝、顺理成章，结果却恰恰相反，降低了论文的学术价值。因此，对原稿中那些众人皆知的事实要尽量压缩。

3）图表压缩。图表是论文常用的一种特殊语言。图表的使用除了要规范外，还要注意图表的数量，过多的图表会使论文的结构显得混乱，降低可读性。此外，图表中已表达清楚的内容，一般不再做过多的文字叙述；过分简单的图表，则应改为文字描述。

4）参考文献压缩。参考文献是论文的一部分，但也不是越多越好，参考文献过多反而使读者感到无所适从。一般应录入对论文论点、论据研究方法及结论等有关联作用的文献。

（二）定稿打印

定稿是毕业论文写作的最后程序。论文经过反复修改后，作者感到在内容和形式上符合有关要求，便可定稿，定稿后，便可按毕业论文提交的有关规范，打印、装订纸质文本以及制作光盘。

第四节　毕业论文的撰写规范

一、标题的撰写规范

论文标题是对论文主要内容的高度概括，是论文的重要组成部分和信息点。恰当的标题可以使读者明了作者做了什么研究、在什么范围里进行研究、取得了哪些成果等。

标题如文眼，写好这个文眼能起到画龙点睛的作用。作者在写作时应该按照一定的要求，斟字酌句、反复推敲，以求确定一个恰当的标题。

（一）含义准确

标题是文章重要信息的浓缩，其内涵与外延应与论文核心内容一致，避免文不对题或偏题、跑题。也就是说，标题不能太小或太大。标题太小，论文内容就可能超出标题论述的范围，降低应用价值及指导意义；标题太大，涵盖面过广，论述难免笼统及一般化，很难具体、透彻。例如，"思维导图在小学语文中段记叙文阅读复习教学中的应用研究——以昆明市五华区S小学为例""小学数学"综合与实践"领域的教学现状调查分析——以昆明市××小学五年级为例"就是比较合适的标题。

（二）简明扼要

标题用语力求精练简洁，要惜字如金、审慎选择。在保证准确反映最主要内容的前提下，应用概括性的专业术语或通俗易懂的词语表达出论文内容。按规定，中文标题一般不宜超过25个汉字。使用简短题名而语意未尽时，可借助副标题补充论文的下层次内容，如"建构主义视角下小学语文中段读写结合教学研究——以昆明市五华区××小学为例""藏族建筑中的数学文化在小学数学教学中的应用研究——以云南迪庆为例"。

（三）格式规范

论文标题要注意用词规范、结构紧凑、符合版式特点。英文标题应与中文标题含义一致。

（四）便于检索

标题应避免使用笼统、泛指性很强的词语和华丽不实的辞藻，所用词语必须概念准确，这有助于选定关键词和编制题录、索引等二次文献，以便为检索提供特定的实用信息。标题中一定要有反映论文内容的关键词，有时还应注意点明论文的学科范围。

（五）容易认读

标题应避免使用非公知公认的缩写词、字符、代号，尽量不出现化学结构式和数学式等。

（六）新颖独特

在保证准确、规范、简洁、不重复别人已有研究的基础上，论文的标题应体现作者研究的新颖独特之处，能够快速抓住读者的眼球，激发其进一步阅读的欲望。

总之，一个好的标题有八忌：一忌题不对文，二忌空泛抽象，三忌拖泥带水，四忌含糊其词，五忌矫揉造作，六忌深涩难懂，七忌语言轻浮，八忌冗长混乱。

二、摘要的撰写规范

摘要反映论文的实质性内容，展示论文内容足够的信息，体现论文的创新性，展现论文的重要梗概，一般由研究的具体对象、方法、结果、结论四要素组成。

（一）研究对象

这里的研究对象是广义的，包括研究、研制、调查等所涉及的具体的主题范围，体现论文的研究内容要解决的主要问题等。它用来描述该研究的目的，说明提出问题的缘由，表明研究的范围和重要性。

（二）研究方法

研究方法说明在研究过程中所运用的原理、理论条件、材料、工艺、结构、设备、手段、程序等，是完成研究的必要手段。

（三）研究结果

研究结果是运用研究方法对研究对象进行实验、研究所得出的结论、效果、性能数据及被确定的关系等，是进行科研所得的成果。

（四）研究结论

研究结论是对结果的分析、研究、比较、评价、应用等，是对结果的总结，显示研究结果的可靠性、实用性、创新性，体现论文研究的理论价值或应用价值；表明是否还有与此有关的其他问题有待进一步研究，是否可推广应用等。

根据有关规定，毕业论文摘要的撰写应满足以下要求。

1）摘要以不遗漏主题概念为原则，具有独立性和自明性，并拥有与一次文献等量的主要信息，即不阅读文献的全文就能获得必要的信息。因此，摘要是一种可以被引用的完整短文。摘要应可以独立使用、被引用、被推广，也可以供文摘等二次文献采用。

2）摘要应使用规范化的名词术语，不用非公知公用的符号和术语。新术语或尚无合适中文术语的，可用原文或译出后加括号注明原文。摘要中一般不用数学公式和化学结构式，不出现插图、表格；不用引文，除非该文献证实或否定了他人已出版的著作。缩略语、略称、代号应采用法定计量单位、正确使用语言文字和标点符号。

3）作为一种可阅读和检索的独立使用的文体，摘要只能用第三人称来写。有的摘要出现了"我们""作者""本文"作为摘要陈述的主语，一般来讲，这会减弱摘要表述的客观性，有时也会造成逻辑上的混乱。

4）摘要一般应说明研究的目的、对象、实验方法、结果和最终结论等，要着重反映作者的创新和强调的观点。要排除在本学科领域已成常识的内容，也不得简单地重复标题中已有的信息。摘要应不包含作者将来的计划，杜绝文学性修饰与无用的叙述。

5）摘要应结构严谨、表达简明、语义确切。先写什么、后写什么，要按逻辑顺序来安排。句子之间要上下连贯，互相呼应。摘要慎用长句，句型应力求简单。每句话要表意明白，无空泛、笼统、含混之词。但摘要毕竟是一篇完整的短文，电报式的写法亦不足取。学士学位论文的摘要一般不分段；硕士学位论文由于字数较多，可适当分段。

6）一般不宜把应在绪论中出现的内容写成摘要，也不对论文内容进行诠释和评论（尤其是自我评价）。例如，"奠定了理论基础""找到了可靠的依据""具有极为重要的参考价值"等评价性语言要慎用。

例如，题目为"建构主义视角下小学语文中段读写结合教学研究——以昆明市五华区××小学为例"的摘要是这样概括的：

建构主义是西方教育心理学中最具影响力的流派之一，它突破了传统的学习理论和教学思想，成为世界各国教育教学改革的一种指导理念。建构主义理论为小学语文读写结合教学提供了一种新的视角和理论指导，运用建构主义理论来改善当前小学语文读写结合的教学现状是一种值得追求和探索的方向。本论文力求通过对建构主义理论的深刻解读，结合新课程改革的背景，从建构主义的视角来看当前小学语文中段读写结合教学中存在的问题并进行分析，找到建构主义与小学语文中段读写结合教学的关联性，探究出更加有效的读写结合教学策略，使小学语文读写结合教学焕发出新的面貌。

三、关键词的撰写规范

关键词标引一方面从主题内容揭示文献、描述文献的内容特征、反映作者的观点，使读者在未看论文的文摘和正文之前便能了解论文论述的主题；另一方面，从利用的角度出发，满足读者从主题内容去检索文献的特定需求，提供文献检索的入口。关键词正是引用论文的入口，正确掌握论文关键词的标引方法，对评价论文质量、提高检索效率和引文频率具有重要意义。

关键词标引的要求有五[①]。

1）关键词要尽量从《汉语主题词表》中选用，被词表收录的新学科、新技术中的重要术语和地区、人物、文献及重要数据名称等，也可作为关键词标出。

2）每篇论文选取3—8个词作为关键词，以显著的字符另起一行，排在摘要的左下方，关键词之间用分号分隔。

3）中英文关键词一一对应，中文关键词前以"关键词"作为标识；英文关键词前以"Key words"作为标识。英文关键词中除了专有名词的第一个字母大写外，其他关键词一律小写。例如：

关键词：美国；数学课程；课程标准；比较

Key words：America；mathematics curriculum；standards of curriculum；comparison

4）不要将同义词、反义词同时选为关键词。

5）关键词标引的次序应根据其含义由大到小、从内容到形式。关键词可按以下顺序选择。

第一个关键词列出该文主要工作或内容所属二级学科名称。

第二个关键词列出该研究得到的成果名称或文内若干个成果的总类别名称。

第三个关键词列出该文在得到上述成果或结论时采用的科学研究方法的具体名称。对于综述和评述性学术论文等，此位置分别写"综述"或"评论"等。

第四个关键词列出在前三个关键词中没有出现的，但被该文作为主要研究对象或物质的名称，或者是标题中出现的作者认为重要的名词。

如题目为"建构主义视角下小学语文中段读写结合教学研究——以昆明市五华区××小学为例"的关键词是这样概括的：

关键词：小学语文；建构主义；写作教学；读写结合

---

① 徐辉. 教育硕士专业学位论文写作指导. 杭州：浙江大学出版社，2005：176-177.

四、绪论的撰写规范

绪论是毕业论文主体的开始部分。绪论的主要任务是向读者勾勒出全文的基本内容和轮廓，其主要作用就是阐述论文的写作意图、动机、目的，提出要解决的问题，引导读者由形象思维转换到抽象思维，为进一步阅读全文奠定思想基础。

绪论主要包括五项内容：①介绍研究的背景、意义、发展状况、目前的水平等；②对相关领域的文献进行回顾和综述，包括前人的研究成果、已经解决的问题，并适当地加以评价或比较；③指出前人尚未解决的问题、留下的空白，也可以提出新问题以及解决这些新问题的新方法、新思路，从而引出研究课题的动机与意义；④说明研究课题的目的；⑤概括论文的主要内容或勾勒其轮廓。

合理安排以上内容，将其有条理地呈现给读者，并非易事。经验告诉我们，绪论其实是全文最难写的一部分，这是因为作者对有关学科领域的熟悉程度，作者的知识是否渊博，研究的意义何在、价值如何等，都会在绪论的字里行间得以体现。

五、正文的撰写规范

毕业论文的正文部分是指介于论文的第一部分"绪论"和最后一部分"结论"之间的内容。正文是一篇论文的本论，属于论文的主体，占论文的最大篇幅。论文的创造性成果或新的研究结果都将在这部分得到充分的体现。因此，要求这部分内容要充实，论据要充分、可靠、有力，论点要明确。

标题式是写作正文的方法，就是在论文总标题下分别设计出若干小标题，然后将搜集的资料分别按小标题归纳整理，即成论文。小标题可以是单个词或短语，它们在语法上是平行的，属于同一层次。小标题越具体越好，否则写出的内容也同标题一样空泛。

六、结论的撰写规范

结论是从论文的全部材料出发，经过推理、判断、归纳等逻辑分析过程而得到的新的学术观念、见解，在整个论文中起画龙点睛的作用。在结论中，一般应阐述如下内容：①结论取得的主要结果，指出这些发现或结果的内涵，对结果的潜在意义提出可能的说明；②研究在理论上和实用上的意义及价值；③与前人的研究成果进行比较，有哪些异同，做了哪些修正、补充和发展；④研究中有无发现例外或论文上难以解释和解决的问题；⑤进一步深入研究课题的建议。例如，题目为"建构主义视角下小学语文中段读写结合教学研究——以昆明市五华区××小学为例"的结论是这样概括的：

> 进入新时期，随着教育改革的不断深入，如何提高小学生的阅读能力与习作能力更是语文教学中无法绕开的大问题。中年段是小学生读写能力快速提升的一个关键时期，也是一个新旧知识衔接的过渡期。把握这一重要时期，积极有效地开展读写结合教学将对小学生语文综合素养的发展起到关键性的奠基作用。在尊重学生的主体地位，促进学生的全面发展上，建构主义理论和我国素质教育理念是一致的。用建构主义理论看待如今读写结合在实施过程中存在的诸多问题，提醒教师在实际的教学过程中必须牢固树立学生主体的观念；充分挖掘教材，紧扣字、词、句、篇，扎实推进，整合多方资源；提升教师自身素养，丰富教学方法，多方助力读写结合的有效开展。
>
> 读写结合教学虽然有了理论知识的支撑，但在进一步促进中年段读写结合的系统化实施，还需要构建更丰富科学的中年段读写结合的训练体系，保证读写内容的逻辑性、序列性和系统性。除了课堂中的训练以外，还应该提供各方面的支持，帮助学生自主进行课外的阅读积累与读写练习，进一步拓宽读写结合的实践平台，这些都有待进一步研究。由于时间、作者的学术能力和教学经验等方面的限制，本文中提到的各项建议尚未在实际教学中得到推广和多方检验，研究的实践意义有待在今后的教学活动做进一步观察、验证。

当然，并不是所有结论都要具备上述内容，作者可根据研究结果的具体情况来定，但第一点应是必不可少的。若导不出明确的结论，论文须在文尾进行进一步讨论，讨论是对目前难以解释或解决的问题的评估和论证，将体现论文内容的延续性，对读者应有启迪作用。有的作者担心文章没有明确结论，结论部分或泛泛空谈，或画蛇添足，为了形式上有结论而给出"结论"，这种认识是不正确的。在讨论中，作者可以就工作的相关因素做进一步设想，对于不肯定、不明确的问题需谨慎处理，应当明确指出自己的研究工作还存在哪些问题，不能避重就轻，忽视文章的科学性。

七、附录的撰写规范

附录是报告、论文主体部分的补充项目，并不是必需的。但在写毕业论文时，却是经常要用到的。

使用附录的情况根据《科学技术报告、学位论文和学术论文的编写格式》，下列内容可以作为附录编于报告、论文后，也可以另编成册。

1）为了整篇报告、论文材料的完整性，编入正文对编排的条理和逻辑性产生影响的材料，包括比正文更为详尽的信息、研究方法和技术更深入的叙述，建议可以阅读的参考文献题录，对了解正文内容有用的补充信息等。

2）由于篇幅过大或取材于复制品而不便于编入正文的材料。

3）不便于编入正文的罕见珍贵资料。

4）对一般读者并非必要，但对本专业同行有参考价值的资料。

5）某些重要的原始数据，如数学推导、计算程序、框图、结构图、注释、统计表、计算机打印输出件等。

八、参考文献的著录规范

（一）学术期刊[①]

[序号] 作者. 题名[J]. 刊名，出版年份，卷号（期号）：起页-止页.

[1] 汪霞. 一种后现代的课堂观：关注课堂生态[J]. 全球教育展望，2001，30（10）：51-54.

（二）学术著作

[序号] 作者. 书名[M]. 出版地：出版社，出版年：起页-止页.

[2] 张华. 课程与教学论[M]. 上海：上海教育出版社，2000：29-31.

（三）学位论文

[序号] 作者. 题名[D]：[学位论文]. 保存城市：保存单位，年份.

[3] 赵烁. 美国基础教育课程改革及借鉴[D]：[硕士学位论文]. 保定：河北大学，2000.

（四）有ISBN的论文集

[序号] 作者. 题名[C]：见（In：）主编. （，eds.）论文集名. 出版地：出版社，出版年：起页-止页.

---

① 均以顺序编码制为例，下同。

[4] 张全福，王里青. "百家争鸣"与理工科学报编辑工作[C]：见：郑福寿主编.学报编辑论丛：第2集. 南京：河海大学出版社，1999：1-4.

（五）论文集中析出文献

[序号] 析出文献主要责任人. 析出文献名[A]. 原文献主要责任者. 原文献题名[C]. 出版地：出版者，出版年：析出文献起页-止页.

[5] 瞿秋白. 现代文明的问题与社会主义[A]. 罗荣渠. 从西化到现代化[C]. 北京：北京大学出版社，1990：121-133.

（六）研究报告

[序号] 作者. 题名[R]. 出版地：出版社，出版年：起页-止页.

[6] 冯西桥. 核反应堆压力管道与压力容器的LBB分析[R]. 北京：清华大学核能技术设计研究院，1977：9-10.

（七）专利文献

[序号] 专利申请者. 题名[P]. 国别：专利文献种类，专利号，出版日期.

[7] 姜锡洲. 一种温热外敷药制备方案[P]. 中国专利：881056073，1989-07-26.

（八）技术标准

[序号] 起草责任人. 标准代号 标准顺序号-发布年 标准名称[S]. 出版地：出版者，出版年.

[9] 全国文献工作标准技术委员会第六分委员会. CB6447-86 文摘编写规则[S]. 北京：中国标准出版社，1986.

（九）报纸文献

[序号] 作者. 文献题名[N]. 报纸名，出版日期（版面次序）.

[10] 谢希德. 创造学习的新思路[N]. 人民日报，1989-12-25（10）.

（十）电子文献

[序号] 作者. 文献题名[电子文献级载体类型标识]. 文献网址或出处，发布日

期/引用日期.

[10] 王明亮. 关于中国学术期刊标准化数据库系统工程的进展[EB/OL]. http://
www.cajcd.cn/pub/wml.txt/980810-2.html，1998-08-16/1998-10-04.

（十一）各种未定类型的文献

[序号] 作者. 题名[Z]. 出版地：出版者，出版年.
[11] 张永禄. 唐代长安词典[Z]. 西安：陕西人民出版社，1980.

九、致谢的撰写规范

毕业论文的致谢就是一段以"致谢"为标题、以感谢为主要内容的文字。毕业论文的撰写常常需要多方面的指导和帮助才能完成，因此当毕业论文即将完成时，对他人劳动给予公开认定，并郑重地以书面致谢的形式表示感谢，是十分必要的。

论文中的"致谢"对象主要包括：①给予论文的选题、构思或撰写以指导或建议的人；②在实验或调查过程中给予帮助或做出过某种贡献的人；③给予转载和引用权的资料、图片、文献、研究思想和设想的所有者；④提供过某种重要信息和建议，但并非论文共同作者的人；⑤为论文的修改提出重要意见的人；⑥给予研究经费资助的单位、团体或个人（如各类科研基金，资助研究工作的奖学金，合同单位，资助或支持的企业、组织或个人）；⑦其他应感谢的组织或个人。

要注意的是，"致谢"不仅要对致谢对象在某方面的帮助或贡献表达谢意，同时应言简意赅地概括说明其工作或贡献的要点。

第五节　小学教育毕业论文写作的评价

一、毕业论文的复制比检测

（一）毕业论文复制比检测的含义

对论文进行查重后，拿到报告首先是看论文的重复率到底是多少，以知网为例，知网查重报告里是没有重复率这个词语的，报告里只有复制比这个指标，那么复制比是什么意思？实际上，知网报告里的复制比跟重复率是同一个概念，只是说法不同而已，知网里复制比是重复文字/总字数得出的一个比值，这个比值是百分比。毕业论文复制比也分为章节复制比和毕业论文总复制比，章节复制比就是单章节重复字符数除以章节总字符数，毕业论文总复制比就是论文总重复字符数除以论文总字符数。

（二）毕业论文复制比检测的意义

论文查重主要是为了防止学术不端行为，也确实有效制止了学术不端等行为，论文重复率如果高就需要查看是否有大段文字与一些文献资料有重合，需要对重复率高的部分进行修改，具体重复率低于多少算通过，各个学校以及不同专业要求都会有所不同。所以论文查重最直接的意义就是能够有效减少学生抄袭现象，维护原创者的权益。

（三）毕业论文复制比检测的原理

毕业论文复制比是按照一定的论文查重原理进行检测的，知网毕业论文复制比是以章节进行论文查重，一句话中连续超过13个字符重复并且超过该章节阈值[①]5%，就会被知网查重系统识别为论文重复或者抄袭。市面上的大多论文检测系统在用户完成论文查重后都会提供一份详细的论文检测报告，其中详细记录了论文中出现的各类重复或者抄袭的行为。

（四）如何看毕业论文检测报告

以知网为例，毕业论文复制比分为章节复制比和毕业论文总复制比，章节复制比就是单章节重复字符数除以章节总字符数，毕业论文总复制比就是论文总重复字符数除以论文总字符数。在检测报告中会看到同一篇论文被标为不同的颜色，因为知网系统共设定了4种不同的颜色表示检测结果中的不同的文字重合情况：①绿色表示未检测到重合情况，属于可以找到对应的参考文献的引用部分。②黄色表示检测到的重合比例为0—40%或者重合文字大于1000字。③橙色表示检测到的重合比例为40%—50%或者重合文字大于5000字。④红色表示检测到的重合比例为50%—100%或者重合文字大于1万字。而黑色则代表自写率，系统检测结果认为这些部分都是作者自己原创的内容，在收录的文献库中查找不到。

---

① 阈值即检测系统灵敏度，通俗讲就是可允许抄袭内容范围。一般而言，检测系统都是有阈值设定的，该设置与计算规则相辅相成完成重复率计算，可见阈值的设定在一定程度上影响着结果，即1000个字里面有低于50个字是引用的部分，就不会被认定为重复。如果超过了50个字，就会被视为重复，增加重复率。这是知网特定的查重方式，用来判定论文重复率的大小。

但是，目前知网查重结果报告中只有红色、黑色、绿色三个部分，分别代表抄袭、自写以及引用三个状态。另外，通过查重报告中的 PDF 文档能直接看到论文的重复率（相似或疑似重复内容占全文的比重）、自写率（原创内容占全文的比重）、引用率（引用他人的部分占全文的比重，或引用自己已发表部分占全文的比重，请正确标注引用）等指标。选择打开全文对照报告，它主要标明了论文中的重复内容出自哪里，方便作者进行调整和修改；再打开全文标明引文报告，可以用来平常修改时对照使用，并且有标明引用文献列表，可以清楚地看到全文哪些地方是重复内容。

二、毕业论文答辩及其准备

（一）毕业论文答辩的含义

毕业论文答辩是答辩委员会成员和撰写毕业论文的学生面对面（特殊情况也可线上通过多媒体网络进行答辩），由答辩老师就论文提出有关问题，学生现场进行回答。之所以称之为"答辩"，是因为它有"问"有"答"还有"辩"。当答辩老师观点与自己相左时，学生可以有理有据地与之进行适当的辩论。当然，答辩只是辩论的一种形式，辩论按进行形式不同，可以分为竞赛式辩论、对话式辩论和问答式辩论，这里所说的"答辩"就是问答式辩论的简称。[①]

（二）毕业论文答辩的目的和意义

1）毕业论文答辩的目的。主体不同，目的就有所不同，组织者（校方）和答辩者（毕业论文的作者）的目的是不一样的。针对校方而言，答辩的目的主要有三：第一，考查和验证毕业论文作者对自己所写论文的认识程度和现场论证论题的能力；第二，考查毕业论文作者对专业知识掌握的深度和广度；第三，检验毕业论文的真实性，即毕业论文是否是学生独立完成的。[②] 对于答辩者而言，其目的直观而明确：顺利通过答辩，按时毕业，取得学位证书与毕业证书。

2）毕业论文答辩的意义。第一，毕业论文答辩是大学生向答辩委员会成员和相关领域专家学习和请教的一个好机会，是一个增长知识和交流信息的过程；第二，毕业论文答辩不仅是大学生学习、培养辩论艺术的一次绝佳机会，还是全

① 叶振东，贾恭惠. 毕业论文的撰写与答辩. 杭州：浙江大学出版社，1995：164-165.
② 蔡铁权，楼世洲，谢小芸. 教育硕士专业学位论文写作指导. 杭州：浙江大学出版社，2005：127.

面展示自己勇气、才能和口才的好机会①；第三，毕业论文答辩也可以让教师获得直接反馈，如学生对专业知识的掌握程度如何，进而对自己的教学进行总结和反思，使自己的教学能力得到提升。

（三）毕业论文答辩的具体准备工作

明确了毕业论文答辩的含义、目的及意义之后，要想顺利通过毕业论文答辩，应该做哪些准备呢？事实上，毕业论文答辩不只是答辩者自己的事情，学校、答辩委员会和答辩者三方都要做好充足的准备。

1. 学校要做的准备工作

对于学校来说，答辩前的准备主要是做好答辩前的组织工作。这些组织工作主要包括审定答辩者参加毕业论文答辩的资格、组织答辩委员会、拟订毕业论文成绩标准、布置答辩会会场等。②

2. 答辩委员会成员的准备

答辩委员会成员确定后，一般在答辩会举行前半个月将要答辩的论文分送到答辩委员会成员手中。答辩委员会成员接到论文后，就要认真仔细地审读每一篇论文，找出论文中论述不清楚、不详细、不确切、不周全之处，以及自相矛盾和值得探讨之处，并拟定在论文答辩会上需要答辩者回答或进一步阐述的问题。

3. 答辩者的准备

论文提交后，答辩者就应该抓紧时间准备论文答辩，答辩前的准备在一定程度上决定着毕业论文最终是否能够通过。答辩者在答辩前应做好以下准备。

1）明确答辩的目的、过程和要求。熟读有关规定，若能事先参加其他答辩者的答辩更好，可以从现场观摩中积累答辩经验。

2）准备摘要。针对毕业论文写一个摘要，主要内容包括论文的题目、选择该题目的缘由、本研究的理论意义和实践意义、论文的主要观点和创新之处、研究的主要成果和结论等，即对论文进行一个简要的概括，方便答辩过程中遇到答不上的问题时翻阅。

---

① 刘晓华，任廷琦. 毕业论文写作导论. 北京：科学出版社，2004：156-157.
② 刘晓华，王晓安. 教育硕士专业学位论文写作指南. 北京：高等教育出版社，2017：223.

3）熟悉论文。明确论文的基本观点和主论的基本依据，明确文中所出现的相关概念、运用的基本原理；同时还要仔细审查、反复推敲文章中有无自相矛盾、谬误、片面或模糊不清之处，有无与党的方针政策相冲突之处，有误病句、错别字等。如果发现论文中存在上述问题，就要做好充分准备补充、修正、解说等。

4）了解和掌握与自己所写论文相关联的知识和材料。例如：所研究的论题学术界的研究已经达到什么程度？目前存在哪些争议？有几种代表性观点？各有哪些代表性著作和文章？自己倾向哪种观点及理由？答辩者在答辩前应该较好地了解和掌握这些知识和材料。除此之外，还要明确哪些观点是继承或借鉴了他人的研究成果，哪些是自己的创新观点，这些新观点、新见解是怎么形成的，等等。①

5）其他辅助表达方式。答辩时可能用到一些图、表、照片等，这些技术性材料往往比文字语言更直观、更具有说服力。答辩中用到的图表要正规绘制，并力求整洁美观、严肃大方。论文中的小图应放大，现在大多以PPT的形式呈现，因此要注意内容的呈现方式、背景的设计、界面的设置等问题。

6）心理素质。参加毕业论文答辩时感到紧张是难免的，答辩者要做好自我调节。论文是自己写出来的，自己对内容已经很熟悉，可以迅速对答辩委员会成员的提问做出回应。答辩者也可以事先了解答辩的时间，以便做好时间安排；也可在答辩前了解自己的分组情况和答辩委员会成员的情况，知道他们的专长；还可以先听一下别人的答辩，熟悉答辩的程序。总之，答辩者要放下包袱、准备充分、轻松上阵，做到随机应变、灵活处理。

三、毕业论文现场答辩技巧

答辩者要顺利通过答辩并在答辩时发挥出自己的真实水平，除了在答辩前做好准备外，还需要了解和掌握答辩的要领和答辩的艺术。

1. 携带资料与必用品

首先，答辩者参加答辩会，要携带论文和主要参考资料。在答辩会上，答辩委员会成员提问后，答辩者可以准备一定的时间再当面回答，在这种情况下，携带论文和主要参考资料就很有必要。虽不可全依赖这些资料，但遇到回答不上来的问题时，翻翻材料可避免答不上的尴尬。其次，带上笔和笔记本，把答辩委员

---

① 刘晓华，王晓安. 教育硕士专业学位论文写作指南. 北京：高等教育出版社，2017：224.

会成员所提出的问题和有价值的意见、见解记录下来，这样不仅可以减缓紧张的心理，还可以更好地明白其提问的实质，使思考的过程变得更自然。

2. 有自信心，不紧张

在做了充分准备的基础上，答辩者不必紧张，要树立信心。过度的紧张会使本来能回答出来的问题答不上来，或是回答得逻辑混乱、言语不清晰。在答辩前，答辩者可以进行一些练习，只有充满自信、沉着冷静，才会在答辩时有良好表现。

3. 回答问题时做到：听清、思考、讲明白

1）听清：答辩委员会成员提问时，答辩者要集中注意力认真聆听，听清楚问题。如果没有听清楚问题，可以请提问老师重复一遍。如果对问题中有些概念不太理解，可以请提问老师稍做解释。

2）思考：认真思考问题，在有时间的情况下将问题略记在本子上，也可将回答的内容在本子上简单地做个草稿。

3）讲明白：要充满自信地以流畅的语言和肯定的语气将自己的想法表述出来，不要犹犹豫豫，切忌未弄清题意就匆忙做答。回答的过程中做到：一要抓住要点，简明扼要，不要答非所问；二要力求客观、全面、辩证，留有余地，切忌把话说"死"；三要逻辑清晰，层次分明。此外，还要注意吐字清晰、音量适中等问题。

4. 不懂的问题，不可强辩

有时，答辩委员会成员对答辩者的回答不太满意，还会进一步提问，以求了解答辩者是否切实明确和掌握了这个问题。遇到这种情况时，答辩者如果有把握讲清楚这个问题，就可以进行答辩；如果没有十足的把握，能回答多少就回答多少，即使讲得不很确切，只要与问题有所关联，答辩委员会委员会引导和启发答辩者切入正题；如果是自己没有弄清楚的问题，就应该实事求是地讲明，表示今后自己会认真研究这个问题，切不可强词夺理。在答辩会上，答辩者对某个问题不懂并不奇怪，因为答辩委员会成员一般是本学科的专家，他们提出来的某个问题可能答辩者并未涉猎。当然，所有问题都答不上来、一问三不知就不正常了。

5. 文明礼貌，穿着得体且举止大方

论文答辩的过程也是学术思想交流的过程。答辩者应将其看作向答辩委员会

成员和专家学习、请教的机会。因此，在整个答辩过程中，答辩者应尊重答辩委员会成员，讲文明、有礼貌，尤其是在答辩委员会成员提出的问题难以回答，或其观点与自己的观点相左时，更应该注意。除此之外，答辩者在答辩时要穿着得体。若校方有要求，按校方安排（部分学校要求答辩时穿正装）；若校方无要求，以得体、舒适为主，切忌穿奇装异服。女生尽量将头发梳起来，若有条件可适当画个淡妆让自己看起来有精神，但不可浓妆艳抹；男生做到干净整洁，穿衣得体。答辩结束后，无论答辩情况如何，答辩者都要落落大方，面带微笑，显示出大学生应有的气质和风度，从容、有礼貌地退场，并对答辩委员会成员表示感谢。

四、毕业论文答辩的流程

一般来说，毕业论文答辩按照以下程序进行。

1）答辩开始。先由答辩工作小组组长宣布答辩开始，然后介绍答辩委员会成员，再将答辩工作交付给答辩委员会主席。

2）指导老师简要介绍。答辩者的指导老师介绍答辩者的自然情况、各阶段的学习成绩及论文写作过程中的表现，说明该毕业论文已符合论文答辩条件。

3）答辩者陈述。答辩者简要汇报毕业论文的选题价值、主要的观点、形成过程、论据及论证方法、特点及主要内容。必要的地方可稍做展开，但注意要简明扼要，不要过细，更不要读或背诵论文。

4）答辩小组成员提问。答辩者陈述结束后，答辩委员会成员对答辩者进行提问，同时给予其一定的时间准备（有时不给时间准备，各校不同）。一般情况下，答辩委员会成员会针对论文内容进行提问，个别问题也可能超出论文题目的范围，但也与论文内容相关。

5）回答问题。答辩者复述一遍题目后再做回答，回答时要条理清楚、论点明确、论据充分。回答过程中，答辩者如果回答不上来、回答得不正确或答非所问，答辩委员会追加提问。

6）集体评审。答辩者退席，答辩委员会集体评定通过或不通过。

7）宣布结果。答辩委员会当场宣布该论文通过或不通过，至于论文的成绩，一般不当场宣布。答辩委员会主席当场就其论文和答辩过程中的情况进行小结，肯定其优点和长处，指出存在的问题或不足之处，并给予必要的补充和指导。

8）对未能通过答辩的学生，提出论文修改意见，允许其一年内另行答辩。[①]

五、毕业论文答辩后的材料规整

毕业论文答辩之后，论文作者需要做以下三件事情。

第一，认真听取答辩委员会的评判，进一步分析、思考其提出的问题以及所给的意见，总结论文写作的经验教训，若认真思考后还有不清楚的地方，应积极地与论文指导老师进行沟通，并根据指导老师的意见进行精心的修改或调整，进一步完善、深化论文，使自己的毕业论文写作能力得以进一步提高。

第二，总结自己毕业论文写作的经验教训。反思自己学习和掌握了哪些科学研究的方法，提出问题、分析问题、解决问题的能力是否得到提高，以及哪些方面的能力还有所欠缺，今后若再遇到此类问题能否妥善处理等。

第三，按照学校要求上交毕业论文相关材料。通常，答辩结束后需要上交以下材料。

1）答辩委员会主席需要提交的材料。答辩及评定工作结束后，答辩委员会主席需要提交本组答辩工作总结。

2）毕业生需要提交的材料。①提交纸质毕业论文相关材料：1份完整毕业论文材料（包括：文献综述、开题报告书、答辩评审表、毕业论文/设计、检测报告首页、诚信承诺书、指导记录表等），装订成册；同时须提交1份开题报告复印件和1份答辩评审表复印件（复印件盖红章）。②提交电子毕业论文相关材料：文献综述、开题报告书、答辩评审表、毕业论文（设计）、检测报告等，每位学生的文件夹名称为"专业—学号—姓名"。

3）本专业需要提交的材料。①提交《毕业论文（设计）××届成绩统计表》和《毕业论文（设计）质量分析报告》；②提交《校级本科优秀毕业论文（设计）推荐表》及参评论文（纸质文档及电子文档各1份）。

🧑‍🎓 复习与思考

1）小学教育毕业论文写作的类型有哪些？

2）小学教育毕业论文如何选题？

3）小学教育毕业论文如何设计调查问卷和访谈提纲？

4）小学教育毕业论文的研究方法有哪些？

---

① 蔡铁权，楼世洲，谢小芸. 教育硕士专业学位论文写作指导. 杭州：浙江大学出版社，2005：132.

5）如何收集文献资料并撰写文献综述？

6）如何撰写开题报告？

7）小学教育毕业论文写作的过程有哪些？

8）开题及答辩需要做好哪些准备工作及具备哪些技巧？

拓展资源

蔡铁权，楼世洲，谢小芸. 教育硕士专业学位论文写作指导. 杭州：浙江大学出版社，2005.

蔡翔. 硕士论文选题应注意的几个问题. 高等工程教育研究. 2004，（3）：57-59.

曹天生，张传明. 本科生学士学位论文写作概论. 合肥：安徽人民出版社，2008.

刘晓华，任廷琦. 毕业论文写作导论. 北京：科学出版社，2004.

刘晓华，王晓安. 教育硕士专业学位论文写作指南. 北京：高等教育出版社，2017.

欧阳周，汪振华，刘道德. 毕业论文和毕业设计说明书写作指南. 长沙：中南工业大学出版社，1996.

潘必新. 学位论文写作指南. 北京：中国社会科学出版社，2020.

徐辉. 教育硕士专业学位论文写作指导. 杭州：浙江大学出版社，2005.

叶振东，贾恭惠. 毕业论文的撰写与答辩. 杭州：浙江大学出版社，1995.

周淑敏，周靖. 毕业论文写作导论. 北京：清华大学出版社，2018.

第三章 小学综合实践活动设计与指导

【学习目标】

● 熟悉小学综合实践活动课程中四种主要活动方式的设计过程。

● 掌握小学综合实践活动实施过程中各环节的指导要点。

● 能够引导小学生科学地设计综合实践活动主题和活动方案。

● 能够指导小学生实施综合实践活动，并对活动的方案、过程及成果进行合理评价。

第一节 考察探究活动的设计与指导

考察探究活动作为综合实践活动课程的主要活动方式之一，是学生认识世界、融入社会的重要途径。在小学阶段的考察探究活动中，教师要善于引导小学生结合学校和家庭生活中的现象，发现并提出自己感兴趣的问题，能将问题转化为研究的小课题，体验课题研究的过程与方法，提出自己的想法，形成对问题的初步解释。教师对活动的目标、方式、内容及活动结果呈现形式给予有针对性的指导，这样小学生综合运用知识的能力、自主学习能力和创新能力就可以得到提高。

一、引导学生生成主题

选题是一个发现问题—初步构思—明确主题的研究过程。在这一阶段，教师需要引导学生做到三定：选定研究领域、确定研究问题、拟定研究主题。

（一）选定研究领域

《教育部关于印发〈中小学综合实践活动课程指导纲要〉的通知》中并没有

指定综合实践活动课程的内容领域，而是突出强调了其课程的开发"面向学生完整的生活世界，引导学生从日常学习生活、社会生活或与大自然的接触中提出具有教育意义的活动主题"，也就是说，学生的整体生活世界都是综合实践活动课程内容。

1. 人与自然领域

与人的生存环境息息相关的任何问题都是学生在开展综合实践活动课程时可以选择和确定的主题，如资源枯竭问题、水资源保护问题、全球气候变暖问题等。

2. 人与社会领域

人与社会领域的问题涉及社会经济、文化、政治和公共管理等问题，如新农村发展、社会公益推进、社区建设、文化遗产继承和保护、公共环境建设等。

3. 人与自我领域

人与自我领域的问题主要指与小学生日常学习生活密切相关的问题。在开展这类活动时，应注意引导小学生选择那些与自我有关的主题，以帮助其形成正确的自我认知。

（二）确定研究问题

选定研究领域即确定了研究的大方向。在此基础上，教师应引导学生与志同道合的同学一起就已选定的研究方向展开讨论和分析，进一步缩小研究范围，找到更明确的研究问题。

1. 关注社会热点

教师要善于从本地某一时间段的社会热点中挖掘主题，引导学生就社会发生的某一事件或者现象进行调查，比如垃圾分类与环境保护、校园欺凌等。

2. 审视小学生日常学习和生活

教师要引导学生审视日常生活中看似平常的琐事，挖掘其中的一些人和事，使其成为研究问题的来源，比如自主学习能力现状、城乡小学生的暑假生活等。

3. 结合学科任务

教师要引导学生将学科领域的知识在综合实践活动中进行延伸、综合、重组与提升。例如，在进行三年级数学下册的"轴对称图形"学习时，鼓励学生用自己的方式（如拍照、绘画、录像、采集等）发现身边的轴对称图形。

小组合作探究 3-1

结合实际，列举小学生生活与学习中常见的问题，并把这些问题记录在表3-1中。

表3-1　小学生生活与学习中常见的问题

维度	主要内容
农村家庭问题	
城市家庭问题	
小学教育问题	
环境保护问题	
社会公益活动问题	
文化遗产保护问题	

（三）拟定研究主题

确定研究问题后，教师要开展开题指导，引导学生通过充分讨论、教师指导、查找资料等多种形式对研究问题进行进一步分析，进而明确研究主题。

1. 分析问题

教师可以先问学生几个问题：研究什么？去哪里考察探究？考察探究的对象是谁？如何进行考察探究？例如，"农村小学生暑假生活调查"，调查内容是小学生的暑假生活，调查对象是农村小学生。在此基础上，进一步分析，是进行问卷调查还是进行访谈调查，是调查本校的问题还是外校的问题，是进行抽样调查还是进行全覆盖调查，等等。

2. 确定题目

学生在拟定研究题目时，教师要讲清楚题目需要包含对象、内容、方法的三要素，主标题一般不超过20个字，力求简洁、清晰。如"昆明市盘龙江河道治理现状调查"[1]，研究对象是"昆明市盘龙江"，研究内容是"河道治理现状"，研究方法是"调查"。

小组合作探究 3-2

围绕"我们的校园"中心主题，从云南师范大学校园的人、事、物、环境、文化等某一具体方面拟定一个小组共同感兴趣的研究主题。

二、指导学生制订研究方案

拟定研究主题后，教师接下来的任务是进行一次研究方案指导课的教学，为学生考察探究方案的基本要素和基本格式进行示范，帮助学生理解方案各部分的基本要求，从而引导各小组合作团队制订研究方案，以指引其后续的研究活动。

（一）组建合作探究小组

首先，教师要引导学生围绕研究主题组建合作探究团队。合作探究小组一般可以由3—8人组成，具体人数可根据探究任务的难易程度而定。教师要引导学生科学、合理地组队，组队的基本原则是，在本次考察探究活动中有共同的研究爱好，有利于良好的分工合作和考察探究任务的高效完成。同时，为了快速增强团队凝聚力、增强组员的归属感，教师给各小组的第一个合作探究的任务就是取队名。鉴于小学生的年龄特征，还可以让各小组创编朗朗上口的口号和好听好记的队歌等，以增强趣味性。例如，在一次以水果为主题的班级系列综合实践活动中，各小组的名称均以水果命名，其口号也与水果相关，例如，香蕉队的口号是"我们是香蕉队，banana，banana！Yeah！Yeah！Yeah！"。

（二）确定考察探究任务

考察探究小组建立后，教师要组织各小组确定考察探究任务。

1. 围绕主题确定研究目标

考察探究活动是学生带着主题去开展调查研究。教师在引导学生制订研究目

---

[1] 云南师范大学附属小学. 云南师范大学附属小学小博士论文集（2014—2017年）上册. 昆明：云南教育出版社，2018：73.

标时，一定要强调紧紧围绕主题。例如，题为"昆明市翠湖公园生物多样性保护与利用调查研究"的考察探究活动的研究目标为"了解翠湖动植物的主要种类，分析动植物多样性生长与当地对其多样性保护与利用的关系"。

2. 选择考察探究对象

选择考察探究对象时，要充分考虑考察对象与研究问题的相关性，具体的考察地点要根据考察目标来选择。例如，在对"昆明市翠湖公园生物多样性保护与利用调查研究"的考察探究活动中，研究地点包括该公园内部和四周；研究对象为生长在翠湖的野生和人工养殖或种植的动植物，以及翠湖公园管理处相应的生物多样性保护措施与利用情况。

（三）合理安排考察探究步骤

1. 设计考察探究活动步骤

考察探究类的综合实践活动通常设计四个基本步骤：设计活动方案、开展调查研究、数据整理分析、总结研究成果。教师要指导学生根据考察目标分解考察探究任务，将每个步骤具体到活动内容中，将可利用的时间、方法以及人力资源合理地分配到每个步骤上，以确保考察探究活动有序进行，同时也有利于研究主题的完成。表3-2是一次云南师范大学小学教育专业小学综合实践活动课程期末考试时学生撰写的研究计划表，供参考。

表3-2 "昆明市某小学学生午餐满意度调查"研究计划表

小组名称	飞鹰特别行动队			
小组成员	陆怡帆、段晗淑、杨钦凯、罗兴、李思怡、张丕良、陈姝怡、魏岩			
课题名称	昆明市某小学学生午餐满意度调查研究			
研究目的	了解学生对送餐公司提供的午餐菜品真实看法，在调查的基础上找到存在的问题并提出相关改进建议			
研究地点及对象	本校，六年级5个班全体学生			
研究步骤				
步骤名称	时间安排	活动内容	研究方法	分工情况
设计活动方案	第1—2周	1. 拟定初步的活动计划 2. 设计调查问卷和访谈提纲	方法1：通过网络、书刊查阅相关资料 方法2：小组讨论交流	查阅资料：全体成员 研讨方案：全体成员 撰写计划：陆怡帆 撰写调查问卷：段晗淑 撰写访谈提纲：杨钦凯

续表

步骤名称	时间安排	活动内容	研究方法	分工情况
开展调查研究	第3—4周	1. 利用午休时间将问卷分发给六年级5个班全体学生进行填写，当场回收 2. 从周一到周五，连续5天利用午餐时间随机到各班采访各位同学的用餐意见	方法1：问卷调查 方法2：现场访谈	现场摄影：罗兴 发放问卷：李思怡、张丕良 现场访谈：陈姝怡、魏岩
数据整理分析	第5—6周	对收集到的问卷和访谈资料进行统计分析	方法1：整理归类 方法2：运用Excel表格统计分析	整理归类：杨钦凯、段晗淑 统计分析：李思怡、张丕良
总结研究成果	第7—9周	1. 撰写总结报告 2. 将相关改进建议改写成一封写给送餐公司的信，让本次调查研究产生实用价值 3. 将调查过程制作成有文字、图片、视频的PPT，在成果展示会上进行展示	多媒体技术	PPT编辑制作：段晗淑、魏岩 幻灯讲解：陈姝怡 信件书写：杨钦凯

2. 重视各步骤研究方法的设计

在研究步骤中，选择研究方法是最重要的环节。学生须在教师指导下了解常见的研究方法，并根据课题实施的需要来选择部分适用的研究方法。文献查阅法在考察研究活动的每一个步骤中均会用到，是学生自主学习最好的渠道；在人文科学领域的考察探究中，问卷调查法与访谈法是重要的研究方法；在自然科学领域的考察探究中，观察法、测量法更为重要。

小组合作探究3-3

根据上一次小组讨论确定的课题，以小组形式设计一个考察探究形式的综合实践活动方案。活动方案中包括小组名称及成员、课题名称、研究目的、研究地点及对象主题名称、活动计划表（各步骤名称、实施时间、阶段目标、活动内容、活动方法、分工情况）。

（四）编制相应的研究工具

小学阶段综合实践探究主体是小学生家庭和学习生活中的人和事，所以考察探究最常用的研究方法就是针对群体开展的书面问卷调查法和针对个别人进行深入了解的现场访谈法。教师需要指导学生学习编制相应的研究工具，以获取与研究主题相关的信息和建议，建立有教育意义的活动主题。[1]

---

[1]　顾建军. 小学综合实践活动设计. 2版. 北京：高等教育出版社，2011：21-22.

1. 设计调查问卷

（1）问卷格式

问卷通常由标题、导语、问题与回答方式、结语等部分组成。①标题：醒目的标题能够让被调查者快速地理解调查目的。②导语：包括对被调查者的称谓、自我介绍、调查目的和填写要求等。导语的语气要谦虚、诚恳。③问题：问卷的主体部分，需要科学设计。④结束语：可以是简短的几句话对被调查者的合作表示感谢，也可以征询被调查者对问卷设计和问卷调查的看法。

（2）问题类别

调查问题可分为封闭式问题和开放式问题两大类。鉴于小学生的年龄特征，教师应建议学生设计封闭式问题，答案要标准化，且容易回答。这有助于提高问卷的有效率和回收率，也便于调查资料的统计分析。

（3）问题呈现

问题的题型主要包括选择题、填空题、排序题等。小学生设计的问题数量不宜过多，问卷不宜过长，一般控制在5分钟以内能够回答完毕为宜。

问题的排序应先易后难，同类集中，可以将"是什么"和"为什么"的问题排在前面，将"怎么办"等决策性问题排在后面。具体可参考云南师范大学小学教育专业15级本科生李同学的毕业论文调查问卷。

关于小学生汉字书写的现状调查研究的调查问卷（节选）

亲爱的同学：

你好！我们正在对小学生的汉字书写情况进行全面系统的调查研究。在此，真诚地希望得到你的参与，我们无需知道你的真实姓名，请如实地根据自己的情况填写本问卷，你的意见对于本次活动非常宝贵。非常感谢你的合作！

1. 你的性别是（　　）。

A. 男生　　　　　　B. 女生

2. 你觉得写好字重要吗？（　　）

A. 非常重要　　　B. 比较重要　　　C. 不太重要　　　D. 不重要

3. 写字时，你能否做到"头正肩平脚着地"和"三个一"？（　　）

A. 一贯做到　　　B. 经常做到　　　C. 偶尔做到　　　D. 不能做到

4. 写字姿势错误时，哪些因素会影响你及时调整姿势？（　　）

A. 怕麻烦　　　　　　　　　　B. 怕影响写字速度

C. 老师没有及时纠正　　　　　D. 其他

5. 你写字时经常是（　　　）。

A. 看一笔写一笔　　　　　　　　B. 看几笔写几笔

C. 看完全字后再写

6. 课余生活中，你会练字或临摹字帖吗？（　　　）

A. 经常会　　　　　　　　　　　B. 有时会

C. 很少会　　　　　　　　　　　D. 从不会

感谢你能在百忙之中抽出时间协助我们进行调查。祝你学业有成！

2. 设计访谈提纲

（1）问题设计

进行访谈调查活动前，要把调查研究中希望获取的信息资料以问题的形式列出来，制订出访谈提纲。当然，访谈过程中也可以灵活地对问题进行调整。

（2）对象选定

首先应考虑调查研究的目的，然后确定访谈调查的范围和访谈对象。例如，在进行学生消费情况调查时，可以选择采访对学生消费情况有全面了解的寄宿制学校老师。

（3）联系证明

为了便于学生能在考察探究现场与陌生的访谈对象顺利地进行对话，教师须提前为探究小组准备好学校开具的证明，并与相关人员取得联系，说明本次考察探究的目的，以取得对方的信任，同时也方便对方做相应的准备。考察探究单如下所示。

考察探究活动联系单

＿＿＿＿＿＿＿＿＿单位（或同志）：

"综合实践活动"为国家规定的中小学必修课程，根据我校课程安排，＿＿＿＿＿＿＿＿＿＿等＿＿＿位同学正在开展＿＿＿＿＿＿＿＿＿＿＿＿＿＿＿＿＿的考察探究活动，该项活动需要到贵处＿＿＿＿＿＿进行，请贵处指导并提供方便。非常感谢您对孩子们关爱与支持！

（本联系单有效期至＿＿月＿＿日）

＿＿＿＿＿＿＿＿小学（章）

＿＿＿年＿＿月＿＿日

小组合作探究3-4 --

根据本组设计的研究方案中所涉及的研究方法，设计一份调查问卷或访谈提纲。

三、实施探究

此阶段的主要任务是学生通过多方途径搜集资料来解答前期所提出的问题，分析所得资料并提出自己的观点。开展考察探究是整个活动的重点和难点，因此，教师要充当学生的忠实研究伙伴，在学生遇到困惑、陷入困境时及时地给予方法及策略上的指导，以确保每个探究小组都能达到预设的研究目标。

（一）搜集探究信息资料

引导学生按照小组研究方案中确定的研究方法和设计的研究工具来进行信息资料收集。

1. 文献研究

尽管文献研究获取的是间接信息资源，但在信息的广度和深度方面有着直接信息资源不可比拟的优势。所以，在开展探究活动时，教师要引导学生对相关问题进行文献研究，所获得的信息有助于更客观、更深刻地分析调查问题。

2. 开展问卷调查

如果采用的是问卷调查法，教师要提示学生，有效收集调查资料的秘诀在于问卷的发放方式。虽然网络发放问卷很便捷，但回收率以及问卷质量并不乐观，所以建议学生尽量采取"当面向调查对象发放，当场填写后回收"的方式，这样做既提高了效率与回收质量，又可以培养学生与陌生人沟通与交往的能力。

3. 开展访谈调查

开展访谈调查时，教师要提醒学生做好以下充分的准备，以便获得有效信息：访谈前，要先与访谈对象取得联系，告知其访谈目的，约定访谈时间和地点等，如需要录音或录像也应征得访谈对象的同意；访谈过程中，要注意避免触及访谈对象的个人隐私或其不愿回答的问题；做记录时，要做到客观、准确，不能加入调查者本人的主观意见。

4. 实地考察

　　学生到现场去进行实地考察，教师一定要提醒其提前准备好观察工具来收集资料：智能手机、照相机、摄像机等都可用于保存真实的情景；观察记录表格和文档有助于做好即时观察记录；一些手机软件也可以帮助学生进行疑难复杂的观测。例如，云南师范大学附属小学的许同学在对翠湖公园生物多样性保护与利用现状调查研究中，就使用了识花软件对各类花草进行观察识别（表3-3）。

表3-3　翠湖公园植物类别信息汇总表（节选）

植物名称	门	纲	目	科	属
沿阶草	被子植物门	单子叶植物纲	百合目	百合科	沿阶草属
山茶	被子植物门	双子叶植物纲	侧膜胎座目	山茶科	山茶属
散尾葵	被子植物门	单子叶植物纲	初生目	棕榈科	散尾葵属
秋枫	被子植物门	双子叶植物纲	大戟目	大戟科	秋枫属
蓝花楹	被子植物门	双子叶植物纲	管状花目	紫葳科	蓝花楹属

（二）整理考察探究资料信息

　　调查获得的原始资料往往数量大且杂乱无章，难以说明问题，教师需要指导学生对其进行筛选、归类、统计，使其条理化、系统化。[①]

1. 筛选

　　由于主客观原因，出现有些信息资料假、错、漏的现象在所难免。资料的筛选整理要经历分类挑选、从粗到精、去伪存真的过程。有些信息收集过程是组员分工操作的，因此教师要指导学生对收集到的信息进行汇总、比较和取舍。

2. 归类

　　对信息进行归类时，教师首先要让学生了解归类的标准，然后让学生将信息分门别类地储存到计算机的相应文件夹中。归类的标准有很多，可根据活动方法归类，如按问卷调查、访谈调查、文献研究、实地考察、实验观察等进行归类；也可以根据信息的类别归类，如按文本信息、图片信息、视频信息等进

---

① 方凌雁. 高中综合实践活动. 杭州：浙江科学出版社，2020：35.

行归类。

3. 统计

小组合作获得的考察探究的原始资料信息通常是分散的，教师需指导学生将海量数据以系统的形式表现出来。统计常用各种统计图和统计表呈现数据整理的结果。例如，可以用饼图来表示调查数据的组成结构，用柱形图来表示事物发展变化的过程和趋势等。下面是统计表和统计图的应用举例，供参考。

统计表和统计图的应用举例

1. 统计表

小学生儿童文学课外阅读平均每周阅读时长统计表

平均每周阅读时长	1小时以内	1—2小时	2—5小时	5小时以上
人数（人）	7	5	26	9
占比（%）	15.0	10.6	55.3	19.1

2. 统计图

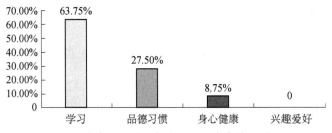

小学生家长与班主任沟通主要内容统计图

（三）分析考察探究资料

对于还处于形象思维向抽象逻辑思维转换过程中的小学生来说，对收集到的资料信息进行定量、定性分析是很困难的。教师在这个环节上一定要认真做好引导，同时把握学生研究的深度达到"初步分析和解释现象产生的原因并简单归纳出考察探究的结论"即可。鉴于小学生的思维特点，教师可指导学生采用以下方法进行分析。

1. 共性分析法

找到某类群体或事件的共同特性与规律，即共性分析法。比如，在"有趣的青铜器——古滇国的蛇崇拜研究"中，小研究者通过古滇国遗址上大量青铜器上均有蛇图案的研究，找到了这些造型的共性和规律，由此得出了"古滇国人因生死而崇拜蛇"的结论。[①]

2. 预测分析法

预测分析法是通过对获取的已知信息进行分析，据此对事物将来的某些特征、发展状况进行估计和测算，从而降低对未来事物认识的不确定性和决策行动的盲目性。例如，在"基诺族小学生对本民族传统文化认知状况调查"中，小研究者通过被调查者对基诺族的语言、音乐、舞蹈等的了解掌握情况，预测基诺族的传统文化将面临失传。[②]

3. 比较分析法

要确定调查对象或现象之间的相同点和不同点，就需要利用比较分析法，这是小学生最易掌握也是最常用的分析法。请参考云南师范大学15级小学教育专业学生柏同学的毕业论文节选。

小学生儿童文学课外阅读时间占比分析（节选）

在被调查的47名学生中，14名同学选择在双休日进行课外阅读，占总人数的29.8%；6名同学会在午休时进行课外阅读，占总人数的12.8%；22名同学会进行睡前阅读，占总人数的46.8%；5名同学有时间就进行课外阅读，占总人数的10.6%。同时，15.0%的同学平均每周阅读时长为1小时以内（包含1小时），10.6%的同学平均每周阅读时长为1—2小时（包含2小时），55.3%的同学每周阅读时长为2—5小时（包含5小时），19.1%的同学阅读时长为5小时以上。由此可见，学生的阅读时间并不充裕。尽管小学生的作业量相对从前减少了，孩子可支配的时间更多了，但家长担心孩子不能通过做少量的练习掌握所学知识，所以除了学校老师布置的家庭作业外，还给孩子报课外辅导班或买练习册进行加强巩固，因而，孩子的阅读时间还是不足。

① 云南师范大学附属小学. 云南师范大学附属小学小博士论文集（2014—2017年）上册. 昆明：云南教育出版社，2018：15.
② 云南师范大学附属小学. 云南师范大学附属小学小博士论文集（2014—2017年）上册. 昆明：云南教育出版社，2018：144.

四、总结考察探究成果

各研究小组完成合作探究后，教师还需要指导学生整理探究成果，为各小组进行反思、欣赏、展示和评价搭建平台，为其未来的考察探究奠定更坚实的基础。

（一）多种方式呈现探究结论

1. 撰写考察探究报告

作为考察探究类的综合实践活动，其成果以报告的形式呈现，学生可以完整、系统地把整个探究过程总结记录下来。报告撰写对于小学生来说是一项复杂、困难的工作，教师需要指导各小组合理分工，有条不紊地完成这项工作。

考察探究报告要围绕研究主题展开论述。报告一般包括三部分：第一部分为概况部分，主要介绍研究的背景与目的，围绕主题的考察活动设计，考察的对象、时间、方法与过程。第二部分为主体部分，主要介绍研究中的发现及分析。第三部分为结论与思考部分，主要是探究结论与启示、发现的新问题以及对未来研究的建议。教师可以指导学生对具体的报告结构进行调整，但仍应将考察过程中的研究发现、考察结果分析和研究结论作为重点。

昆明市民对水资源税改革认识程度调查报告（节选）[①]

一、活动背景

2016年7月1日起，河北在全国先行试点征收水资源税，全国将在试点成熟的基础上全面推开。我们每天生活的城市——昆明，人均水资源量不足200立方米，仅为全国人均水资源量的11%，与世界上严重缺水的以色列相差无几。造成昆明水资源严重短缺的原因，一方面是水源的短缺和水污染严重，另一方面是日益增长的城市供水需求。利用税收手段促使市民增强节水意识，势在必行。昆明市民对昆明的水资源现状了解程度如何？对水资源税改革的认知程度如何？接受程度又如何？如果征税会遇到哪些阻力和困惑？一连串的问题指引着我们做进一步的探索和实践。

二、活动概况

1. 活动时间

2016年8—10月

---

① 云南师范大学附属小学. 云南师范大学附属小学小博士论文集（2014—2017年）上册. 昆明：云南教育出版社，2018：184.

2. 参加人员

六（3）班：罗开厚、罗雯月、戴铭

三、活动过程与方法

1. 资料查阅

反复阅读2016年6月至今的近300份《中国税务报》《河北日报》《河北经济日报》等报纸，连续跟踪水资源税的试点情况。

2. 问卷调查

为了解人们对水资源税的认识程度和接受程度，利用微信小程序"问卷星"发放调查问卷完成了调查问卷269份，占总调查问卷的68.8%。这是此次调查的主要手段，符合当前大家的通信习惯，又能高效统计出问卷的结果。

考虑到调查对象中有只习惯传统调查方式的群体，又通过发放纸质调查表共完成了问卷122份，占总调查问卷的31.2%。这种调查方式虽然进展慢，但是非常有意义，完全是我们三位小学生自己去完成。这可以近距离地接触不同的人群，可以和调查对象面对面地交流，有助于我们详细地了解对方的真实思想，很好地了解社会和人生百态。同时，也大大地锻炼了我们与他人沟通、交往的能力。

3. 现场访谈

考虑到开征水资源税必定会给税务机关和纳税人带来实际的工作量和征管难题，对征纳双方的影响绝对会大于普通市民。所以，我们对昆明税务人员和纳税人进行访谈，力图从征纳双方不同的角度去了解情况，也力图调查了解税收专业人士对水资源税改革的意见和建议。

四、结论与启示

1. 昆明市民十分清楚中国水资源的污染程度，他们都一致认为中国干旱缺水（91%）、水资源污染严重（96.92%），环境不容乐观。

2. 只有3.85%的昆明市民关注水资源税，说明人们对此关注、了解不够，同时也说明税务机关的宣传力度不够，需要加强宣传力度。

3. 在调查对象中，76.92%的市民认为水资源税会增加居民的用水负担，这说明绝大多数昆明市民不了解水资源税，担心自己的正常生产、生活会增加成本。这个也是国家税务总局和河北地税重点宣传和解读的内容。下一步，昆明必须要通过多种方式和渠道向社会各界宣传、解释，传递惜水、节水、爱水的"声音"。

五、收获与感想

在这两个多月里，我们在活动中收获了很多。

首先在活动设计与实施方面，我们弄清楚了题目要符合当前热点话题，要与日常生活息息相关，还要符合我们小学生的视角。其次，向老师请教，在网上查找资料。再次，问卷的制定要有针对性，要采用询问的方式，他们答，我们记录，要热情有礼貌。最后，统计问卷结果，客观做出分析，归纳总结并通过自己的思考，以自己的言语写出看法。

感触最深的是：第一，亲身感受到团队精神和魅力，真是"众人拾柴火焰高"。第二，与人交往、沟通能力得到提高，学会了推销自己，正所谓"世事洞明皆学问，人情练达即文章"。重要的是，我们真正体会到"读万卷书，行万里路"，就是要运用已经学到的语文、数学、信息技术等知识去思考和分析社会热点和国家大事，第一次亲身体会到了自己和祖国真的是同呼吸、共命运，这种感觉真好！

2. 采用生动形象的方式呈现

除了书面报告外，教师还可以指导学生通过海报、倡议书、板报、表演、绘画、视音频、地图等多种生动形象的方式来呈现研究的主要结论和心得体会。表3-4列举了几项小学生考察探究成果的展示方式，供教师在实践活动参考指导。

表3-4　小学生考察探究活动成果展示方式举例

考察探究活动课题	成果展示方式
学生对午餐菜品满意度的调查	一封写给送餐公司总经理的信
解读昆明的城市阅读	昆明特色书店分布的手绘地图
小学生零花钱消费情况调查	1. 倡导小学生勤俭节约、从小理财的海报 2. 购物店铺、理财软件推荐清单
家长对"小升初辅导班"的认知和态度探究	1. 小品表演：为了你的明天更美好 2. 主题辩论赛：应该不应该上小升初辅导班
基诺族小学生对本民族传统文化认知状况调查	1. 一期关于基诺族历史、文化、习俗的板报 2. 展示基诺族舞蹈与美食的文化节
古滇国的蛇崇拜研究	1. 舞台剧表演：重现古滇国 2. 古滇国青铜器图片展

小组合作探究3-5

针对下列考察探究活动课题，请给出学生合适的成果展示方式建议（表3-5）。

表3-5　学生探究活动成果展示方式

考察探究活动课题	成果展示方式
西南联大文化名人故居现状调查	
"三孩"政策后城市家庭长子女态度的调查	

续表

考察探究活动课题	成果展示方式
小学生近视影响因素调查	
云南少数民族剪纸传统探究	
网络游戏对小学生学习影响分析	
贫困山区留守儿童学习情况调查	

（二）反思与评价考察活动

在考察探究活动接近尾声时，教师需要指导学生对活动开展的过程和成果进行反思与评价，分析成功与不足之处，为学生的综合素质进一步提高找到努力的方向。

1. 评价的指标

根据《中小学综合实践活动课程指导纲要》理念，教师不应仅仅关注考察探究的成果，更要重视学生在整个考察探究活动过程中核心素养的提升，要将学生在探究活动中的各种表现和活动成果作为分析学生发展状况的重要指标，对学生的活动过程和结果进行综合评价。

1）学习态度。学习态度主要指学生在活动中的主动性和积极性，可以通过学生参与探究活动的时间、次数、认真程度、行为表现等方面来进行评价。

2）合作精神。合作精神主要对学生在参与探究小组活动中的合作态度和行为表现进行评价，比如是否积极参与小组活动，是否主动帮助别人和寻求别人的帮助，是否和别人一起分享成果，是否在小组中主动发挥自己的作用等。

3）探究能力。探究能力可以通过对学生在提出问题、解决问题过程中的表现及其对探究结果的表达来评价，比如学生是否敢于提出问题，能否以独特和新颖的方式着手解决问题和表达自己的考察探究成果。

4）社会实践交往能力。社会实践交往能力可以通过学生是否主动与他人交往，是否有与人沟通、合作的技巧、愿望，是否能协调各种关系等方面进行评价。

5）收集处理信息能力。收集处理信息能力可以通过学生收集信息的多少、方法、途径、真实性以及对信息的辨别反思、反应能力等方面来进行评价。

2. 评价主体及形式

课程评价应采取多元评价和综合考察，教师要鼓励学生进行自我评价，与同伴间进行合作交流和经验分享。

1）学生个人反思。考察探究活动中，学生可能经历种种迷茫，也有烦恼和喜悦。在反思活动中，学生可以想想自己做了什么、学了什么、得到了什么、遗憾的是什么。对自己的努力与收获做一个客观的判断，有利于进一步提升自我。

2）小组交流。围绕探究过程中的态度表现、知识应用、资料收集等情况以及组内合作、资料共享、问题解决等方面进行小组交流，在交流中学习他人，反思自我。

3）教师评价。教师从考察探究活动的方案设计、小组合作探究过程以及成果展示等维度对小组做出综合评价；还会审阅每名同学的自我评价和小组意见，综合地对每名同学在研究过程中的表现做出等级评定。

自我及组员评估表[①]

姓名：＿＿＿＿＿＿＿＿　　　　　小组探究题目：＿＿＿＿＿＿＿＿

本节综合实践训练

某小学四年级开展"快乐的暑假"的综合实践活动，你指导的班级经过学生讨论，确立的具体活动主题为"城乡小学生的暑假生活比较研究"。请以本次活动指导教师的身份完成下列实践训练任务：

1. 请根据本节所学内容，完成下表。

"保护校园，从我做起"主题综合实践活动指导表

活动阶段	基本流程	主要指导语
主题确定		
资料查阅		
方案设计		
开展调查研究		
数据整理分析		
总结研究成果		

请你对自己和组员的工作能力及工作态度作评分，每项最高5分，最低1分。

具体评分项目			组员姓名			
			自己			
研究能力	1	清楚理解活动要求				
	2	能从阅读及资料搜集中得到知识				
	3	能将资料整理及分析				
	4	能提出自己的见解及意见				

---

① 黑岚. 小学综合实践活动课程的设计、实施与评价. 北京：清华大学出版社，2020：272.

续表

具体评分项目		组员姓名		
		自己		
IT 能力	5 能制订工作计划			
	6 能利用各种手段收集资料			
	7 能利用信息技术手段制作报告			
	8 能利用信息技术手段演示报告			
	9 积极参与讨论及研习过程			
学习 态度	10 乐于与人合作			
	11 接纳及尊重别人的意见			
	12 责任感强，能按时完成工作			
	13 敢于创新思考			
总分				

2. 按表中内容模拟现场教学指导课，课堂包括3个场景：选题指导、方案撰写指导、数据整理分析指导，时间为15—20分钟。

第二节　设计制作活动的设计与指导

《教育部关于印发〈中小学综合实践活动课程指导纲要〉的通知》中指出，创意物化是小学生通过动手操作实践，初步掌握手工设计与制作的基本技能；学会运用信息技术，设计并制作有一定创意的数字作品。运用常见、简单的信息技术解决实际问题，服务于学习和生活不同于考察探究活动的侧重于调查与思考，在设计与制作活动中，教师要重点关注学生亲自动手实践，引导学生像设计师一样进入到生活现场，完成简单的设计制作品，并让这些作品真正应用于生活。

小学生的设计与制作活动包括：设计或改进一项产品（如少儿拖把、无尘粉笔擦等），并运用于学习生活中设计与改进某个系统（如建设班级网页、设计与管理班级图书角等）；设计并组织一项活动（如设计与实施班级的节日庆祝活动、年级足球联赛等）。其设计与实施指导过程包括以下环节。

一、从生活中存在的问题寻找设计创意

好的设计制作项目大多来自问题、来自生活。教师要鼓励学生对习以为常的现实提出问题，尊重学生不同寻常的提问、想法，小心呵护小学生强烈的好奇心和求知欲，激发他们的创意设计灵感。

（一）日常生活中的人文关怀

在日常生活中，我们自己和家人是否会遇到这些烦恼：早上赶着去上班上学，可是刷牙时怎么也挤不出牙膏管里剩下一点点的牙膏；洗完澡后想对着浴室里的镜子梳理一下头发，但镜子被水蒸气遮蔽，如果用抹布一抹就更花了；健康指标已经亮红灯，但还是管不住自己的嘴，只要一坐下来就猛吃各种零食；家有二宝出门就吵着骑丫丫脖，无奈老爸已是廉颇老矣……这些烦恼往往是我们引导学生发现问题的源泉。可不可以设计一种牙膏挤压器？怎样才能让浴镜在沐浴后不模糊？能不能设计一种管控零食的机器？如何能让二宝开心又能让老爸的脖子轻松点？如果能引导学生综合运用所学的知识解决这些生活问题，既可以锻炼学生的创新思维，又能培养学生成为关爱他人、热爱生活的人。

（二）日常学习中的问题解决

引导学生从日常学习中选题，有助于培养学生利用所学知识解决实际问题的能力。在学科学习中，有时会生成一些有意义的问题。例如，当看到同学们记英语单词困难时，有的同学会想到有没有好的记忆方法来帮助大家；当看到老师上课用的教具有缺陷时，有的同学想要设计一个更好的教具。

小组合作探究3-6

结合实际，列举3个日常生活与学习中常见的问题及解决问题的创意，并填写下表。请参照下列：同学的奶奶患脑卒中后行动不便，特别是洗澡时站不住坐在凳子上又容易滑倒，且不能左右转动（问题）；制作一把老人洗澡用的旋转椅，方便老人舒适地洗澡（创意）。

日常生活与学习中的问题	解决问题的创意

二、问题转化为设计制作项目主题

发现了问题并不等于有了一个好的项目，教师还需要引导学生对问题进行分析、筛选、提炼，使之转化为有价值、有创意的项目主题。

（一）问题的分解及追问

指导学生对问题进行分解和追问，有利于学生厘清思绪。教师可以组织一次头脑风暴式的讨论，围绕大家共同感兴趣的问题，进行讨论交流，集思广益；也可以借用思维导图，把大家的想法用图示的方法记录下来，便于思维的发散和深入。

"LOVE智能体感书包"项目选定的头脑风暴[①]

周老师是一名志愿者，一次他去一个偏远的山区，发现那里有好多留守儿童的家离学校很远，山路崎岖难走，特别是冬天放学时天就黑了，而早上出门时天还没亮，山路更加难走。能不能为这些留守儿童做点什么呢？回校以后，他把这个想法告诉班上学生，大家认为对于缺乏陪伴的小朋友，需要量身定制美好事物，从而让他们感受到自己是被关爱的。关爱的表现形式应该是具体的，看起来美好的。于是全班展开了一次头脑风暴，大家各抒己见、奇思妙想。最后经过反复讨论，他们决定设计一款能在夜间发光的"LOVE智能体感书包"，这样即使在光线微弱的环境中，这些留守儿童也可以安全行走。而在山路上开车、骑车的人看到了光亮也会避让，既安全又有趣。

（二）思维转换激发灵感

思维定势使人们习惯于从固定的角度观察事物，以固定的方式接受事物。只有善于引导学生转换视角，运用创新性思维，才能使其发现有价值的项目。组合法、缺点列举法等都有助于唤醒学生的创新思维。

1. 组合法

组合法是重要的创新方法。一些创造学研究者认为，创新就是把人们认为不能组合在一起的东西组合到一起。组合可以是任意的，各种各样的事物要素都可以进行组合。组合法还可以细分为主体添加法、异类组合法、同类组合法等。例如，遥控和电脑桌的组合可以创新出遥控旋转电脑桌，以便行动不便者可遥控旋转电脑桌板，躺在床上使用电脑。

2. 缺点列举法

批判性思维是一项重要的思维品质，有助于培养学生开放、理性的思维品

---

① 方凌雁. 高中综合实践活动. 杭州：浙江科学出版社，2020：96.

质。缺点列举法是通过批判性思维，发现和挖掘事物的缺点，并把其列举出来，然后再通过分析找出其主要缺点，据此提出克服缺点的方案的方法。例如，针对部分汽车驾驶员在侧方停车时技术不够、费时费力、停车难的问题，是否可以研制一种简易的横向停车装置，利用平移的方式将车辆送入车位，降低驾驶员停车的难度。

肥皂液化器项目的确定[①]

在学校综合实践活动课上学习了创新方法以后，小新同学总想着运用学到的方法做一个小发明。和妈妈聊天时，妈妈说了一件让她烦恼的事情，就是家里有很多肥皂头，扔了很可惜，但用起来又不方便。说者无意，听者有心，小新希望能帮妈妈找到两全其美的办法。一天，他看到妈妈在用水果榨汁机，突然想到可以利用现成的水果榨汁机，用刀片打碎并搅拌肥皂头，快速制取肥皂液。小新兴奋地把想法告诉了妈妈，妈妈说办法好是好，可是取用肥皂液不方便。几天后，小新在洗手间洗手时看到洗手液，这时老师讲授的组合法一下子在他的脑海中跳了出来，水果榨汁机组合洗手液的挤出装置不就可以解决妈妈的烦恼了吗?当小新把这个想法告诉综合实践活动老师时，老师肯定了他的想法，建议他制作模型测试效果。

小组合作探究3-7 ----------------------------------

围绕自己的生活和学习中存在的困难、问题，拟定一个小组共同感兴趣的设计制作项目主题。

三、指导学生制订设计方案

设计项目主题确定后，教师需要指导学生对设计与制作活动进行策划与安排，形成初步的活动方案，理清设计与制作的思路。

（一）收集信息，分析需求

设计制作类项目需要重视产品（作品）本身设计信息的收集。如项目可能涉及的结构和工作原理，类似设计产品（作品）的成果案例，造成产品（作品）设计失败的可能原因，潜在的使用者对设计产品（作品）的期待、需求和喜好等。可以通过查阅资料了解相关的信息，也可以到生产出售此类产品的厂家或商家收

---

① 方凌雁. 高中综合实践活动. 杭州：浙江科学出版社，2020：97.

集信息，还可以咨询该领域的专家。下例是云南师范大学附小一次综合实践活动中学生撰写的研究报告中信息收集节选，以作参考。

"班徽的设计与制作"信息收集

为了更好了解更多同学的意见和建议，我们把手制的调查问卷利用问卷星的方式进行设计，通过信息技术课前2分钟，对全班同学进行关于班徽设计和制作的问卷调查，一周后结束统计，并利用问卷星平台对问卷的数据进行分析。全班48名同学均认真地参加了问卷活动，通过调查数据可以看出同学们对这样的活动兴致很高，班徽的设计与制作活动将受到同学的欢迎，具有很高的可行性。这一份调查鼓舞了我们组的每一位同学，我们的干劲十足！

（二）构思方案，合理筛选

根据项目需求，教师要鼓励学生大胆构思，提出解决问题的多个设想。多个项目方案产生后，教师要引导学生对这些方案逐一进行评判和比较，选出其中较为满意的方案，或者将各个方案的优点集中在某一个方案上，最后确定可以实施的方案。

"班徽的设计与制作"的方案筛选

老师将同学们通过上网搜索班徽的照片制成PPT（资料搜集）在班级展示，经过讨论，大家一致同意选取白色针织布片+手工刺绣进行设计和制作，原因：①布料柔软，刺绣洗不掉，经久耐用；②成本低廉；③白色通用，能很好搭配其他的颜色，便于图案的设计与刺绣；④每个人自己动手进行刺绣，成就感高，更能体会到班徽所蕴含的价值；⑤方案实施的时间和空间要求比较合理，学生在校即可完成，可行性强。

（三）撰写方案，论证完善

为了增强活动的针对性，设计与制作项目确定后，教师需要指导学生对各个活动进行策划与安排，将设计思想和内容以书面的形式清晰地表达出来。项目方案的文本形式主要有陈述式和表格式。但无论采用哪一种形式，都必须做到要素完整、内容详尽。活动方案中包括：设计与制作的名称、创意合理性的论证、拟订判断设计与制作活动成功的标准、考虑所需要的材料和工具、确定具体的制作步骤或时间表等基本要素。表3-6为"小发电充电器"项目设计制作方案。

表 3-6 "小发电充电器"项目设计制作方案[①]

设计项目名称	自主发电实现照明和手机充电装置的设计与制作
指导老师	李老师
设计者	崔同学
班级	六（4）班
项目研究的背景与意义	为了解决户外活动中手机、电筒等没电的情况，设想制作一个自主发电实现照明和手机充电的装置，在户外活动中保证照明和通信畅通
设计原理	这个小发电充电器是一个将"人体体能""阳能"转化为电能，然后储存并输出给所需设备的装置。 1. 通过人手摇发电机实现机械能转变为电能 2. 利用太阳能电池板将太阳能转变为电能 3. 将以上两种方法获取的电能储存在一个蓄电池内以便随时为手机和手电筒提供充电，实现野外照明和通信畅通
任务分工	1. 搜集资料 2. 寻找元器件 3. 按原理制作该装置
研究步骤	选择材料；组装发电蓄电装置；测试。首先，设计好流程图，白天有太阳光时可利用太阳能板发电，晚上或太阳光照不充分时可利用手摇发电机发电；两种发电通过整流滤波电容和稳压板，储存于蓄电池，并接手机或电筒蓄电池，检查是否可以对蓄电池进行充电，如果手机显示为充电状态就证明该装置成功制作完毕
所需的材料和工具	玩具用手摇发电机、太阳能电池板、电容器、蓄电池、升压电路板、电线、手机、手电筒等
可行性分析	1. 手摇小发电机具有发电、环保、体积小、重量轻、便于携带的优点 2. 太阳能电池板具有清洁、高效发电的功能，目前在世界上已经成为一个叫作"光伏"的产业，是未来世界将广泛应用的能源之一
预期成果展示	用文字和图片介绍制作过程，并现场展示主发电实现照明和手机充电

在指导学生撰写方案过程中，教师需要注意以下事项。

（1）根据设计与制作过程实际不断调整方案

方案是预设性的，反映了学生在活动前的思考，通过制订方案，学生理清了设计与制作的思路，但方案不是对所有工作的全面的记录，要求学生对计划中的每个方面都做出详细的记录是既不合理又不合适的。这样只会与应用学习中的部分意图相抵触。应用学习的目的是让学生将学到的知识应用到实践中。有些问题可能出现在活动实施的过程中，方案只是活动的蓝本，而不是设计与制作活动的全部，其中的每一项都需要落实在"做"的过程中，并需要在活动过程中进行适当的调整。

（2）复杂项目需要指导小组分解任务

在解决复杂项目的过程中，往往需要将任务分解后，由各小组承担不同的任

[①] 云南师范大学附属小学. 云南师范大学附属小学小博士论文集（2014—2017年）下册. 昆明：云南教育出版社，2018：232.

务。这就需要每个小组都生成自己的设计方案，并进行方案间的协同配合，以保证制作出的各个"零部件"能实现无缝对接。教师要发挥好协调、统筹的作用。

（3）对方案可行性进行论证、完善

方案完成以后，还要开展方案论证，并对其加以完善。成功的设计制作类项目方案应该满足多种限制因素和评估标准。每个项目都会有限制因素，如经费限制、材料限制、时间限制等，有些限制因素甚至会相互冲突、相互制约。例如，"多功能无人服务车"项目的设计，功能增多与成本增高，这两者可能会相互排斥。评估标准是指项目设计的必要特征或理想特征。例如，作品的安全使用是必要特征，作品要从视觉上吸引人可能是作品的理想特征。

小组合作探究3-8

根据上一次小组讨论确定的课题，以小组形式设计一个设计制作形式的综合实践活动方案（表3-7）。

表3-7　设计制作类项目方案

填表人：＿＿＿＿＿＿＿＿＿＿　　　　　　　　　　　　　　填表日期：＿＿＿＿＿＿＿＿

设计项目名称	
指导老师	
组长	
成员	
班级	
项目研究的背景与意义	
设计原理	
任务分工	
研究步骤	
所需的材料和工具	
可行性分析	
预期成果展示	

四、指导学生动手设计制作，形成项目成果

（一）设计制作过程指导

1. 创意物化

创意物化意味着学生需要进行现场工作，进行系列程序的"动手"操作——

将创意物化为人工制品。动手制作的程序可能包括折叠、切割、测量、浇铸、制模、作图、激光雕刻等手工制作，以及建模、编程3D打印等数字制作。例如，在小学阶段，学生可以开展手工设计与制作；借助于信息技术，设计并制作有一定创意的数字作品。

当然，制作活动并不仅限于"手"，通常还包括心灵、眼、耳、口、手、足等方面的技能和动作的相互适应和协调。提问、调查、观察、交流、分析、综合、想象、验证等，这些活动要素贯穿在设计与制作活动的过程中，形成一个整体，体现设计与制作过程中手脑结合的特点。只想不做是空想，在主题活动中，教师要尽可能地为学生创造机会，让学生将自己的设想通过设计与制作活动转化为现实。但要注意，只做不想、为制作而制作、为设计而设计的活动同样是不可取的。在这个环节中，需要特别注意工具使用的安全性与规范性。①

2. 综合运用多学科知识

在设计与制作活动的过程中，学生往往需要调用多学科知识，这为学生学科知识的学以致用提供了机会。在指导学生选择设计与制作的项目时，教师要考虑学生当前所具备的知识与技能是否能够完成某一项目，如果该项目涉及的专业知识水平过高，学生不能完成时，就可能导致学生兴趣的衰减。在设计与制作活动的指导中，多学科教师的团队协作显得尤为重要，指导教师在学生遇到困难时要注意提醒学生回顾以往所学的各学科知识，用学科知识来解决遇到的难题，也可以求助于相关学科的教师或相关方面的专家。

3. 与劳动技术教育领域紧密结合

此外，教师要引导学生积极参与技术实践，掌握一些基本的技术知识与技能，具体包括：认识日常生活和周围环境中的常见材料，学会使用一些基本工具；通过简单的工艺品或技术作品的设计与制作实践，了解设计、制作及评价的一般过程和简单方法；或者了解作物生长和农副产品生产与销售的一般过程，掌握一些简单种植或饲养的一般方法。激发学生学习技术的兴趣，初步形成从事简单技术活动和进行简单的技术探究的基本能力，包括关注身边的技术问题、形成亲近技术的情感、具有初步的技术意识；能够安全而有责任心地参加技术活动，初步具有与他人进行技术方面合作与交流的态度与能力；通过体验和探究，学会

---

① 黑岚. 小学综合实践活动课程的设计、实施与评价. 北京：清华大学出版社，2020：140.

进行简单的技术学习，初步形成科学的态度及技术创新的意识，具有初步的技术探究能力；初步形成与技术相联系的经济意识、质量意识、环保意识、安全意识、伦理意识、审美意识以及关心当地经济建设的意识。

（二）成果总结及展示

学生完成项目作品后，还需要形成较为系统、完整的研究成果，并进行展示与评价。通过展示交流，项目小组的全体成员可以对研究过程进行回顾总结、自我反思；小组之间可以相互学习、取长补短。有价值的项目作品还可以申请专利。

1. 整理研究材料

整理研究材料是顺利完成项目研究报告的前提。设计制作类项目可以整理的材料有项目方案、调研材料、设计草图、制作过程拍摄的照片和视频项目日记、组员感想等。

2. 项目报告的撰写

活动设计类研究报告要写清活动目的、活动的设计过程、活动的收获与反思等。除用文字表述外，还可以用表格、图形来描述。要注意条理清楚，层次分明。

"小发电充电器"项目设计报告（节选）[①]

一、活动目的

参加户外活动是件愉快的事。白天，我们在依山傍水的郊野欣赏美景，沐浴温暖的阳光，用手机记录一幅幅美丽的图片；到了夜晚，点点灯火点亮了彩色的帐篷，给寂静的夜晚带来了一抹绚丽的色彩……但是，到了第二天、第三天，我和很多人的手机、电筒都没电了，由于处户外，我们无法给设备充电，这让我们多少有些扫兴…于是，我想，能不能做一个设备在野外自主发电实现照明和手机充电呢？

二、活动过程

带着这个问题，我在老师的帮助和指导下，设计、制作并完成了这个利用玩具手摇发电机和太阳能电池板自主发电、充电的小设备，可为随身携带的手机、手电筒等提供充电电源。

---

① 云南师范大学附属小学. 云南师范大学附属小学小博士论文集（2014—2017年）下册. 昆明：云南教育出版社，2018：233-235.

（一）准备材料和工具

材料：手摇发电机、太阳能电池板、手摇发电机输入插孔、整流滤波电容、升压电路板、蓄电池、电池盒、USB线等。

工具：塑料焊接枪、电烙铁、电线、焊锡丝等。

（二）工作原理

这个小发电充电器是一个将"人体体能""太阳能"转化为电能，然后储存并输出给所需设备的装置。在白天有阳光照射的时候，利用太阳能电板发电，通过升压电路板把稍弱的电压、电流提升，然后输入并储存在蓄电池里；晚上或阳光不足的时候，利用手摇发电机发电，通过输入插孔，经过整流滤波电容将稳定电流电压输入并储存在蓄电池（蓄电池是一枚2200mA的锂离子电池）。通过USB输出端口，给手机充电，通过电池盒，给两节5号电池充电。

（三）制作流程

1. 设备制作

这个小发电充电器是由以下主要元件组成的：手摇发电机；太阳能电池板；手摇发电机输入插孔、整流滤波电容、升压电路板、蓄电池、电池盒、USB输出线。这些元件大多是从废旧的机器人电动玩具中获取的，为此费了很大的功夫……首先，我在老师的指导下，把这些元件依次合理地按顺序排列在一块绝缘的塑料电路板上，并用塑料焊接枪焊接，使元件和电路板牢固地合为一体。然后按照已设计好的电路图，用电烙铁、电线连接电路。在这个制作的过程中，最重要的是要了解并学会使用塑料焊接枪、电烙铁，并耐心细致做好每一个步骤，各元件要牢固稳定，每一个焊点必需焊实，不能有"假焊"，这样才能确保电路的畅通。

2. 充电测试

采用手摇发电机发电时，由于每个人的体质不一样，单位时间内转动手柄的次数也不一样，（电压在0—20V波动，电流在100—300mA内波动）。经测试，按平均水平算，手摇发电的输出电压在12V左右，发电电流为150mA左右，蓄电池将会在手摇发电机持续工作两个小时内充满（蓄电池的容量是2200mA，电压为4.2V）。此条件下，如果对手机进行充电，大概需要一个小时（常用的手机锂电池电动势为3.7V，充满后将达到4.1V、4.2V）；对5号电池充电大概需要一个小时（手电筒用电池为5号电池，两只的电压是2.4V）。

三、收获与反思

收获：本次制作是源于一个能够实现在野外充电并能与外界保持通信畅通和简单照明的梦想。感谢我的指导老师，通过他们的设计手把手地教我怎么制作，使我经历了梦想怎样通过实践转变为现实的全过程，也是一个科技创新和科技发明的过程。通过这个过程，我深深地体会到知识和实践的重要，感受到了通过自己辛勤劳动创造出一个新成果的来之不易和成功后的喜悦。

反思：由于我们找到的太阳能电池板面积比较小所以在太阳能光线照射下，产生的电流比较低，对蓄电池的充电时间将比较长。经测试，需要9个小时左右连续照射才可能充满蓄电池的60%。在此情况下对手机电池和手电筒充电电池将会延长充电时间，如果野外使用，需增大太阳能电池板面积，这样就能迅速提高对手机电池和照明电池的充电效率，满足野外充电需求。充电电压为0—12V，电流为100mA。

3. 成果展示

提供给学生交流研究信息、分享创意和成果的机会和平台，对于增强小学生组织协调能力、知识梳理能力、交流沟通能力以及语言表达能力都非常有意义。

设计制作类项目以作品或模型展示、过程演示效能讲解和说明书解读等为主要展示内容。项目小组事先要根据项目研究报告做好成果汇报PPT。在成果汇报过程中，小组成员分工合作，陈述时做到生动、简洁、突出重点，并尽可能脱稿。

在此过程中需要注意：一是鼓励以多元方式进行交流、展示，促进多元化自我表达能力的发展，例如可以以戏剧表演、绘画、数字故事等方式进行表现，以展板、橱窗、电子显示屏等多种手段展示物品或作品。二是鼓励同学之间相互欣赏、相互关心，不断践行积极的倾听与对话，避免消极的批评与指责。这既有利于审美意识、交流能力的发展，也有利于团队意识和互助精神的形成，为学生社会责任感的发展奠定重要基础。[①]

4. 反思与评价

反思与改进是学生发展反省思维必不可少的环节，有利于学生提高认识、取得进步。教师可邀请相关专家听取学生的项目报告陈述，并开展答辩；答辩后，引导学生进一步分析专家或听众提出的意见，总结项目设计过程中的经验和教训；对于有创新性的设计制作类作品，可以帮助学生申请发明专利或实用新型专利，以保护他们的知识产权。

教师还应该对整个项目设计过程进行评价，通过学生个人自主评价、小组互

---

① 黑岚. 小学综合实践活动课程的设计、实施与评价. 北京：清华大学出版社，2020：140.

评、教师评价等，引导学生找到自己今后的努力方向，形成积极向上的价值取向。评价方式及内容可参照本章第一节中考察探究类综合实践活动。

本节综合实践训练

某小学五年级开展"保护校园，从我做起"的综合实践活动，你指导的班级经过学生们的讨论，确立的具体活动主题为"设计制作保护公物的校园环保标语"。请以本次活动指导教师的身份完成下列实践训练任务：

1. 请根据本节所学内容，完成表3-8。

表3-8 "保护校园，从我做起"主题综合实践活动指导表

活动阶段	基本流程	主要指导语
主题确定		
资料查阅		
方案策划		
可行性分析		
动手操作		
成果整理		
成果展示		
答辩		
评价		

2. 按表中内容模拟现场教学指导课，课堂包括三个场景：选题指导、方案撰写指导、成果展示指导，时间为15—20分钟。

第三节 社会服务类活动设计

一、社会服务的含义

社会服务活动方式是由原综合实践活动课程的"社区服务与社会实践"内容模块转变而来的，2017年教育部印发的《中小学综合实践活动课程指导纲要》中对于社会服务的解释："社会服务指学生在教师的指导下，走出教室，参与社会活动，以自己的劳动满足社会组织或他人的需要，如公益活动、志愿服务、勤工俭学等，它强调学生在满足被服务者需要的过程中，获得自身发展，促进相关知识技能的学习，提升实践能力，成为履职尽责、敢于担当的人。"从定义上来讲，"社会服务"被赋予了更为丰富和完整的内涵，即强调社会服务活动的服务意

和学习价值的有机统一。一方面，作为一个教育学概念，它注重活动本身对学生的道德学习价值和知识学习价值；另一方面，它并非只把服务视为一种手段，而同样强调服务活动对他人和社会的贡献和意义，即服务本身也是目的。实际上，正是在认真对待这种贡献和意义的过程中，社会服务对学习的价值才更能得到扩展和深化。

社会服务活动方式实际上是培养学生社会责任感的最佳方式，社会责任感就是要对自己负责、对他人负责以及对社会负责。社会服务活动鼓励学生走出教室、走入社会，通过参与社会、社区活动，在满足他人需要的同时提升与发展自己。社会服务不仅是学生将自己所学的知识运用到社会上、运用到自己的服务对象上去的过程，还是将知识运用到行动中的过程。通过社会服务，学生能够感受到自己的社会价值，通过自己的知识或劳动为服务对象带来更多的便利和提供更多的帮助。

二、社会服务活动设计的基本要求

（一）走入社会

学生只有走出教室、走入社会，置身在社会现实的情境中，参与各种社会性的活动，进行亲身的体验，通过获取直接的感受与经验，才能真正地理解和融入社会中，对社会发展的规律、规则有所掌握，进而真心地去维护社会道德与规则，做一个有社会责任感的人。只有走入到社会真实的情境中，学生才能够及时准确地获取、思考分析和解决各种社会问题，才会理解和掌握各种社会文化现象，掌握社会人际交往的基本技能与规范，学会尊重自己与他人，形成团队合作意识，增强自己的社会责任感。

（二）服务社会

学生通过自己的劳动为社会组织或他人提供服务，通过公益活动、志愿服务、勤工俭学等各种社会活动，服务他人与社会。通过与社会上不同人群的接触与交流，了解他们的个性特征、职业情况、生活习惯，学会理解与尊重他人；经常了解人群中部分群体存在的困难，及时、自觉而又乐意地为其提供服务，对他人怀有爱心，通过帮助他人，让学生获得深远意义的体验以及形成自己的社会责任感。通过对社会的服务，学生可以更加了解社会，从而对社会产生一定的情感，从而进一步地关心社会的现状，对社会的问题进行思考。在服务社会中，学生运用自己所学的知识与技能解决所遇到的问题，在提高自己专业水平的同时也培养了社会责任感。

（三）探究社会的自然与人文环境

通过探究社会的自然与人文环境，学生可以增强对当地的自然环境、人文景观、民俗文化、社会现象的了解和掌握。在这一过程中，学生可以通过与自然环境的接触与探究，在领略身边自然的神奇与博大的同时，对自然产生保护的情感与爱护的意识；通过对地区人文景观、民俗文化的参观与学习，使学生形成热爱历史文化、家乡的情感；通过对社会现象，特别是学生身边人们关心的社会热点问题的探究，学生在提高自己运用所学知识与技能解决问题能力的同时，树立了良好的人生观、价值观。[①]

三、社会服务的设计与实施步骤

社会服务的实施过程会因服务的类型和内容等的不同而有形式上的差异，但是一般来说，所有经过精心设计的社会服务过程都包含几个关键要素，这些要素实际上也构成了服务学习的基本实施环节。以社会服务为代表的参与性学习活动的实施程序应为确定主题—制定活动方案—服务活动开展—分享感悟—总结评价。

（一）确定主题，明确服务对象

开展一项社会服务活动是从确定主题及明确服务对象及其需要开始的。服务对象的选择可从以下几个范畴来考虑：一是它可以是人，也可以是机构或组织。二是除了人之外，还包括动物、植物、环境等。三是从地域上来看，服务对象可以来自学校、社区、国家和国际社会。

开展高质量的服务是社会服务的基本标准之一，要保证服务活动的高质量，在技术层面上首先要深入研究服务对象的真实需要，不认真研究服务对象需要的社会服务活动往往是无效和无意义的，甚至可能给服务对象造成干扰或损害。[②]《中小学综合实践活动课程指导纲要》中对小学阶段社会服务主题给出了一些推荐："家务劳动我能行""我是校园志愿者""学习身边的小雷锋""红领巾爱心义卖行动""社区公益服务我参与""我做环保宣传员""我是尊老爱幼好少年"

---

① 黑岚. 小学综合实践活动课程的设计、实施与评价. 北京：清华大学出版社，2020：52.
② 黑岚. 小学综合实践活动课程的设计、实施与评价. 北京：清华大学出版社，2020：137.

等。有了这些主题做参考，各小队的活动开展就有了大致的方向，但实际的活动主题还要依据学生兴趣、班级实际情况、家长资源、社会环境等条件由学生自主确定。

在生成活动主题阶段，教师要引导学生好好观察社区生活，调查所在社区和周边社区的需要。调查方式包括个人的观察和体验、关注媒体报道、问卷调查法、访谈法以及咨询社区机构等，通过调查得出服务对象的需要。《中小学综合实践活动课程指导纲要》中的社会服务活动推荐主题及其说明如表3-9所示。

表3-9　社会服务活动推荐主题及其说明

学段	活动主题	简要说明
1—2年级	1. 生活自理我能行	清洁个人生活用品：会洗袜子、红领巾，会刷鞋，清洗水杯、脸盆等；学习用品分类整理：按学习需要准备学习用品，归类收纳学习用品，及时整理书包；清洁居室卫生：用完的物品放回原处，扫地，垃圾分类入箱，整理床铺，衣服分类摆放等。从力所能及的自我服务劳动做起，学会料理自己的生活，养成自己的事情自己做的好习惯
	2. 争当集体劳动小能手	集体服务劳动包括班级劳动、校园劳动、家务劳动、公益活动、社区服务等。例如：搞好（班级）公共卫生，整理红领巾队务阵地，会扫地、拖地、擦黑板、摆放桌椅等；帮助老师、家长等做力所能及的事；给校园花草树木浇水等。养成自己的事自己做、他人的事帮着做、公益（集体）的事争着做的劳动习惯和优良品质
3—6年级	1. 家务劳动我能行	帮助家长做力所能及的家务劳动（择菜、洗菜、洗水果、整理饭桌、洗碗筷等），学会简单手工缝纫技术，学会一般衣物的洗涤（包括机洗）、晾晒和折叠方法；知道家庭安全用电、用火、用煤气等的方法，初步学会家庭触电、火灾的预防、急救与逃生。养成良好的劳动习惯，端正劳动态度，提高家庭责任感
	2. 我是校园志愿者	通过考察、访问了解校园志愿服务需求，了解不同岗位的职责和要求；学习开展服务的方法，了解相关注意事项；开展持续、有效、多样的校园志愿服务活动。利用班级、少先队活动等多种形式进行校园志愿活动的展示交流。积极参与校园志愿活动，具有团队合作意识，热心志愿服务活动
	3. 学习身边的小雷锋	寻访身边的"小雷锋"，总结分析他们的事迹；根据自身情况，设计自己（小组）的学雷锋行动计划，并开展实际行动，初步树立热心公益劳动、乐于助人的道德品质
	4. 红领巾爱心义卖行动	收集闲置的书籍、学习用品、玩具、手工艺品等物品；策划与组织爱心义卖活动，并在教师建议下合理使用义卖收入；提高爱心助人、团结合作的思想和意识，增强活动策划与设计能力，初步树立"循环经济""绿色生活"的环保意识
	5. 社区公益服务我参与	在社区或村委会参与如卫生打扫、环境维护、小广告清理等各种力所能及的便民利民性质的社区公益劳动；在班级交流分享参与过程与感悟体验，增强服务他人、社会的意识
	6. 我做环保宣传员	调查和发现身边存在的环境问题，分析可以采取的措施和解决办法，开展环境保护宣传活动，体验绿色生活方式，树立保护环境、节约资源的观念和生态意识
	7. 我是尊老敬老好少年	积极主动与身边的老年人沟通和交流，了解老年人的实际生活困难和需求；为身边的老年人做一些力所能及的事，并长期坚持。初步树立尊老敬老、主动为老年人提供服务的意识，增强社会责任感

实践与练习 --

请结合《中小学综合实践活动课程指导纲要》对小学阶段社会服务主题推

荐，选定某个小学或社区进行调查，列出五个以上小学社会服务活动主题。要求：明确活动年级，阐明服务对象需要等。

（二）制订服务活动计划

制订服务活动计划是非常重要的，它在很大程度上决定着服务过程的质量。制订计划要经历一个前期调查研究和协商讨论的过程，虽然在这个过程中要尊重学生的主体性，即推动学生以主体身份参与服务计划的构想和设计，但是离不开教师的参与指导。制订服务活动计划要通盘考虑社会服务活动的各种要素，可根据服务学习的内容和形式制订不同形式的服务活动计划，一般来说，服务活动会包括服务对象及其需要、活动目标、活动内容、需要运用的资源和前期准备、活动时间和地点安排、反思方式、展示和交流方式等。其基本要求如下。

1. 明确活动主题

主题是某个活动的名字，要求高度概括活动的内容既能传递综合实践活动某一活动或项目的主要信息，又能吸引读者。综合实践活动主题的题目要醒目、具体、准确，要求准确地反映活动主题的内容、范围以及研究的深度，特别是关键词选用要准确、贴切，切忌模糊，如"走进标志世界""我们和小树一起成长"等。

2. 活动背景的撰写

活动背景就是回答为什么要选择这个主题。例如，"走进标志世界"①的活动背景是这样撰写的：

> 现代社会是一个具有规则的社会，遵守规则是每个公民应尽的职责。生活中随处可见的标志，如同形象的语言，时刻提醒着公民遵守规则。因此，了解标志文化是引导学生认识社会的一种有效途径。可以说，标志已经充盈着我们的视野，进入了千家万户，和我们的生活息息相关。了解标志，可以让学生更好地认识世界，更好地丰富他们的生活经验，更好地适应现代社会的高速发展，增强他们遵守社会公德的责任心，还可以让这种无声的语言更好地服务于人们的生活。

这样的阐述既简要回答了主题形成的起因和经过，也简要分析了主题活动的内在意义和价值。

---

① 刘道溶. 中小学综合实践活动设计案例精选. 北京：北京大学出版社，2012：148.

3. 活动目标的撰写

活动目标是指在主题活动中学生将获得什么；在表述时，要回答学生通过此项主题活动获得什么样的情感体验，能增进哪些知识技能，能培养什么兴趣和态度等；在设计上，要更具体、更有针对性、更具操作性。例如，"走进标志世界"活动目标是这样表述的：

1. 通过查阅、调查、交流等方式了解标志的基本知识，认识各类标志的含义及作用，提高学生自主学习的能力。

2. 记录标志分类情况及设置地点，提高学生搜集和整理信息的能力。

3. 了解人们认识标志与使用标志的情况，引导学生发现问题、提出问题，促进学生综合实践能力的提高，促进学生社会主人翁意识的增强。

4. 培养学生自觉遵守规则，社会公德的意识，具有一定的社会责任感，自觉做一个文明的社会人。

4. 活动过程的撰写

活动过程一般分为以下三个阶段。

（1）准备阶段

准备阶段通常包括成立活动小组、制订活动计划、预设活动步骤和方法、拟调查和采访的对象、时间安排和人员分工、提出注意安全等要求。

（2）实施阶段

实施阶段是设计活动过程的主要阶段。此阶段要阐明的内容包括：开展什么活动，运用什么方法，时间、地点的安排，注意形成个人的富有特色和深刻的体验。设计时，要预留活动生成的空间，要求学生对生成活动主题、活动目标、活动方式给予足够的重视。

（3）总结阶段

1）资料整理与归类。各小组对本组成员通过各种渠道收集的资料（包括查阅的或网上下载的文字资料、拍摄的图片资料、访谈记录的整理资料、录音录像资料等）进行整理与归类。

2）撰写研究成果。各小组通过总结归纳，用不同的形式呈现自己活动的成果。其内容包括调查报告、研究报告、研究论文、心得体会、活动感想、活动日记、活动资料的整理与摘抄、访谈实录等。

3）成果展示。展示的范围可以以班级为单位进行展示，也可以在全校范围内进行展示，还可以走出校门到社区进行成果展示。总之，一切从实际出发，从需要出发。展示的形式可以多种多样，可用论文、调查报告、心得体会、感想、日记、图片等资料表现出来，也可以用班级、年级或全校报告会的形式进行汇报，还可以采用各种活动的形式，如短剧、相声、小品、朗诵、歌舞、快板书等进行汇报演出，甚至可以把学生的各种成果汇编成册向社会进行宣传等。

4）成果介绍。成果介绍是交流活动成果的常用方式。通常情况下，由小组成员在全班同学面前汇报自己小组的活动成果，介绍活动的过程、收获和体会，回答同学的提问或质疑，这既是对产生学生活动成果的检阅，也是对其他同学的促进。例如，"走进标志世界"的活动过程设计是这样的：

1. 了解标志的有关知识（这个环节需要学生利用课外时间完成）

2. 根据学生实际情况分组调查访问（鼓励学生以照片、摄像、图片、录音等形式展现调查过程）

第一组：观察人们自觉使用标志的情况，并做好记录。

第二组：到南头村、大新村、大商场、超市、桂庙路口、荔香公园一带，针对设施标志、服饰及家电标志、交通标志等进行调查，了解标志的设置情况及各类标志的意义。

第三组：上网了解标志的分类及其作用。

第四组：采访周围人们认识标志的情况，并做好记录；采访商场售货员、公园工作人员、交警等相关工作人员，了解标志的分类情况及标志的作用。

第五组：去小区、市场随机调查，了解市民对标志的评价。

3. 整理采访资料

推荐活动

（1）举办《我身边的标志》手抄小报展或图片展。

（2）根据自己所获取的各种资料写一份研究报告。

4. 感受标志文化：品标志、说标志

（1）欣赏世界各国的各类标志（此节目可由学生和家长合作完成，以幻灯片的方式电脑展示，并配音乐）。

（2）品尝标志文化（结合课前的调查采访进行汇报，汇报鼓励采用多种方式，如图片展示标志的类别、特点，语言描述其作用和艺术性等）。

5. 创意标志

标志已随处可见，深入人心，但它还处于不太完善的阶段，通过对标志文化的了解，让学生设计、创造一些生活中需要而且有实用意义的标志。

推荐活动

（1）写——写一条响亮的标志广告语；写一些探寻标志的日记；为标志写一则建议书。

（2）画——画一幅或多幅你设计的标志图，并配上说明文字

（3）提——提一点关于标志的建议（设计、位置、作用等方面的都行）。

（4）办——办一个"漫话标志"的特色网站

5. 评价反思的撰写

评价是综合实践活动课程实施的重要组成部分，是实现综合实践活动目标的有效手段和保障，它贯穿于综合实践活动的全过程。

评价内容包括：①情感态度。对本次活动是否有兴趣，是否能坚持完成每一个活动，能否形成一定的科学态度和意识，遇到困难能否克服等。②能力发展。能否提出有价值、有意义的问题，是否掌握调查的方法，会写简单的调查报告，能否用多种方法和形式表达自己的学习过程与结果。③知识了解。是否了解主题相关内容。

评价方式是指通过教师观察、学生活动过程评价表、学生的作品加以总评。教师定期把学生在前一个阶段的表现在小组活动中传达给学生，使学生更清楚地了解自己的状态，从而不断地进行自我调整和激励。评价的对象可以是写小课题报告、阶段小结、幻灯片、学生作品、创作的网页或其他内容。例如，"走进标志世界"设计评价要点如下：

1. 通过活动学生是否认识到一些常用标志含义、作用及分类情况。

2. 学生是否对周围的人们认识标志与使用标志情况有个初步的了解。

3. 学生是否提高了查找资料和搜集、整理信息的能力。

4. 学生是否能将自己的研究成果创造性地通过不同的形式向大家展示。

5. 学生是否养成了在生活中观察问题、发现问题、处理问题的能力，综合实践能力是否得到了一定的发展。

6. 学生是否树立自觉遵守规则、社会公德的意识，是否具有一定的社会责任感，是否自觉地做一个文明的社会人。

7. 学生通过实践活动是否对所获得的成果有喜悦感、成就感，是否感受到与他人作交流的乐趣，能否学会欣赏别人。

实践与练习 ....

请学生分组收集五个社会服务类综合活动方案，在班级中讨论分享。

（三）开展服务活动

开展服务活动是真实体现个人与社会之间的鲜活交互关系的环节。在进入服务现场之前，学生必须做好扎实的准备工作。这里的准备除了指物质资源方面的准备外，更重要的是指要做好行动前的培训工作。培训内容主要包括三个方面：相关的知识、技能方面的教育培训，使用工具等方面的专门培训，安全等活动过程注意事项的培训。

同时，在行动阶段，要求学生必须做好行动记录。通过行动记录，不仅可以帮助学生学习和他人一起分享行动过程中所发生的故事，还可以推动学生进行思维整理和反思，保证行动的连续性和合理性。

（四）反思服务经历

反思是社会服务非常重要的构成性特征。服务行动的过程会有许多看不见的思维盲区、行动缺点和迷思，反思带来的学习成果被吸纳到服务活动的过程之中，能够推动学生思考自己的所见、知识、经验和情感，获得新的情感和认识的转变和成长，从而使之成为进一步影响改进服务活动的过程和特征的建构性要素，并且维系服务学习过程的持续性。

反思不仅渗透于服务活动的全过程，更是社会服务过程的一个专门步骤和阶段。反思发生在服务行动结束后，它有助于学生更全面、完整地审视整个服务过程和学习体验。反思形式多种多样，如撰写小论文和组织讨论等。

（五）分享服务活动经验

分享服务活动经验是社会服务活动过程的一个必要阶段。分享本质上即展示、庆祝、邀请。学生都有表达和表现的需要，创造舞台让学生公开展示自己的成就，这体现了对学生的社会服务活动成果的认可和尊重。这种认可和尊重会激励和鼓舞学生进一步参与社会服务活动。对于参与这种分享的他人来说，自然也能通过这种分享获得某种间接经验和启发。

分享的形式多种多样。从学校层面来说，学校可以编制一份报纸或者在校园里开辟展示专栏，展示服务学习参与者的人名和照片以及服务学习的成果，也可以鼓励学生通过文章、图片、艺术作品、视频、幻灯片和表演等方式进行展示和分享。①

本节综合实践训练 ....

1）请学生分小组设计"做美化社区的形象大使"活动方案。要求：①设计完整，包括背景分析、活动目标、活动使用对象、活动组织者、活动准备、活动时长、活动实施过程、活动评价建议等要素。②方案设计合理，语言表述清晰。

2）根据"做美化社区的形象大使"活动方案设计，各小组进行实地服务活动。要求：服务活动过程体现方案设计思路，反思服务经历，活动结束后分享展示。

第四节　职业体验类活动设计

一、职业体验的含义

职业体验是一个新提倡的综合实践活动方式，《中小学综合实践活动课程指导纲要》对于职业体验的解释为：职业体验指学生在实际工作岗位上或模拟情境中见习、实习，体认职业角色的过程，如军训、学工、学农等，它注重让学生获得对职业生活的真切理解，发现自己的专长，培养职业兴趣，形成正确的劳动观念和人生志向，提升生涯规划能力。职业体验的关键要素包括：选择或设计职业情境；实际岗位演练；总结、反思和交流经历过程；概括提炼经验，行动应用。

综合实践活动课程中的"职业体验"是以体验式学习过程为基础，并与职业生活息息相关的一种活动方式。职业体验将体验式学习与职业生活情境联系起来，就是让学生置身于丰富的、与各种职业活动相关的情境之中，让其全身心地参与到各种职业性的实践活动中，使其获得相应的真切认知与情感体悟，从而加深对自我世界、生活世界、职业世界和社会发展的理解，并将这样的理解与其自身的未来相联系。从这个意义上说，它关涉学生的生涯发展，而《中小学综合实践活动课程指导纲要》将"职业体验"作为综合实践课程的一种主要活动方式单列出来，是学校中生涯规划教育日益受到重视的必然结果。因此，职业体验也是综合实践活动与生涯教育的交集所在。②

---

① 黑岚. 小学综合实践活动课程的设计、实施与评价. 北京：清华大学出版社，2020：137-138.
② 黑岚. 小学综合实践活动课程的设计、实施与评价. 北京：清华大学出版社，2020：140-141.

二、职业体验活动设计的基本要求

对于职业生活的实际状况,学生在知识学习和日常生活中也能获得一些相应的感受和理解,但是这些往往是被动感知的,或是在无意识状态下获得的,在广泛性、深刻性和目的性上具有局限。职业体验这一活动方式通过有意识的安排,从知识、技能到情感态度、价值观层面的充分参与,学生可以多角度对更多不同的职业生活进行了解、分析和评价,进而可以联系自己的兴趣爱好、能力特长、性格体力情况以及未来职业发展的趋势,去探索、反省自己的职业志向,去检视自身与职业志向相关的准备状态,去思考实现职业志向的可能路径与策略等。在这个过程中,学生不仅实实在在地感受到了自我的存在价值,感觉到了自我理智的力量、情感的满足、意志的独立与自由,还实实在在地感觉到自我与自然、与社会之间的内在联系。

通过职业体验,学生走上真正的工作岗位,亲自去感受工作状态,去工厂车间、公司企业、政府机构、科研院所、建筑工地等不同工作地点,体会不同职业,感受社会分工的不同以及各行各业工作性质和内容、劳动强度的不同。这些对学生建立职业印象、慢慢形成自己的职业生涯规划是非常有帮助的。同时,在此过程中,他们能够感受到劳动没有高低贵贱之分,从而形成正确的劳动价值观。

三、职业体验类活动设计与实施步骤

《中小学综合实践活动课程指导纲要》中提到的职业体验的四大关键要素,体现了职业体验实施过程中需要遵循的几个关键环节。以职业体验为代表的体验性学习活动的实施程序应为确定主题—选择或设计职业情境—实际岗位演练—交流经历过程—评价与反思。

作为一种体验式学习,职业体验的目的并不是简单地让学生参与生产劳动、学习生产技术,而是让学生在亲身经历和直接参与职业活动的过程中获得真切的职业认知与情感体悟,对职业有深刻的理解,自觉地将自身成长、个人梦想与社会进步、国家发展、人类文明联系起来,在职业选择时平衡家庭与社会的需求,兼顾个人价值与社会价值的实现,过有意义的人生。

(一)确定主题

小学职业体验活动在3—6年级开展,在这一阶段开展职业体验活动以理解并遵守公共空间的基本行为规范、初步建立自我与职业之间的关系为目标。基于对这个阶段学生身心成长特征和职业体验目标的考虑，《中小学综合实践活动课程指导纲要》推荐了"找个岗位去体验"这一开放性主题，意在让学生通过在学校周边的商场、图书馆、派出所、环保局等单位体验理货、整理图书、协警、打扫卫生等岗位，初步体验职业，感受不同职业的劳动，体会各种职业劳动的艰辛，培养尊重他人劳动成果的意识，体会劳动创造幸福生活的内涵。这种开放性主题设计既能指导学校如何体现职业体验活动的关键要素，也能给予学校空间自主设计。学校在确定职业体验活动主题时，要结合学校的校本文化、学生兴趣、社会时事、国家课程资源等来确定。《中小学综合实践活动课程指导纲要》中职业体验及其他活动推荐主题及其说明如表3-10所示。

表3-10　职业体验及其他活动推荐主题及其说明

学段	活动主题	简要说明
1—2年级	1. 队前准备	知道少先队组织含义和入队标准，有强烈的入队意愿，通过实际行动掌握队前教育知识和技能，用行动志愿加入光荣的少先队组织，成为一名合格的少先队员
	2. 入队仪式	通过庄严的入队仪式，帮助队员明确身份和责任，为队员的组织成长留下痕迹
	3. 少代会	了解或参与少代会，产生向往和体验队组织生活的情感
	4. 红领巾心向党	了解、区分党、团、队旗的特点，了解共性，达到认识组织标志、简单了解组织间领导和发展关系的目的
3—6年级	1. 今天我当家	通过记录家庭一日支出、制订购物计划、合理支配个人零花钱、了解购物小常识、自购学习用品、尝试当家一天、学习正确选购简单安全的食材等活动，初步树立理财意识，养成勤俭节约的生活习惯，培养对父母的感恩之心
	2. 校园文化活动我参与	通过访问、考察等方式调查与了解本校各种校园文化活动（如值周活动，各种社团活动，各种重要节日活动，校园体育、阅读、艺术、科技节等）的实施要求，选择自己感兴趣的活动参与其中，从中发现问题，提出改进措施，增强参与服务意识，提高发现问题的能力
	3. 走进博物馆、纪念馆、名人故居、农业基地	在外出考察前，利用网络、书籍等多种途径，了解社会资源单位的基本情况、资源内容与特点；提出研究问题，设计考察方案；通过任务驱动的方式，有效地开展实践活动，获得研究结论。增加对本地自然和社会生活的了解，增长生活经验，增强社会适应能力
	4. 我是小小养殖员	在教师的指导和组织下，亲手饲养1~2种常见小动物（如小金鱼、小乌龟、小白兔等），农村地区的学生可以帮助家人养家禽等，记录饲养过程，完成它们成长过程的观察记录，懂得饲养的正确方法；学会用数据、照片、视频、语言描述等方法交流自己的观察结果和饲养体验。初步了解并掌握若干种小动物饲养的简单方法，增强关爱小动物以及人与动物和谐相处的生态意识
	5. 创建我们自己的"银行"（如阅读、道德、环保）	讨论和分析如何通过创建"银行"来解决各种日常（班级）生活中的问题（如阅读问题、道德意识、环保意识培养等）；开展规则制定、任务分工、运用实验及效果分析等活动，提高活动策划与组织实施能力
	6. 找个岗位去体验	联系学生家长单位或学校周边商场、图书馆、派出所、环保局等单位，体验理货、整理图书、打扫卫生、协警等岗位；初步体验职业，感受不同职业的劳动，体会各种职业劳动的艰辛。初步树立尊重别人劳动成果的意识，体会劳动创造幸福生活的内涵

续表

学段	活动主题	简要说明
3—6年级	7. 走进爱国主义教育基地、国防教育场所	利用网络、书籍等多种途径，了解要参观考察的爱国主义教育基地（禁毒教育基地、安全教育基地、红色旅游区）、国防教育场所的基本情况、资源内容与特点；提出自己想研究的问题，在参观和考察过程中尝试解决问题，增强爱国主义情感和国家认同感
	8. 过我们10岁的生日	一起过10岁集体生日，凝结友情，增强集体凝聚力；梳理自己和集体的成长足迹，避免攀比等负面现象，确定自己和集体新的成长目标，关注个人与集体共同的成长、收获，感恩父母、师长、同伴
	9. 红领巾相约中国梦	从少先队员的视角采访亲朋好友及社会各行业的人，了解个人成长、发展与实现中国梦之间的关系，激励自身努力增长本领和才干，为实现中国梦做出自己的贡献
	10. 来之不易的粮食	调查和实地考察农民，了解当地主要粮食作物的种类，认识各种粮食作物，观察农作物生长，体验作物栽培管理（如除草、间苗、浇水、施肥等），感受粮食的来之不易，初步树立爱惜粮食、尊重他人劳动成果的意识和行为习惯
	11. 走进立法、司法机关	收集信息了解人民代表大会、法院、检察院等的职能；走进当地人民代表大会、法院、检察院等；与立法、司法机关工作人员进行座谈；旁听法院庭审；组织开展"模拟审议""模拟法庭"等活动；交流分享对法律尊严的理解和认识，尊崇法治，敬畏法律，具有规则与法治意识
	12. 我喜爱的植物栽培技术	在教师的指导和组织下，亲手种植1—2种常见农作物或花卉，观察记录它们的生长过程，掌握栽培的基本方法；学会用数据、图画、语言描述等方法交流自己的观察结果和种植体验。学会使用简单的种植小工具，初步掌握种植的一般方法，增强与自然和谐相处的生态意识

（二）选择或设定职业情境

确定主题后，就要选择职业情境。任何职业体验都发生在特定的情境之中，要从学生身边对技能要求较低的职业中选择体验岗位，了解职业的基本环节和流程。体验情境可以分为两大类：一类是根据职业情境的真实程度来划分，另一类是根据主体是否直接置身于职业情境来划分。根据情境的真实性程度不同，体验的情境可以分为真实情境和模拟情境。对于真实情境主要在于选择，对于模拟情境更多的在于设计，因为真实情境即生活中各种真实的职业场所，在真实情境中的职业体验通常采用参观、见习、实习、师徒制等形式。模拟情境即所设定的环境是抽去了真实环境本身所具有的复杂性之后所作的一种再现。也就是说，模拟情境其实是一种简化了的环境，但一般具有真实情境中最基本、最具代表性的要素，这种情境的呈现需要经过设计，可以反复给出，可以远离现场。虽然在模拟情境中获取职业体验相对于在真实情境中会欠缺一些体验的丰富性和真实性，但是由于真实情境对于社会资源的依赖程度较高，模拟情境的营造可能会更可行便捷一些，因此可以给学生在学校里创造更多的体验机会。

体验情境还可以根据主体是否直接置身于职业情境来划分。根据主体是否直接置身于职业情境，可以将体验分为直接体验和间接体验。上述真实情境和模拟情境中的体验都属于直接体验，除此以外还可以利用诸如访谈、讲座、经验交流等形式使学生获得相关的间接体验。

（三）实践岗位演练

学生的职业体验活动一定是发生在真实的或是模拟的职业情境中。本阶段的主要活动有：职业观察与学习，实际岗位演练，亲身体验。

1）职业观察与学习。学生在学校及教师的指导带领下进入职业体验场地进行现场观察。教师可鼓励学生采用多种方式进行观察记录，如拍照、文字、录音、写日记等。小组成员可以相互配合，采用多种方式结合，记录活动过程中的认识、体会与反思，记录活动过长中的过程与方法，记录观察中发现的问题，记录活动过程中的相关数据及收集的文字资料。活动结束后，每位学生需完成观察记录表。观察记录表包含项目名称、体验人、体验时间、体验地点、体验时长、小组成员、活动目的、体验过程、体验感悟等内容。

2）实际岗位演练，亲身体验。学生在真实的职业场景下进行职业角色体验，掌握基本职业技能，体会不同岗位的特点与责任，有利于其形成理性的职业认识。在进行现场体验时，一定要让每位学生都完成演练，鼓励学生分组进行体验。例如，在"走进某某超市"的体验活动中，学生可以划分不同兴趣小组到不同的销售岗位进行角色的体验，如海鲜区、水果区、主食区、收银区等。对于"我做小导游"的主题，也可以将一个景点划分为几个部分，每个小组承担一个部分进行导游讲解演练。

每完成一次体验指导教师都要提醒学生填写职业体验记录表。职业体验记录表详细地记录了学生的体验时长、体验内容与体验感悟，然后由指导教师签字，写评语。

在有效的职业体验中，教师指导不应是一种直接的"指令式"或"告诉式"指导，而应是借助一些工具（如提问、量表、价值澄清、任务驱动等）引发学生对体验情境的选择、对体验过程的回顾、对体验感受的体悟与分析等。只有富有引导性的指导，才能激发学生进行批判性反思并进一步做好对经验的提炼概括，从而达到综合实践活动课程中"职业体验"的相关目标。

（四）总结、反思、交流经验

职业体验活动结束后，还要做好以下工作。

1）每个学生要整理好个人材料。可参照以下模式进行分类整理：①文字类，包括日记、访谈记录表、记录表、活动反思等；②实物类，包括小制作、照片、模型、录音带、光盘、学生种植的植物等。

2）展示成果。①成果展示方式多样。学生可以表演职业体验中事情；可以以晚会或主题活动的形式在全校进行交流；可以制作宣传手册等；同时对自己的未来职业进行畅想，根据自己的职业体验，设想自己将来的职业或设想可能会产生的新职业，以此来开发创新能力。②进行小组间交流。各小组之间进行初步交流与沟通后，学生交流小组体验主题、过程及在职业体验过程中的情感体验。教师鼓励学生提出疑问与建议。同时，小组之间可以进行互动交流，让学生学习其他小组的成果，了解其他职业的基本特点，以开阔眼界。③撰写职业体验活动总结报告。活动结束后，小组成员讨论活动收获，拟写活动成果，形成对职业的系统化认识与评价。[①]

"我到超市去体验"教学设计

一、活动背景

随着人们生活水平日益提高，家家户户基本都有去超市购买商品的需求，孩子们对超市充满了兴趣。为了培养孩子们充分理解岗位分工的重要性，初步尝试规划未来职业生涯，增强他们的社会适应能力、社会责任感和公民意识，我们组织同学们到某超市进行职业体验活动。

二、活动目标

1. 了解超市基本工作流程，体验在超市不同岗位的工作，培养学生对不同岗位分工的认知，初步树立职业岗位意识。

2. 培养学生的集体合作意识，培养学生文明礼貌习惯，促进美好品德养成。

3. 体验职业的辛劳与美好，培养学生尊重劳动和服务社会的意识。

三、活动安排

本次职业体验实践活动主要依托某超市现有的岗位分工展开，具体而言包含保管员、业务员、理货员、收银员及超市经理等。

四、活动流程

（一）活动准备阶段

1. 情境导入

师："课前老师想做个小调查，你独立去超市购过物么，你对超市都有哪些

---

① 黑岚. 小学综合实践活动课程的设计、实施与评价. 北京：清华大学出版社，2020：187-188.

了解呢？"

"你认为超市工作人员可以分为哪几类？"

"如果让你去超市工作的话，你会选择哪个岗位呢？"

2. 小组划分

老师根据前期实地考察和岗位实际情况，共策划了保管员、业务员、理货员、收银员及经理等职位的五大体验活动。

师："现在请同学们根据老师的提示，再认真思考一下你最希望参加哪个项目的体验活动呢？"

"下面同学们，请大家根据自己的选择重新划分成不同的体验小组，并选好组长，起一个响亮的口号，填写在我们准备好的体验活动记录单上。"

3. 师生准备

师："同学们，划分好了小组你觉得现在可以直接去体验了么？还需要做什么？"

"只有做好充分的准备才能更好地完成本次职业体验。那你认为我们需要做哪些准备呢？"

教师准备主要包含活动方案、体验手册、行前准备方法指导、其他琐碎事项；

学生准备主要包含，知识准备：了解超市主要岗位分工及其职责；了解超市保管货物方式、方法；了解进货时需要注意的事项；了解商品包装上标志及基本知识；规范常见的礼貌用语和礼仪规范等；物资准备：超市工作服、照相机、摄像机、三脚架等。

4. 技能指导

除了以上师生的准备工作外，我们还要提前联系在体验时可能碰到的操作技能困难，比如收银员体验和经理体验。

师："同学们，你认为在收银时需要注意什么？谁能说一说？"

"谁能上来模拟体验一下呢？"

"谁来评价一下，他们模拟的怎么样？"（动作是否到位、文明）

"你认为在收银时需要注意什么？"（商品折扣、是否有假币等）

"请同学们再讨论一下需要注意哪些问题吧！"

（二）活动实施阶段

本阶段主要指学生在超市进行亲身体验，在不同岗位体验中理解劳动的艰辛，不同职业的特点；在与人交际中培养文明、礼貌的良好行为习惯。

1. 保管员体验

保管员主要职责是负责商品的分类、登记、入库、保管工作。看管库存商品的安全，防止变质、虫蛀、污染，随时向经理提供库存商品数量、结构变化情况。

2. 业务员体验

负责超市进货及管理工作，编制进货计划，检查商品销售和商品适销情况，负责招商厂家进店资格的初审把关，根据进货计划和市场情况，及时了解市场动态，解决进货中的问题。

3. 理货员体验

严格执行卖场服务规范，做到仪容端庄、仪表整洁，礼貌待客、诚实服务，严格遵守各项服务纪律，还要熟识产品或产品包装上应有的标志，以及自己责任区内商品的基本知识。

4. 收银员体验

负责收银工作，确保收银工作正常进行，收银机出现不能解决的故障及时通知电脑部门，定期或不定期对自己进行业务培训和考核。

5. 经理体验

全面负责超市的经营管理工作，负责向集团公司领导汇报工作，接受监督，制订年度经营计划和管理目标，保证超市在信守道德、提高服务质量的同时，全面实行服务规范化，提高企业社会效益。

（三）活动总结阶段

1. 汇报交流

师："同学们，昨天我们的职业体验之旅开展的非常顺利，相信大家也一定有很深的感触，每个小组选一名最优秀的代表，谁先来谈谈自己的收获？"

2. 评优评先

现在请大家小组内讨论一下，你们想把你手中最珍贵一票投给哪个小组呢？

我们的优秀小组是，掌声送给他们！

我们不仅要评选优秀小组，还要评选优秀达人，每个小组从体验纪律、学习态度、问题意识和观察程度四方面民主推荐一人作为本次体验活动的实践达人，掌声送给他们。

3. 活动拓展

同学们，本次职业体验给我们带来的收获相信还有很多，同学们可以采用以下形式将我们的职业体验活动做得更加深入。例如：

"看一看"：看一些有关超市运营和管理的视频；

"写一写"：写一写参加本次超市体验活动的感受、写一幅书法作品、画一幅绘画作品；

"说一说"：向自己的同学、朋友或家人说一说在本次超市职业体验活动中的所见所闻；

"做一做"：在生活和学习过程中做一些向优秀劳动模范看齐的实际行动。

本节综合实践训练

1）请学生分组收集五个职业体验类综合活动方案，在班级中讨论分享。

2）请学生分小组设计《未来汽车展销会》活动方案。要求：①设计完整，各步骤能反映职业体验设计要素；②方案设计合理，语言表述清晰。

3）各小组自选一个职业体验活动方案，进行模拟实操。

拓展资源

方凌雁. 高中综合实践活动. 杭州：浙江科学出版社，2020.

顾建军. 小学综合实践活动设计（第2版）. 北京：高等教育出版社，2011.

郭元祥. 综合实践活动课程设计与教学论. 北京：人民教育出版社，2017.

郭元祥. 综合实践活动课程设计与实施. 北京：首都师范大学出版社，2001.

黑岚. 小学综合实践活动课程的设计、实施与评价. 北京：清华大学出版社，2020.

刘道溶. 中小学综合实践活动设计案例精选. 北京：北京大学出版社，2012.

彭小明，蔡志凌，李梁，等. 小学教育实践教程. 北京：高等教育出版社，2019.

云南师范大学附属小学. 云南师范大学附属小学小博士论文集（2014—2017年）上册. 昆明：云南教育出版社，2018.

赵书超. 小学综合实践活动设计与实施. 北京：清华大学出版社，2013.

第四章　小学教育研究实践

【学习目标】

- 掌握研究、教育研究、小学教育研究的概念。
- 掌握小学教育研究的意义。
- 了解小学教师在小学教育研究中的重要地位和作用。
- 掌握定量研究与质性研究的概念。
- 了解质性研究的设计与程序。

第一节　小学教育研究概述

一、什么是研究

研究，是一种人类探索世界的活动。所谓研究，是指人类在生产和生活过程中提出问题并以系统、规范的方法寻找答案、解决问题的过程。

二、什么是教育研究

教育研究作为人类的实践活动之一，其本身又来源于人类的实践。在人类的进化过程中，受劳动分工和学科细化的影响，人类的研究活动也逐渐被分化出不同的类别。对研究进行分类、明确不同类别研究所特有的规范与方法，既是人类开展研究活动的前提，也是人类认识自身实践活动所必需的条件。

关于人类实践的分类，简单的划分方法是根据活动对象的不同，将人类的实践划分为两种类别：围绕自然现象的实践和围绕人文社会现象的实践。相应地，人类的研究就可以划分为自然科学研究和人文社会科学研究两大类。教育研究隶属于人文社会科学研究，指人类针对教育现象提出问题和解决问题的过程。

虽然教育研究只是人文社会科学的一个分支，但它涵盖的范围非常广泛。就其学科内容来看，教育研究涉及教育的本质、教育的属性、教育的功能、教育的价值、教育理论、教育流派、教育者的职业素质、受教育者的基本特征等理论问题的探讨，同时也关注教育实践过程中关于教育目标的设定、教育方法的选择、教育过程的安排、教育效果的评估等具体问题的解决。就人文社会科学间的关系来看，在教育研究的过程中，研究者总会受到其他人文社会科学的影响，比如教育哲学、教育心理学、教育社会学、教育管理学、教育人类学等，每个类别中又有无数宏观和微观的问题。因此，教育领域实际上是诸多问题的合集。

三、什么是小学教育研究

小学教育研究是教育研究在小学教育领域内的具体体现。科学研究自产生以来，逐渐从学校或研究机构转移到人类的生活之中。自然科学作为一种力量渗透于生产力的诸要素，即劳动对象、劳动工具和劳动者，已成为推动生产力发展的首要因素；人文社会科学也日益成为人们从事社会管理、解决各种社会问题必不可少的工具。一般来说，科学研究的社会价值主要表现在理论价值和实践价值两个方面。[①]

（一）理论价值：深化认识

科学研究的理论价值，主要是通过揭示事物的性质和规律表现出来的，一是发现并揭示规律，二是对已有的规律不断进行检验。前者是理论认识，后者是实践检验，二者体现了认识与实践的辩证关系。规律是事物在发展过程中体现出来的本质联系和必然趋势，科学研究就是以寻找各种事物之间的必然联系、揭示现象背后的本质为己任的。但是，科学研究也不会"躺平"在已有的研究结果或结论上，它必然要依据条件的变化对原有的学说进行不断的检验，考察在新的条件下规律存在和起作用的条件和现实性，从而使人类对规律的描述更准确，对本质的理解更深入。因此，无论是揭示规律，还是检验规律，二者都体现出科学研究深化了人类的认识。

---

① 杨小微. 教育研究的原理与方法. 上海：华东师范大学出版社，2019：3-4.

（二）实践价值：改善实践

科学研究的功能是多方面的，不仅能回答"是什么""为什么"的问题，还能解决"怎么办"的问题。自然科学已形成包括基础研究、应用研究和发展研究在内的多层次结构体系，可以把理论转化为现实的生产力；当代社会科学也在应用过程中开始形成一套社会技术，所谓社会技术，就是在经验和理论的基础上总结出的调查和研究社会问题、管理和控制社会过程的一系列的手段和方法。有了这套技术，再辅以正确的实施，社会科学的实践价值就能得到充分的体现。

在教育科学研究中，深化认识表现为揭示教育的特点及一般规律。改善实践则表现为运用揭示的一般规律认识和改进教育实践活动，寻找有效的教育内容、教育方法、教育途径等，努力提高教育质量。此外，教育科学研究还有培养教育科学研究者主体——教师队伍的独特价值，提高教师的科研意识和科研能力。总的来说，教育科学研究的意义可分为三个方面。

1. 改善教育实践

在教育实践中，围绕学校教育模式、学校管理、教师、学生、师生关系、教学心理、学习心理等会出现各种问题，这些问题通常为一线教师和管理者所熟悉。这些问题的持续存在会影响教育质量的提高和教育目的的实现。要为教育教学的新观念、新模式、新方式找到科学根据，就必须通过科学研究。以教学模式为例，近年来我国小学教师自发、独立或在理论工作者指导下探索出许多有效的教学新模式，如目标教学、愉快教学、体验教学、叙事教学模式等。

2. 推进理论建设

教育研究的意义在于揭示教育实践中的规律，从中总结出普遍的教育原理。比如，外在知识结构与内在认知结构的联系，从知识到能力的内在转换机制，从个体道德认知到道德行为的转换机制、教师期望与学生成长的关系等。以上研究均可以抽取小学教育的典型场景或控制一些条件，改变一些因素来验证和修改一些研究的假设。总之，研究和揭示小学生培养的特殊规律对于小学教育目标的实现和提高教育质量是必要的。

3. 提高教师素质

小学教师是小学教育的骨干力量，其素质高低直接关系到小学教育的质量。

目前我国的师范教育仍着重于学科训练和教学规范，对科学研究能力的培养还有待加强。师范类毕业生自身也倾向认为，只要自己把知识技能学好了、练熟了，就具备了当小学教师的资格。可事实并非如此。一些发达国家非常重视小学教师的研究能力，比如瑞士心理学家皮亚杰就批评大学里对小学教师缺少研究训练的现象；美国也重视小学教师的科研能力，认可在教育研究上做出一定成绩的教师；苏联也曾积极支持小学教师开展教育研究，并给教师提供在杂志上发表科研论文的机会；苏联教育家苏霍姆林斯基生前一直担任帕夫雷什中学的校长，他一边实践一边从事教育科研，著述颇多，影响深远。

此外，从教师职业发展的角度看，小学教师也要将教育研究作为自己的工作内容之一。专家型教师是教师追求的目标，专家型教师的标志之一就是具备很好的研究能力，并有相关的研究成果出版或发表。时代的发展要求教师要从经验型转向学者型、专家型，通过研究获得某些规律或原理，又能够将这些规律或原理应用到教育实践中解决实际问题，或者说迁移到教育实践中。在这个过程中，教师既提高了理论素养，又解决了实际问题，促进了专业发展，提高了教育质量。

四、小学教育研究的主体[①]

传统观点认为，高等学校教师是中小学教育研究的主体，是研究的主角，小学教师仅仅是访谈或调查的对象，是研究的配角。这种看法是错误的。实际上，小学教师的本职工作和角色是多方面的，既包括教书育人，也包括做好科学研究，比如行动研究就经历了由"教育研究参与者"到"研究者"再到"反思的实践者"这样的角色转变过程。

研究通常不是一个人单打独斗的过程，而是科研团体分工协作的过程，那么小学教师在教育研究中是怎样组织起来的呢？

第一，随着社会的发展，教育问题越来越复杂，形式也多种多样，很多问题的研究和解决不是某个老师或管理人员能够单独胜任的，因此客观上就需要把许多研究者组合起来，形成一定的组织形式，分工协作，共同承担研究任务，这就涉及建立研究群体的问题。研究群体通常是指为了适应特定研究任务的需要而将专业人员组织起来从事科学研究的学术团体，一般表现为课题组的形式。小学教育研究团体往往也是教育教学团体，通常以教研组或同一班级的任课教师为主体。

---

① 杨小微. 教育研究的原理与方法. 上海：华东师范大学出版社，2019：5-6.

团体研究有利于研究队伍建设，发展学术梯队，提高研究效率与效果。正因为如此，团体研究成为现代教育研究的主要形式并发挥越来越重要的作用。目前我国已有的研究团体大致有以下几种类型。

1）以专业为基础的学科研究课题组模式。这种类型多半建立在高等学校以专业为基础的系，以及专门的教育研究结构，既有校内相同专业或不同专业的协作研究，也有校际、国际跨学科的研究。它任务明确、目标单一，承担较大型的研究课题，研究性质侧重于系统理论研究以及决策研究，注重研究的质量。

2）以实际的教育问题为中心，在基层教育组织建立的三级教育研究课题组模式。三级指的是市、区（如教科所、教育学院、教研室等）教育机构和中小学校教研室。课题组一般由三部分人员组成：行政领导干部、教育研究人员、一线教师。这种模式的特点是参加人数多，课题范围广，覆盖面大，针对性强，侧重于应用性的研究课题，强调理论指导与问题解决相结合。

3）以教育实验研究为基础，理论研究者与教育实践工作者相结合的研究课题组模式。这种类型的科研团体一般由三部分人员组成：高校或科研院所的理论工作者、教育行政干部和一线教师。这种模式将理论与实际相结合，进行有一定深度和难度的实验研究，侧重探索性的研究课题，研究成果兼有很强的理论性和实践性。

以上三种团体科研形式构成了我国基本的科研类型格局，从组织形式上保证了教育研究的顺利发展。

第二，现代科学研究对研究者个体的素质有一定的要求，包括研究能力和思想修养，即认知和人格两方面的要求。这两种素质又是以科学研究能力为核心的。科学研究能力是一个综合的能力结构，包括活动定向能力、理论思维能力、发现创新能力、动手实践能力、评价分析能力、组织科研活动能力等。这六种能力在个体身上的发展并不平衡，个体也因此形成不同的研究风格。

在科学研究中，工具、手段本身都是无生命的，是任人操作的，研究者赋予了它们生命和力量。这种生命和力量除了来自研究者的知识能力修养外，更来自他们的毅力、勇气和敬业精神。所以，研究者除了应具备上述研究能力外，还应注意提高自身的修养，包括敬业精神、毅力和勇气及知识结构等。此外，研究者还应该注意从自己的实验中积累经验和教训，不必刻意追求研究成果的数量、等级、奖励等，而应重视对每次研究的反思。一旦这些做法成为习惯，就会对教育理论的认识和教育实践产生良好的影响。

第二节　小学教育研究的类型

小学教育的研究方法有很多，从小学教育研究方法的进化过程看，大致有文献研究、定量研究、质性研究、行动研究等形态。各形态之间的根本区别在于主体间关系的差异。所谓主体间关系，是指作为研究主体的研究者与作为教育活动主体的被研究者之间的关系。以上四种研究形态的进化过程其实就是主体间关系从相互对立疏离到逐步交融创生的过程。如果从研究类型看，小学教育研究大致可分为定量研究和定性研究两大类。

一、教育中的定量研究

针对文献研究的局限性，不少研究者受到西方自然科学研究范式及哲学上实证主义方法论影响，认为社会现象是独立于主体之外客观存在的，是不受主体因素影响的，是可以被动接受认知的。主体和客体是相互对立和孤立的实体，事物内部和事物之间必然存在逻辑的因果关系和量的规定性，要想找出和验证这些因果关系及量的规定性，就必须依靠数学与物理学的客观、严谨。定量研究就是对于事物的量的规定性的分析与把握，它不仅包括具体的数学统计和运算，还包括进一步的定量分析，以便从量的关系上认识事物发展变化的规律，做出更为精确的科学说明，于是小学教育的定量研究就逐步发展起来。

何谓小学教育的定量研究？小学教育的定量研究是指一种使用统计、数学或计算的技术，对小学教育活动中可以观察到的现象中的特殊关系进行规范、客观和系统的实证研究的过程。定量研究的种类有很多种，包括实验、测量、评价、调查、数理统计与分析等，其核心特征是用数学符号或语言描述和解释外在事物或现象。定量研究的前提假设是事物或现象的各种特征、关系或机制能够用数学符号加以表征，因此，定量研究的基本资料类型是数据，通过数学符号揭示事物或现象的关系或机制。

（一）何为定量研究[①]

所谓定量研究就是对事物的量的方面的分析和研究。事物的量就是事物存在和发展的规模、速度、程度以及构成事物的成分在空间上的排列等可以用数量来

---

① 徐林祥. 语文教育研究方法. 上海：华东师范大学出版社，2018：7.

表示的规定性。定量研究分析的对象是具有数量关系的资料，包括数字、文字、图形或声音等，主要是运用数学分析的方法，对大量的杂乱无章的数据进行算数或逻辑运算，推导出对某些特定问题有价值、有意义的数据，经过解释并赋予一定意义，成为教育研究的重要结论。所以定量研究的结果是将文字的、非定量的信息转化为定量的数据，常常通过统计检验来解释和鉴别研究的结果，从局部去推断总体的特征或属性。

（二）定量研究的设计与程序①

定量研究采取传统的自然科学研究范式的假设，即客观性、简化性、信度与效度、普遍性。

1. 客观性

为了保持客观性，研究者要"洞悉事情的真正目的到底是什么"。研究者必须通过对研究现象施加可能的影响来预先关注其他解释。解决方法就是把"控制量"引入研究设计中，这些"控制量"可能通过三种方式引入。

1）控制条件。研究者可以控制或者操纵研究过程的条件，并把研究对象随机分配到不同的条件下，以消除或限制那些可能对研究结果产生的影响。这是在真实的实验研究中采用的方法。

2）控制变量。当不可能随机分配研究对象时，如在准实验研究或者非实验研究中，可以通过把研究范围限制在特定的组别来控制或者消除那些事先存在的因研究对象的差异而产生的影响。受到控制的变量对于特定自变量的影响保持不变。

3）统计控制。考虑到样本中个体存在的差异，研究者可以在研究设计中加入一系列的相关变量。最初阶段的数据资料分析可用于评价这些相关变量之间的关系以及自变量和因变量之间的关系。在最后的统计分析阶段，在验证自变量对结果以及因变量的影响的过程中，为了得到相关变量的研究结果，研究者可以利用统计分析软件进行系统控制。

2. 简化性

在定量研究中，被研究的问题通常被简化为一系列特定的、可以观察到的成

---

① 格伦达·麦克诺顿，夏恩·罗尔夫，艾拉姆·西拉吉-布拉奇福德，等. 早期教育研究方法：国际视野下的理论与实践. 李敏谊，滕珺译. 北京：教育科学出版社，2008：98-101.

分或者可以验证的变量。也就是说，研究者通过把结构简化为可以测量的成分来"操作"研究问题。

3. 信度与效度

信度与研究问题本身没有多大关系，但是与研究过程中的测量验证手段关系密切。评价工具所提供的信息必须准确、保持内在一致性，并具有可预测性，其本身同样也要具有内部效度。也就是说，评价工具中的细目应该描写测量所要评价的概念。在评价中建立信度和效度的必要条件是复杂的，但基本前提是，工具的可靠性就是要描述发生测量错误的数量。显而易见，研究者必须追求少犯错误。对研究者而言，确保这一点的最好方法就是使用那些已经公布的、经过广泛验证的、符合信度和效度标准的测量方法。

4. 普遍性

普遍性指的是研究结论要有外部效度，或者叫"推而广之"度，也就是说，研究结论应该对其他背景、总体以及条件具有相关性或者适用性。为了符合外部效度，研究者必须在一个更大范围的总体中选择具有代表性的样本，以使研究结果具有普遍意义，同时还必须考虑研究结果中源自样本、研究步骤或程序管理的偏见。

（三）定量研究的优势与局限

定量研究既有优势，也有局限性。定量研究虽然突破了文献研究的局限，使研究者有机会走进小学教育的活动现场，但是作为教育工作者的研究者与作为研究对象的小学师生的关系依然是冷淡的，是疏离的，是缺乏情感摄入的，是"主客二分"的。定量研究存在的诸多局限根源都来源于此。不过，定量研究的优势在于可以发现和构建小学教育领域一些具有重要价值的概念与理论，因此，定量研究对小学教育来说是必不可少的。

（四）定量研究的相关研究实例——以云南师范大学初等教育学院吴骏教授研究为例（有删减）

1. 研究题目

《教育月刊·小学版（数学）》2014—2018年载文分析——基于人大复印资料

的视角。

2. 研究背景

《教育月刊·小学版（数学）》在2014—2018年被人大复印资料《小学数学教与学》全文转载94篇文章，对这些被转载的文章从多方面进行分析，可以为小学数学教育研究提供参考。

3. 研究内容

（1）作者分析

关于作者区域、单位以及高频作者的分析见表4-1—表4-3。

表4-1　作者区域分析

省份	人数	比例（%）
浙江省	54	57.4
北京市	17	18.1
江苏省	13	13.8
上海市	5	5.3
安徽省	2	2.1
重庆市	1	1.1
福建省	1	1.1
湖北省	1	1.1
合计	94	100

表4-2　作者单位分析[①]

单位类型	篇数	比例（%）
中小学校	62	65.95
高等院校	16	17.02
教科研机构	15	15.95
其他	1	1.06
合计	94	100

表4-3　高频作者分析

序号	姓名	单位	篇数
1	郜舒竹	首都师范大学初等教育学院	7

① 吴骏，夏菲，管尤跃.《教育月刊·小学版（数学）》2014—2018年载文分析——基于人大复印资料的视角. 教学月刊：小学版（数学），2019（9）：59-62.

续表

序号	姓名	单位	篇数
2	王逸卿	浙江省平湖市新仓中心小学	2
3	巩子坤	浙江省杭州师范大学理学院	2
4	杨凯明	浙江省义乌市江滨小学	2

（2）研究方法分析

关于研究方法分析见表4-4。

表4-4　研究方法统计

比较项	经验总结	案例研究	理论思辨	设计研究	比较研究	调查研究	合计
篇数	48	26	7	5	5	3	94
比例（%）	51.06	27.66	7.45	5.32	5.32	3.19	100

（3）研究领域分析

关于的研究领域分析见表4-5。

表4-5　研究领域统计

比较项	教学	学生	课程与教材	数学文化	理论	测量与评价	教师	合计
篇数	39	29	14	5	3	2	2	94
比例（%）	41.49	30.85	14.89	5.32	3.19	2.13	2.13	100

4. 研究结论

通过文献计量法和内容分析法进行分析，可以得出如下结论和启示。

1）研究区域的分布相对集中，区域和不同单位的发展失衡。

2）研究内容多围绕教与学，部分领域的研究缺失。

3）研究方法选择多样，但调查研究的方法使用较少。

二、教育中的质性研究[①]

随着解释学的兴起，定量研究所具有的"说明"特性广受诟病，于是具有解释功能的质性研究开始兴起。一方面，质性研究突破了文献和方法的双重局限，让研究者进入小学教育活动现场，成为研究的媒介。此时研究者的角色是双重的，即集研究者与媒介于一体，这种双重身份很好地体现了质性研究是以研究者本人为研究工具的特征。另一方面，也正是因为前面的特征，在质性研究中，研

---

① 陈向明. 教育研究方法. 北京：教育科学出版社，2018：228.

究者处于主导地位，主导着研究的设计与计划、研究对象的选择、事实的收集、提炼、表达，甚至最终的解释等，都由研究者掌握。在教育情境中，运用质性研究方法可以发现和建构小学教育领域个体内在心智活动与个体之间交互活动的运作机理。所以，质性研究在小学教育研究中是必不可少的。

（一）何为质性研究

质性研究被认为是"以研究者本人作为研究工具，在自然情境下采用多种资料收集方法，主要使用归纳法分析资料和形成理论，通过与研究对象互动对其行为和意义建构获得解释性理解的一种活动"。它具有探索社会现象、阐释意义以及发掘深层社会文化结构的作用。

教育的质性研究是指采用质性方法对教育现象进行研究的活动。研究者进入学校、课堂和其他教育场所，对教育问题进行长期、深入、整体的探究，以了解和理解各类教育实践者的惯常行动和思考、他们对自己行动和思考的解释以及使他们如此行动和思考的内外部条件等。

（二）质性研究的设计与程序①

教育的质性研究一般包括提出研究问题，明确研究目的；讨论研究背景，形成概念框架；选择研究对象，讨论研究关系；进入现场，收集资料；分析资料，形成结论；监测与评估研究的质量；撰写研究报告等步骤。这些步骤在实际操作时并不是相互孤立、依次进行的，而是彼此重叠、互相渗透、循环往复的过程。在研究过程中，研究者可以根据需要回到前面的环节，甚至修改研究的问题和研究设计。此外，对研究质量的监测和评估贯穿整个研究过程，而不是只在研究结束时才实施。

1. 提出研究问题，明确研究目的

首先要明确质性研究适合于哪些问题。通常来说，质性研究适合的问题包括描述性问题、意义类问题和过程性问题。描述性问题能够将现象的发生、发展及表现记录下来，然后进行细致的分析。意义类问题能够对被研究者看待世界的方式、使用的概念和语言及其对自己行为与周围发生事情的解释进行研究。过程性问题能够追踪事件发生和发展的过程，深入探讨其结构要素的变化机制。

---

① 陈向明. 教育研究方法. 北京：教育科学出版社，2018：230-242.

研究者在提出研究问题的同时，还要明确研究的目的，即清楚自己的研究意图，了解研究的意义，进而提高对研究问题把握的准确性。

2. 讨论研究背景，形成概念框架

在质性研究中，研究背景通常包括三个方面的内容。

（1）有关研究问题的社会、经济、文化、家庭和个人背景

这部分主要涉及研究者的"问题意识"，即为什么做这个研究、做这个研究的意义和价值是什么、有怎样的现实紧迫性和必要性等。例如，在对低学习效能现象的研究中，研究者可能会说明低学习效能现象产生的原因、发展的历程、在小学生中存在的普遍性、对小学生个体身心发展造成的不良影响等。

（2）有关研究问题的文献综述

这部分主要涉及已有的相关研究、已有成果的积累、已有的解释性理论和资料、相关学科的关联、目前研究的不足等。第一，研究者搜索重要的学术刊物、网站和数据库，了解前人在这个方面已经做了什么研究。第二，根据文献与研究问题的相关性，决定述评的起始年限和数量。第三，根据一定的主题对文献进行归纳，结合自己的研究问题进行有针对性的评价。例如，在有关低学习效能现象的研究中，研究者可能会把已有关于低学习效能现象的研究分门别类陈述，包括对低学习效能学生的性格特征、学习兴趣、学习动机、学习策略、学习习惯、作业表现等方面进行归类，同时还会说明已有的研究存在什么不足，自己的研究可能如何创新等等。

（3）研究者本人与研究问题有关的个人经历、经验、看法和预设

这一点看似不重要，其实对研究过程及结果有着重要影响，无论对定量研究还是对质性研究都是如此。质性研究认为，研究者的个人因素对形成研究问题有非常重要的影响，例如，在对低学习效能现象的研究中，研究者可能自己小时候是低学习效能者，与这个现象有着切身的关系，他自己对将学生分为三六九等心存不满，认为应该对此改革；或者期待找到为低学习效能者贴标签而导致学生自尊下降的例子，证实自己的预设。研究者在研究开始之前充分了解自己的理论预设，有利于研究者更加理性地面对研究的现象和被研究者，不至于无意识地将自己的预设强加给对方。

评述研究背景后，研究者可以在已有研究的基础上，再次陈述自己的研究问题，说明自己的研究与已有的研究有什么不同，自己的研究可能会有什么创新。

研究者在深入讨论研究问题时，需要定义其中的重要概念。例如，在对低学习效能现象的研究中，需要说明什么是低学习效能，什么是高学习效能，衡量的标准是什么，参与研究的教师来自什么层次的学校、什么类别的学校、什么学科、什么性别、什么职称、什么教育背景，等等。

对重要概念的定义可以从两方面考虑：一是规范性定义，即在字典、学术著作或官方文件中出现的定义；二是操作性定义，即本研究实施时采用的可以操作的具体定义。如在学习效能现象的研究中，低学习效能的规范性定义可以是"在学校学习中遇到困难，学生主观评估自己不能够胜任或不能够顺利完成某一学科任务的学习，导致学业成绩排名靠后的现象"；而它的操作性定义可以是"在某小学某年级所有学生中，学业成绩低于60分的学生"。

为了更清楚地看到研究内容各部分之间的关系，还可以设计一个概念框架，用图表将研究内容及其关系直观、简捷地勾勒出来。设计该框架的依据可以是已有的成果、研究者个人的认知结构经验以及研究者预调查的结果。

3. 选择研究对象，讨论研究关系

完成了前两个步骤，接下来就要选取研究对象。但是受到质性研究内涵的限制，质性研究的样本通常都比较小，因此不可能使用随机抽样的方法，通常使用"目的性抽样"的方法，即根据研究的问题和研究目的选择能够最大限度地回答该问题的样本。抽样时可以考虑的标准有性别、年龄、职业、职称、学科、社会地位、经济地位、受教育程度、家庭背景、婚姻状态、学业表现等。需要根据研究的问题放弃一些不重要的标准，选择与研究问题最相关的标准。例如，在研究低学习效能现象时，需要考虑的重要标准可能有性别、家庭经济地位、父母受教育程度、父母的教育态度、家庭完整性、教师的专业发展水平、班风校风等。

根据样本的特性，可以选择极端案例抽样（如整体学习效能比较低的班级）、最大差异抽样（如低学习效能学生与高学习效能学生）、同质抽样（如多是来自单亲家庭或专制型家庭的低学习效能学生）。根据抽样的方式，可以选择滚雪球抽样、机遇抽样、方便抽样。不同的抽样标准和抽样方法各有利弊，需要根据研究的实际情况和特殊要求选择使用。

确定研究对象后，研究者需要重点思考一个非常重要但却容易被忽视的问题——自己的个人因素、价值倾向以及与被研究者的关系对研究的潜在影响。之所以容易被忽视，是因为研究者的主观因素或特征对于研究者本人而言，是在其

多年成长过程中逐渐形成和发展起来的，因此这些特征的表现是无意识的，是自然而然表现出来的，而这些特征必定对研究过程及结果产生重要影响。

研究者的个人因素通常包括性别、年龄、文化背景、社会地位、受教育程度、个性特点、形象管理等。研究者的价值倾向通常包括研究者从事本研究的角色意识，比如研究者是学习者还是研究者、研究者看问题的立场和视角、研究者个人与研究问题有关的经历。对研究有可能产生影响的研究关系通常包括研究者是局内人还是局外人、研究者的身份是公开的还是隐蔽的、研究者与被研究者是熟人还是陌生人。就被研究的现象而言，研究者是参与者还是非参与者、研究者与对方处于什么权力关系之中、对方与研究者的地位高低等。

在对低学习效能现象的研究中，研究者相对于学生而言具有更高的地位；相对于低学习效能的学生，研究者的权力更为明显。另外，如果研究者与学校领导认识，被研究的低学习效能学生可能对研究者心存顾虑，不一定愿意参与研究。如果研究者不能对低学习效能学生保持中立态度，认为一定是他们自身出了问题，比如学习态度不端正，或学习动机不强，或智力出了问题等，那么被研究的低学习效能学生可能反感研究者，不会配合研究。

4. 进入现场，收集资料

进入现场是质性研究的一个重要环节，其重要性在于可以充分运用研究者的感官收集第一手资料，资料的收集会影响后续对资料的深入分析，因此不夸张地说，是否进入现场可能事关研究的成败。研究者如何介绍自己和自己的研究，如何与被研究者建立信任的关系，对研究者来说是个挑战。例如，在对低学习效能学生的研究中，研究者是否一开始就告诉低学习效能学生和教师自己的研究目的？是否先获得对方的信任再逐步介绍自己的研究？如果家长不希望自己的孩子参与研究，研究者该怎么办？

收集资料的方法有多种，每种都有其优缺点和适用的条件。研究者应根据研究问题的性质、被研究者的特点、研究的主客观条件等选择最适当的方法。例如，研究者如果希望了解学生对低学习效能的看法，最适合使用访谈法；如果希望了解教师的教学风格，最适合采用观察法；如果希望调查教师是如何备课的，既可以对他们进行访谈，也可以收集他们的教案进行实物分析。质性研究使用较多的方法是访谈法、观察法和实物分析法。此外，研究者也可以根据被研究者的特点及研究的需要，使用心理学中的投射技术（看录像后发表评论、词语排序、看图说话、画图表、角色扮演、画树等）。

（1）访谈法

访谈是指访问者与被访者围绕一定的主题进行深入的研究性交谈。访谈法具体来说就是指研究者以口头形式向被研究者提出问题，让被访者根据自己的理解进行回答，研究者再根据被访者的回答搜集一些客观的事实，以说明样本所代表的总体的属性的研究方式。为了更准确地理解问题的含义，研究者应注意被访者对问题的理解和表征方式，尽量遵循他们的思路，用他们熟悉的语言来讨论问题。

因研究问题的性质、目的或对象的不同，访谈法具有不同形式。根据访谈的标准化程度的不同，访谈可以分为结构性访谈和非结构性访谈。结构性访谈的特点是按照预定的标准化程序进行，通常采用问卷或调查表；非结构性访谈是一种没有固定的标准化程序的自由交谈。

根据提问和回答的形式，访谈还可以分为正式访谈和非正式访谈。如果为了更好地建立信任关系，还可以在正式访谈前进行非正式访谈，因为在宽松的氛围中更容易了解到真实的情况。在正式访谈中，研究者与被访者约定时间和地点，并在征得被访者同意的条件下对访谈进行录音或录像（录音和录像可以使研究者在必要的时候回溯访谈内容，以保证不遗漏有用信息）。在非正式访谈中，研究者与被访者一起工作或生活，根据研究的需要，可以随时随地进行交谈。无论是正式访谈还是非正式访谈，研究者都要具有一定的同理心，这也是影响访谈效果的一个重要的心理因素。

从双方接触的方式看，访谈还可以分为直接访谈和间接访谈两种。前者是双方面对面进行交谈，后者是通过电话或网络进行交谈。如果想要获得更好的访谈效果，还是应该尽可能地采用直接访谈的方式，间接访谈只在不得已的情况下才使用，如双方因时间或空间原因无法见面，或被访者出于保密需要不愿意透露自己的真实身份等。

根据被访者数量的多少，访谈还可以分为个别访谈和团体访谈两种方式。前者有利于访谈者与被访者深入、细致地进行沟通，在相互信任的基础上充分表达自己的思想和情绪感受。后者则有利于被访者之间形成意见交锋，深入地探讨问题，并为研究者观察团体成员的互动提供机会。但团体访谈也可能压抑个人的观点，即团体成员的互动可能起到促进作用，也可能起到抑制作用，因而可能妨碍个人的表达。例如，如果研究者要低学习效能学生与高学习效能学生一起座谈，前者可能保持沉默，不愿意表达自己的观点。

此外，访谈法还有一些其他的分类方法，比如当访谈内容以被访者为中心时，称为当事人本位访谈；以问题为中心时，称为问题本位访谈。

为了达到理想的访谈效果，研究者在访谈前应根据访谈目的、问题的特点、访谈对象的特征等精心设计访谈提纲。某种程度上，访谈的效果是由事先设计好的访谈项目的质量决定的。访谈问题的语言表达要简洁明了、没有歧义。访谈提纲在实际访谈过程中起到提示和规范的作用，但访谈者也要根据现场的访谈需要灵活地调整访谈问题，比如根据访谈的进程修改或补充新的访谈问题，这是对访谈者的一个较高的要求，需要访谈者对现场的访谈内容有整体的理解和把握。

为了达到理想的访谈效果，研究者在访谈中还应尽量提出开放性的问题，让被访者有充分表达自己的机会。封闭型问题则通常在访谈结束时使用。为了避免被访者的思维过于理性化，回答过于抽象、概括，研究者提出的问题应该尽可能具体、清晰。

从心理学角度看，访谈的过程还包含一种特殊的人际关系，良好的访谈关系是访谈顺利进行的前提和基础。为了建立良好的人际关系，研究者必须要做到"共情"，因此，研究者的倾听、回应、澄清、追问、总结、表情、体态等行为会影响研究者与被访者的关系。积极、关注、共情的倾听能够使被访者感到被尊重、被理解、被接纳，因而能够敞开心扉，深入体会自己的内心，并把这种体会准确地传达给研究者。

（2）观察法

在教育领域，观察法是指研究者根据一定的研究目的，利用自己的感官和辅助工具，有计划地观察学生行为活动表现，从而获得资料的一种方法。在小学教学活动中，教师通过观察小学生的学习行为，可以及时地调整自己的教学内容、教学方法、教学进度等，以提高教学效果。

从认知心理学角度讲，观察不仅仅是一种用眼睛观察事物的外显行为，还是一种内在的思维活动，即感知的同时伴随着思考。每个人看问题都有不同的视角，对于同样的事物，不同的人可能有不同的解释，正如一千个读者眼中就有一千个哈姆雷特一样。

观察法可分为不同的类型。根据研究者的参与程度，质性研究中的观察法可以分为参与性观察法和非参与性观察法。在参与性观察法中，研究者是被观察现象的参与者，即一边参与活动一边观察。其优点是研究者可以深入地了解事情的真实情况，其弊端是研究者身兼双重角色，难以保持观察的中立性，容易受到主观因素有意或无意的干扰。在非参与性观察中，研究者是旁观者，不参与被观察者的活动。其优点是观察者与被观察者保持一定的时空距离，能够从容且自然地进行观察活动，其不足之处是无法了解被观察者的思想和情绪体验。

根据观察的公开程度，观察法可以分为公开性观察和隐蔽性观察。在公开性观察中，研究者的观察活动是公开的，被研究者知道自己正在被观察。其优点是该观察符合研究的伦理，保证了被观察者的知情权，其弊端是被观察者有可能"作伪"，表现出一种"迎合主流文化期望"的行为。在隐蔽性观察中，研究者的观察活动不被对方所知。其优点是被观察者的行为表现比较真实、自然，其不足是违背了研究伦理，未能保证被观察者的知情权。一般来说，只要条件许可，研究者在观察前应该让对方知情。对于事先告知可能会造成被观察行为不真实的情况，应该在观察后及时告知被观察者，保证其知情权，所以隐蔽性观察的方式通常是在不得已的情况下才使用。

根据观察的内容，观察法也可以分为全面观察和重点观察。全面观察是指观察学生在一定时期内全部行为表现的方法。重点观察是指有重点地观察学生在一定时期内某一活动或某一行为的方法。

同访谈法一样，在观察开始之前，研究者同样需要制定观察计划。计划应该包括观察的内容，比如：有哪些人在场，他们之间是什么关系，当时发生了什么事情，有什么行为和言语表现，行为是何时发生的，行为是如何发生的，行为之间有何关系，为什么会发生这些事情，相关人员是如何看待这些事情的。

此外，研究者还要对观察的方式进行设计，如进行什么类型的观察活动、公开的还是隐蔽的、参与的还是非参与的、全面观察还是重点观察、观察多少次、每次观察时长等。同时，研究者还需要考虑在观察中如何做记录，具体记录什么，记录的语言应该具体到什么程度，如何为事情命名，如果遇到不认识的东西怎么办，观察者应该采取什么叙述角度进行记录等。研究者需要事先设计好观察记录表格，并事先设想一些符合自己记忆特点且简捷方便的记录方法，以便节省时间。记录可以分为几种类型，如描述记录、取样记录、行为检核表等。观察过后，研究者需要尽快整理观察记录，及时补充遗漏的内容，对观察内容进行归档整理。

（3）实物分析法

实物，顾名思义，就是可被感知到的具体物理事物，包括文字、图片、音像材料及其他各种物品等，因此，实物分析就是对研究者所收集到的以上物品的特征进行分析。在小学教育中，实物可以是学生的成绩单和作业、教师的评语和教案、学校的规章制度和口号标语等。实物分析比较适合研究已经发生的事件，但也可以用来研究当前正在发生的事情。

实物是物化了的文化形态，通过对这些实物进行分析，研究者可以了解这些物品被制作和被使用时的文化意义。例如，是什么人制作了这些物品？他们为什么要制作这些物品？什么人在使用这些物品？他们使用这些物品的意图是什么？这些物品实际上起到了什么作用？制作者与使用者的意图是否相符？

与其他方法不同的是，实物分析法是一种间接的研究方法，即研究者不直接与被研究者接触，而是与附着和体现被研究者信息的实际物品接触，并通过发掘物品上所附着和体现的被研究者的信息来间接推测被研究者所具有的特征。

此外，对实物进行分析所获得的研究结果可以用来补充访谈和观察中所遗漏的信息，以便研究者从不同渠道对研究结果的效度进行检验。研究者可以利用实物分析的结果，检验被研究者在访谈时表达的信息和研究者所观察到的情况是否属实，也可以在访谈时询问观察内容和实物的意义。例如，在对低学习效能现象的研究中，研究者可以查阅学生的练习、作业和教师的评语，以便与访谈和观察的结果进行比对。

5. 分析资料，形成结论

原始资料收集上来以后，需要对其进行分类、归档和编码。正式分析资料之前，研究者需要先认真阅读原始资料，以保证熟悉资料的全部内容。阅读资料时需要采取一种"空杯"态度，即放弃自己原有的"理论预设"和"偏见"，将自己完全沉浸在资料本身所呈现的意义中，并反思自己的反应是否掺杂了主观倾向。

分析资料的方法主要有两种：分类法和情境法。分类法具有共时性的特点，是指按照一定的主题将资料进行归类，如教师对低学习效能学生的看法、教师对低学习效能学生的态度、教师对待低学习效能学生的行为、低学习效能学生对自己的看法、高学习效能学生对低学习效能学生的看法等。

情境法具有历时性的特点，是指将资料中的核心故事、关键人物、事件、关系等按照一定的线索整理出来，类似教育叙事。分析时，研究者可以先对特定的情境或事件进行描述，然后进行深入分析。例如，某位学生是如何成为低学习效能学生的？从进入学校第一天开始到现在，他的学校生活是如何度过的？发生过什么关键事件？有什么重要人物影响到他的学习和人际交往？这种分析有利于呈现事情发生、发展的过程及各种复杂的关系。

如果有必要，也可以结合分类法和情境法对资料进行分析，使得归类中有情境，情境中有归类。例如，研究者在分析教师对低学习效能学生的看法时，可以提供一个教师在课堂上对待某低学习效能学生的具体案例，或者在描述某教师处理低学习效能学生问题的具体案例时，将其中涉及的有关主题（如藐视、忽略、责备等）重点提出来进行分析。

对资料加以深入、细致的分析后，就可以做结论。做结论时，研究者应注意资料之间的异同，避免为了使结论看上去完整、精确而牺牲资料的丰富性和复杂性。结论应符合资料的真实性，而不是为了满足研究者的需求去验证某一外在理论或个人的某种定见。质性研究在理论建树方面强调在原始资料的基础上发展理论，但也不排除借助前人的理论来深化对研究结果的理解和阐释。

6. 监测与评估研究的质量

质性研究质量的监测和评估通常包括信度、效度、推广度和伦理道德等维度。需要注意的是，质量的监测和评估应该贯穿于研究的全过程，而不只是在研究结束时。

（1）信度问题

信度是指测验或测量结果的一致性和稳定性，即采用同一种方法对同一对象进行重复的测量时，得到的结果相一致的程度。一般来说，表示信度的方法有多种，比如内部一致性信度、重测信度、分半信度等。

质性研究的重要特征之一就是将研究者本人作为研究工具，强调研究者的个人因素（包括人格、思维、情感、个体经验等）以及研究者与被研究者之间的关系对研究过程及结果的影响。因此，即使就同一问题对同一被研究者做研究，结论也可能因研究者不同而不同。研究者的职业倾向、价值偏好、信念、性格特征、年龄、性别、经济地位、家庭背景、个人经历以及与被研究者的关系等，都可能导致他们对同一研究问题表现出不同的态度和研究视角，也影响到研究的最终结果的一致性。

（2）效度问题

效度是指测验或测量的有效性，即测验或测量能准确有效地测出所要测量的事物属性或特征的程度。测量结果与要测量的内容越吻合，效度就越高，反之则越低。

质性研究认为"客体"不是一个固定不变的实体，它是通过与主体的互动而呈现自己的。研究者对事物的理解不是简单的主体对客体的认识，而是主体与客体在一定社会文化环境中的相互重构。在这一过程中，主体逐步获得对客体此时此地的理解。质性研究者真正在意的并不是量的研究所谓"客观现实"的"真实性"本身，而是被研究者眼中所看到的"真实"，是被研究者"认知过、解释过"的真实，研究者看事物的角度和方法以及研究者和被研究者的互动关系对理解被研究者眼中的"真实"所产生的影响。

对效度进行分类的方法有很多种，一种是将其分成四类。①描述型效度：对外在现象或事物进行描述的准确度；②解释型效度：研究者了解、理解和再现被研究者对事物所赋予意义的真实程度；③理论型效度：研究所依据的理论以及从研究结果中建立起来的理论是否真实地反映了研究对象；④评价型效度：研究者对研究结果作的价值判断是否确切。

（3）推广度

推广度是指研究结果或结论推广到类似人群和情境的程度。质性研究由于不使用随机抽样的方法，因此不能像定量研究那样将从样本中得到的结果或结论推广到总体。然而，质性研究的目的并不是通过对样本的研究找到一种可以推而广之的普遍规律，而是通过对某一社会现象进行深入、细致的调查，透过现象看本质，尽可能真切地分析该现象。因此，质性研究主要是通过心理上的主观认同而达到推广的目的与效果。此外，研究者在研究结果的基础上建立起来的理论也可以通过阐释其他类似情形而达到推广的效果。

质性研究由于其自身的特点，不具有定量意义上的外部推广功能，但是具备"内部推广"功能，也就是说，可以将在样本中获得的研究结果或结论推广到样本所包含的情境，或者将此时此地收集到的信息推广到研究对象所描述的彼时彼地。

（4）伦理道德问题

伦理道德原则是任何科学研究都必须遵守的原则，也是最重要的研究原则之一。它要求研究者要做到：①遵守自愿原则，即被研究者有不参与和不合作的权利，不应该通过命令或权威迫使他们参与。②严格遵守保密原则，非经被研究者同意，不得披露被研究者的个人信息，特别是当被研究者提供的信息可能对他们自身产生不利影响时。遵守保密原则某种程度上就是对被研究者自尊心和研究者被信任的资格的保护。③遵守感谢原则，即对被研究者的帮助表示感谢，当然表达感谢的方式可以多种多样。在实际研究过程中，很多被研究者感到，研究过程本身既是一个对研究者提供信息的过程，也是一个自我探索和发现的过程，在某种程度上完成了被研究者对自我从不自知到自知的探索。对自我的认识得到加强后，有利于被研究者对未来做出清晰、明确的规划。④考虑如何结束与被研究者的关系。研究注定会在某一时刻结束，但此时研究者和被研究者可能已经建立起某种亲密的情感联结，尤其当被研究者是小学生的时候，经过一段时间的研究，小学生极易对研究者产生情感上的依恋关系，此时如果断然结束关系，会对小学生的情绪情感产生重大影响，对于一些情感匮乏的小学生更是如此。研究者要根据被研究者的特点及二者之间实际建立起来的亲密关系，采取适当的方式结束二者的关系，其前提是保证关系的结束不会对被研究者的情绪情感造成大的影响或波动。研究者要思考的问题包括：研究者是应该离开对方不再联系，还是应该与其保持联系？以什么方式保持联系？保持多久？

三、撰写研究报告

质性研究认为，写作不是单纯地记录被研究者的故事的过程，而是研究者重构被研究者故事的过程，即建构过程。写作本身即思考。质性研究报告特别强调提供丰富的原始材料和作者的分析，行为要求细密，以便帮助读者判断研究结果的真实性和复杂性。质性研究报告中的叙事人称已经从传统的第三人称改为第一人称，以便读者了解研究者是如何从事研究的。研究者对方法和研究关系进行系统、深入的反省，有助于读者了解其研究过程，从而对研究的可靠性做出自己的判断。

（一）质性研究的相关研究实例：一个五年级小学生的低学习效能感研究

云南师范大学初等教育学院曾以某小学的低学习效能学生为研究对象开展质性研究，以下是该质性研究的完整报告。

为了保护被研究者，报告中的所有人名都是虚构的。报告中的"我"是云南师范大学初等教育学院一名男教师，也是该研究的主持人。报告使用第一人称是为了再现研究现场，让读者了解在什么情境下研究者收集到了现有的材料，从而对研究结论的可靠性做出自己的判断。第一人称的叙事角度还能使研究者有机会介绍自己对研究方法的反省，使读者更充分地了解研究的过程。

1. 问题的提出

无论学习者是否意识到，学习效能（感）是学习者普遍具有的一种心理活动。就整个小学生群体而言，总有一些低学习效能的学生，他们的学习能力和学习成绩普遍较低，而且自己也对学习成绩不满意，认为不能胜任学习任务。这些学生的低学习效能不仅影响了他们的学习成绩，而且也影响了他们其他方面的功能，比如师生关系、生生关系、自信心等。为此，对低学习效能现象开展研究有利于发现低学习效能的成因及与其他因素的关系。

2. 研究背景

在全球终身教育的大背景下，小学教育是一个人终身教育的奠基阶段，这一时期小学生的学习效能会直接影响后续教育的质量。查阅中国知网，输入关键词"小学生学习效能感"，截至2021年8月19日，共查询到64篇文献，可见关于小学生学习效能的研究仍然偏少，且多以实证的定量研究为主。为此，对小学生学习效能开展质性研究，可以丰富对学习效能问题的研究成果。

3. 研究方法

（1）抽样

采用目的性抽样，也就是根据研究的目的选择可能为本研究问题提供最丰富信息的样本。选择的小学是云南省昆明市一所公办小学，该小学坐落于市郊，就读学生一部分为周围城中村儿童，另一部分为附近商圈务工人员子女。我曾长期在该小学兼职小学生心理辅导工作，平时与该校校长和老师接触较多，总体感觉是校长的教育观念比较先进，有魄力，学校和老师也取得了很多的荣誉。但就老师（尤其是班主任老师）来看，可以分为两部分：一部分老师是教学理念相对正确，性格温和，对待学生态度较好；另一部分老师教学观念落后甚至错误，人格有缺陷，对待学生态度粗鲁。

本研究的被研究者张同学是一个六年级男生。选择他的原因很偶然，一次，我在走廊巡视的时候，偶然透过一个教室后门的玻璃看到坐在最后一排的男生正在把一张纸揉搓成一团向前方扔去。我站定观察，这样的动作他重复了几次。此时正是上课期间。下课后，我和班主任沟通（该班主任是一个30岁左右的教语文的女老师，姓李，教学基本功扎实，对待学生态度温和、亲切，具有良好的教育观念，平时和我接触较多，也为我了解学校和学生提供了很多有用信息），她告诉我，这个孩子不爱学习，语文通常只能考10多分，不会超过20分，其他课程成绩也都不高。李老师还告诉我一个信息，张同学与其他同学打交道的方式就是扔纸团，从不会好好和别人说话，所以同学们都不喜欢和他交往。而且，因为他坐在最后一排，偶尔还会在上课时从最后一排跑到教室前面，其他老师批评了多次，每次他都不顶嘴，但也改正不了。但在李老师的课上，他表现得中规中矩，眼睛盯着黑板看，看似在专注地听讲，但其实听不懂老师讲的内容，脑子里也不知道在想什么。

（2）收集资料

2017年4月，我开始在该小学做心理辅导工作，6月，我发现了张同学的行为，于是与班主任及张同学的家长商量对孩子做心理辅导，班主任和张同学的家长都表示同意。对于张同学的低学习效能研究的不同之处在于，对张同学的心理辅导和教育研究是同时进行的，因此研究地点也就是心理辅导的地方——学校心理辅导室。为了打消张同学的顾虑，班主任告诉他，要带他去玩一种游戏（其实是心理辅导室里的一种沙盘游戏），他同意了。进到辅导室的时候，我才第一次完整地打量张同学：比一般的孩子高半头，身体长得比较结实，衣服裤子稍微有点宽大，衣服有点脏，上面不知道沾了什么东西，鞋子上沾满了灰尘，头发看起来好多天没有洗过，但脸是干净的，眼睛也比较有神，虽然第一次见我，但他看起来并不胆怯。我问他要不要班主任李老师陪着他，他说不用陪。李老师就走出了辅导室，辅导室外面没有挂心理辅导室的门牌子，我不知道张同学来的时候是否知道这里是心理辅导室，后来也没有问过他。

一走进辅导室，张同学就看到很多玩具，问我这就是要他玩的游戏吗。我说是的。事先我已经把沙盘整理平整，于是我告诉他可以玩了。他没有迟疑，随即在玩具架前走来走去，寻找他中意的玩具，找到后就摆到沙盘里。在他摆的过程中，我观察到他的神情比较平静，比较专注，就像辅导室里只有他一个人一样。说实话，在他来之前，我对他是有某种"预期"的，比如我觉得他可能不会答应来，来了他可能不和我说话，眼睛盯着地下看，等等，结果这一切都出乎我的意料，他的表现，除了身体卫生，其他方面都是普通小学生的正常表现。

从他摆的沙盘看，里面摆的玩具并不多。但是在沙盘中间摆了很多小动物，这些小动物把一个大狮子围在中间。我问他这是什么意思，他说这些小动物都听狮子的，同时也在保护狮子，于是我多少明白了他内心的所思所想及内心的情感需要。摆好沙盘后，我刚要和张同学聊一聊，结果上课铃声响了，张同学告诉我他要回去上课了。我犹豫了一下，没有阻止他，临走时，他问我是否只有他一个人来玩玩具，我告诉他其他学生也可以来。他说下次他要和其他人一起来，我答应了。因为是第一次来，我没有问他学习问题，当然也没有来得及问。

接下来，我把张同学的母亲邀请到辅导室，她的母亲35岁左右，是一个菜农，就在附近的城中村种菜，张同学的家也在那里。他母亲告诉我，张同学就出生在这里，但是由于家庭条件不好，出生不久张同学的父亲就出去打工了，每年只能过年的时候回来待上一两周，打工已经持续十几年，家里只有她和张同学。我问张同学和父亲的关系怎么样，他母亲说父子俩有点疏离，张同学的父亲有点内向，平时话不多，即便是和儿子也没有太多的交流，有时候还是张同学主动和父亲说话。张同学和母亲关系比较好，但是母亲忙于种菜，对张同学的照顾也不多，平时都是张同学自己照顾自己，张同学的生活自理能力还是不错的，可以自己做饭菜吃。在学习上，母亲也辅导不了张同学（我忘记问母亲的学历），张同学回到家基本不做作业，因为不会。班主任李老师告诉我，张同学在一二年级的时候，成绩非常好，也爱学习，三年级以后突然就不爱学习了。我问他是不是二年级的时候张同学的家里发生了什么事，李老师说不清楚。我问张同学的母亲，他母亲也想不起有什么特别的事情发生，这个问题我也就没有继续深究。

过了几天，张同学第二次来到辅导室，还有其他几个学生。这些孩子一进入辅导室就被玩具吸引了，问我可以玩吗。我说当然可以，然后他们就一窝蜂地找玩具去了。我把张同学叫到一边，给他一张白纸和铅笔，让他把自己的家画下来，并且家里的人在做什么也画下来。为了消除他的疑虑，我和他一起画，我也画一张我的家庭画。他的画中只有他和母亲，母亲在门前种菜，他在家里看电视。我先和他聊他母亲种菜的事，问他母亲种菜辛苦不辛苦，他说辛苦，问他会不会帮母亲种菜，他说有时候会帮。有了这个过渡，我才聊到他的学习，我问他是否喜欢学习，他说不喜欢。我问为什么，他说学不会，也听不懂老师讲的内容。我问他希望自己学习好吗，他点了点头。我问他 二年级时学习很好，后来是什么原因导致学习成绩下降的，他回答不上来。我看得出来，他在努力地思考，在找原因。我换了个问法，问他母亲和父亲的感情怎么样，他说不太好，经常吵架，有时候还很凶。他告诉我父亲在外面打工一年也赚不回来多少钱，母亲让父亲回来一起种菜，但父亲不同意，他不知道父亲具体赚多少钱。我问他父亲和母亲从什么时候开始吵架的，他说有好几年了，我推算了一下，吵架的起始时间和张同学上二三年级的时间大致能对应上。

（3）推广度

定性研究使用的是目的性抽样，因此研究结果或结论无法像定量研究那样推广到抽样所属的总体。其实，定性研究的目的本就不是将研究结果推广到某个群体，而是使有类似经历的人能够认同，并通过认同而得到推广。对张同学的调查只是一个个案，调查结论也只适用于他一个人，但对他的低学习效能感的分析可以使很多处于类似情境的小学生得到一种认同。

4. 研究结果

（1）背景介绍

张同学是一个小学生，住在昆明郊区的某个城中村，距离市中心 10 千米左右。这个城中村很大，城中村的村民文化普遍较低，穿着普通，主要以种菜为生。为了满足城中村学生的就学要求，加之附近有很多外来务工子女要上学，政府将附近几个小学合并成一所学校，前些年刚盖了新校区，硬件设施都是崭新的。学校有学生 4000 多人，城中村子女和务工子女大约各占一半。张同学是这个学校六年级的学生，各门课程成绩都很低。

（2）低学习效能的归因

以下内容是我和张同学第二次会谈时的对话。

> 我：你怎么看待自己的学习成绩？
>
> 他：不好，太低了。
>
> 我：是老师教得不好吗？
>
> 他：不是，是我自己学得不好。
>
> 我：能找到自己学得不好的原因吗？
>
> 他：不知道。
>
> 我（接下来的问题是我在帮他寻找原因）：老师对你好吗？有没有批评过你？
>
> 他：批评过。
>
> 我：因为什么批评你？
>
> 他：我扔纸团打同学。
>
> 我：你怪老师批评你吗？
>
> 他：（没有回答我，但是缓慢地摇了摇头）
>
> 我：班主任李老师对你怎么样？
>
> 他：挺好的。
>
> 我：她批评你你不生气吗？
>
> 他：（没有回答我，但这一次他很爽快地摇了摇头，看得出来，班主任李老师在张同学心目中的地位很重要，他也很尊重李老师）
>
> 我：我知道你一二年级的时候成绩很好，李老师说你经常能考 90 多分，说明你是一个很聪明也很努力的孩子。
>
> 他：（看着我，没点头，也没摇头，算是默认了我的话）

我：你现在还想好好学习吗？

他：想，但是我做不到了，老师讲的我听不懂。

从我和张同学的对话中可以知道，他不是不想学习，但由于落下的课程太多，导致他已经无法听懂老师讲的课，所以只能混日子，他透露出一种想学但又不得不放弃的无奈情绪。

我采访了其他科任老师和他的同学，科任老师反映张同学上课小动作多，主要就是用纸团打人。他的同学告诉我，由于张同学经常用纸团打人，导致同学们都不和他玩，但他们觉得张同学打人只是有点讨厌，其实他心眼也不坏。

从以上收集的资料看，我不确定到底是什么原因导致张同学上了三年级以后学习成绩下降，也许与他父母亲吵架有关，也许与父母在学习上帮不上他的忙有关，也许与他自己的因素有关。这个问题的答案我不确定。但班主任李老师和张同学的母亲认为是他的学习态度出了问题，变得不爱学习、没有学习兴趣、没有学习动力了，这一点我并不完全认同。

（3）低学习效能的情绪体验

我让张同学用几个词形容自己学习成绩不好时的心情，他说是"失落""难过""不服气"。

他：我刚上小学的时候，很爱学习的，我还自己买了一些课外书看。那时候老师和同学们都很喜欢我，也愿意和我玩（说到这里，他发自内心地笑了，但是笑容很快消失了）。但是后来不知道为什么，我就不爱学习了。（此处停顿了一下，补充说）也不是不爱学习，就是没兴趣学习了（此处，张同学修正了自己的说法，但我感觉他一直没找到他满意的语言来表达自己真实的意思）。

我：其实，你一直都喜欢学习，现在也喜欢。但是上了三年级之后，似乎有某种因素影响了你的情绪，让你不能静下心来学习，是吗？

他：（努力地点了点头）

我：为什么还有点不服气？

他：老师，你觉得我笨吗？

我：我不觉得，我觉得你脑子很灵活。

他：我要是真学起来，一定比他们学的都好，你信不信？

我：老师当然信你了，你快小学毕业了，要上初中了，等上了初中，一定努力学习，从头开始，好不好？

他：（看着我，认真地点了点头）

我：（说完这句话，觉得自己说得有点不现实，可我当时真的是这么想的）

5. 讨论

综合以上收集到的资料，张同学学习成绩不好、学习效能感低的原因可能有三个：一是他的父母在他三年级的时候频繁吵架，导致他情绪不好，无心学习；二是在他学习成绩下降之后，出现自己的学习效能降低，进而导致自己的学习兴趣、学习动机降低，反过来又使他的学习成绩更糟糕，形成恶性循环；三是由于不被同学们接纳和喜欢，导致他的尊重、爱和归属的需要没有得到满足，在一定程度上也影响了他的学习态度和动机。

在整个调查研究中，还存在很多不足，比如由于某些原因，我对张同学、他的母亲、他的班主任的访谈还不够多，有些信息还没有收集，这对研究的最终解释起到了一定的阻碍。

综上所述，尽管我对张同学低学习效能的调查还不够深入，材料收集得不够全面，分析也存在不少漏洞，但是张同学在学校每天混日子的现状，丧失学习兴趣、学习动机、心情失落等情况都是客观存在的，这种情况对于其他低学习效能的学生也可能具有一定的普遍性。因此，如何想办法了解这些学生的困难，如何调动各方面的力量帮助他们寻找到好的解决办法，让这些学生能够重拾学习的兴趣与信心，又是一个值得研究的课题，仅仅依靠学校和教师是远远不够的。

复习与思考

1）小学教育研究的价值是什么？

2）为什么小学教师要做科学研究？

3）科学研究对小学教师的专业成长有什么帮助？

4）定量研究与质性研究的抽样有什么不同？

第三节　小学教育研究的方法

【学习目标】

● 熟悉小学教育研究中几种常见的研究方法。

● 会写规范且合格的文献综述。

● 掌握小学教育研究的一般步骤。

一、文献法

（一）文献和文献法

1. 文献的定义

"文献"一词起源很早，随着时代变化，其含义也在逐渐变化。在古代，"文献"一词最早见于《论语·八佾》："夏礼吾能言之，杞不足征也；殷礼吾能言之，宋不足征也；文献不足故也。足，则吾能征之矣。"朱熹注："文，典籍也；献，贤也。"意即"文献"有两种含义，一是指历史资料，二是指熟悉历史掌故的人。元代马端临的《文献通考》，是最早以"文献"为书名的著作。其《自序》中解释说："引古经谓之文，参与唐宋以来诸臣奏议、宿儒之议论谓之献。"则其所谓"文献"，已完全是指各种各样的典籍和文字记录了。随着技术手段的革新，人们对文献的认识逐渐突破了"图书文物资料"的范围，文献的形式正在不断丰富，其范围也在不断扩大。"文献"在《现代汉语词典（第7版）》的定义为"有历史价值或参考价值的图书资料"[①]，但其现代定义涵盖的范围更广，指以文字、图像、符号、声频、视频等为记录手段的一切知识载体。

2. 文献法的定义

文献法就是对文献进行查阅、分析、整理，从而找出所研究问题本质属性的一种研究方法，主要指收集、鉴别、整理文献，并通过对文献的研究形成对所研究问题的科学认识。严格意义上的教育研究都应该从文献研究开始。[②]

（二）文献的等级

由于文献的种类繁多、各具特色，不同类型文献所记载的信息内容也各有侧重，因此，了解文献的级别、类型、特点等知识，对进一步做好文献检索工作将有很大的帮助。依据文献传递知识、信息的质和量的不同以及加工层次的不同，文献通常分为四个等级：零次文献、一次文献、二次文献和三次文献。[③]

---

① 中国社会科学院语言研究所词典编辑室. 现代汉语词典（第7版）. 北京：商务印书馆，2018：1373.
② 孙亚玲. 教育科学研究方法. 北京：科学出版社，2009：51.
③ 孙亚玲. 教育科学研究方法. 北京：科学出版社，2009：52-53.

1. 零次文献

这是一种特殊形式的情报信息源，是未经过有意识处理和加工的最原始的资料，主要包括两个方面的内容：一是形成一次文献以前的知识信息，即未经记录，未形成文字材料，是人们的口头交谈，是直接作用于人的感觉器官的非文献型的情报信息；二是未公开于社会即未经正式发表的原始的文献，或没正式出版的各种书刊资料，如书信、手稿、草稿、笔记等各种原始记录。

2. 一次文献

一次文献指人们直接以自己的生产、科研、社会活动等实践经验为依据生产出来的文献，直接记录事件经过、研究成果、新知识的专著，也常被称为原始文献，具有创造性，有很高的直接参考和借鉴使用价值，但储存分散，不够系统。

一次文献在整个文献系统中是数量最大、种类最多、使用最广、影响最大的文献，如期刊论文、专利文献、科技报告、档案材料等。一次文献和零次文献的最大区别在于一次文献是经过作者加工整理过的文献。

3. 二次文献

二次文献又称检索性文献（或二级文献），它将大量分散、零乱、无序的一次文献进行加工整理，著录其文献特征，摘录其内容要点，并按照一定的逻辑顺序和科学体系加以编排存储，使之系统化，以便于检索利用，一般包括题录、书目、索引、提要等。

二次文献具有明显的报告性、汇集性、系统性和可检索性和简明性的特点，是对一次文献的认知，是检索工具的主要组成部分，它汇集的不是一次文献本身，而是某个特定范围的一次文献线索。它的重要性在于使查找一次文献所花费的时间大大减少。

4. 三次文献

三次文献又称参考性文献（或三级文献），是利用二次文献检索的基础上选用大量有关的文献，经过综合、分析、研究而编写出来的文献。此类文献不同于一次文献的原始性，也不同于二次文献的客观报告性，它具有主观综合的性质。它通常是围绕某个专题，利用二次文献检索搜集大量相关文献，对其内容进行深度加工而成。

属于这类文献的有综述、评论、评述、进展、动态等。这类对现有成果加以评论、综述并预测其发展趋势的文献具有文献全面、浓缩度高、覆盖面宽、信息量大、内容新颖，具有综合性、浓缩性和较高的实用及参考价值。

从零次文献、一次文献、二次文献到三次文献，是一个由分散到集中，由无序到有序，由博到精对知识信息进行不同层次的加工的过程。它们所包含的信息的质和量是不同的。在查询工作中，可以充分利用反映某一领域研究动态的综述类文献，在短时间内了解其研究历史、发展动态、水平等，以便能更准确地掌握待查项目的技术背景，把握查新点。

零次文献和一次文献是最基本的信息源，是文献信息检索和利用的主要对象；二次文献是一次文献的集中提炼和有序化，它是文献信息检索的工具；三次文献是把分散的零次文献、一次文献、二次文献，按照专题或知识的门类进行综合分析加工而成的成果，是高度浓缩的文献信息，它既是文献信息检索和利用的对象，又可作为检索文献信息的工具。

（三）文献综述

1. 什么是文献综述

文献综述指对某学科或某专题的文献进行分析研究，概括出该学科或专题的研究现状、动态以及未来发展趋势。文献综述不仅要对相关文献分析、研究、综合，而且进行评论、预测，提出作者的见解与观点。

总的来说，文献综述是一种书面论证。它依据对研究课题现有知识的全面理解，建立一个合理的逻辑论证，通过论证，得出一个令人信服的观点，回答研究问题。

2. 文献综述的结构

文献综述主要包括标题、摘要、关键词、引言、正文和附录（参考文献）六个部分，每一部分都很重要，都有其写作技巧。最便捷的写作方式是学习一些优秀的文献综述，仔细揣摩这些优秀文章的字词用法和篇章布局。文献综述各个部分的撰写应注意以下几点。

（1）标题

标题应当开门见山地点明研究主题、方向和内容，清晰地界定文献综述的基本范围，注意表述完整、精练、通顺，体现学理特征，具有学术味道。例如，以下三篇文章都是发表在核心期刊上的综述类论文：

李敏谊，刘颖，崔淑婧. 国外近10年幼小衔接理论研究综述[J]. 比较教育研究，2010，32（5）：86-90.

李敏谊，崔淑婧，刘颖. 近十年国外不同利益相关者对于幼小衔接问题看法的研究综述[J]. 外国中小学教育，2010（5）：11-17.

段红丽."三维目标"：内涵、争论焦点及教学转化——基于文献综述的视角[J]. 当代教育科学，2017（8）：38-42.

（2）摘要

文献综述的摘要需注意语言凝练、详略分明、层次清楚、逻辑通顺，尽量为120—300字，简明、扼要地阐述文章的研究背景、研究内容和研究结论。例如：

"鉴于幼小衔接对儿童发展产生的重要影响，近10年来……进行探讨。（研究背景）本文通过对……的有关研究，（研究内容）还为我们……提供了一定的启示……"（研究结论）①

（3）关键词

关键词并不是对标题的简单分解，而是对论文核心词汇、高频词汇、主要内容的提炼，必须与研究主旨密切相关。且关键词数量不宜过多，保持在3—5个左右为宜。例如：

《国外近10年幼小衔接理论研究综述》：幼小衔接；生态学理论；社会文化视角

《儿童估算发展研究综述》：儿童；估算；计算估算；测量估算；数量估算

《冲突时代的和平教育国外学者的研究综述》：和平；建构和平；和平教育；学校和平教育

（4）引言

引言的主要作用是介绍研究背景、说明综述框架、界定核心概念、划定研究范围、阐述综述视角和方法、引出个人立场和观点。例如：

近10年来，随着脑科学研究的进一步深入以及国家对儿童学习能力的高度关注，幼小衔接问题成为众多理论研究者的热点话题。通过文献分析，我们归纳了近10年研究者关注幼小衔接问题的理论框架，从中发现有关幼小衔

① 李敏谊，刘颖，崔淑婧. 国外近10年幼小衔接理论研究综述. 比较教育研究，2010，32（5）：86-90.

接的理论基础——生态学理论和社会文化视角，并对下一步如何研究幼小衔接问题进行了初步的反思。[①]

上文作者较好地陈述了文章的研究背景、综述框架、综述视角等问题。

（5）正文

正文是文献综述的主要内容，包括某一课题研究的历史（寻求研究问题的发展历程）、现状、基本内容（寻求认识的进步），研究方法的分析（寻求研究方法的借鉴），已解决的问题和尚存的问题，重点、详尽地阐述对当前的影响及发展趋势，这样不但可以使研究者确定研究方向，而且便于他人了解该课题研究的起点和切入点，并在他人研究的基础上有所创新。

正文部分应具备缜密的逻辑层次和清晰的归类方式，以"近十年国外不同利益相关者对于幼小衔接问题看法的研究综述"为例，这篇综述的逻辑层次表现在三个方面：儿童对于幼小衔接的看法、家长对于幼小衔接的看法、教师对于幼小衔接的看法。对于某一个方面，又提出细致的分类，如儿童对于幼小衔接的看法又可以分为儿童对幼小衔接的认知、儿童对幼小衔接的情感态度、儿童对托幼机构与小学差异的认知、儿童对成人的期望。

另外，在正文中要恰如其分地使用和分析图表，对较为杂乱且重要的观点和结果进行分类，以图表形式呈现。或者引用该研究领域典型的图表来更好地说明研究问题，无论是何种图表形式，都必须对其进行深入分析。

总之，研究者想要自己的文献综述写得缜密而有逻辑、清晰而有层次，就需要进行大量阅读，以学习和思考他人的综述逻辑、分类方式，判定他们的论证模式，最后建构自己的行文逻辑习惯。

（6）研究结论

经过前文归纳、概括和总结已有研究结果，研究者需要在结论部分概括指出自己对该课题的研究意见、存在的不同意见和有待解决的问题等。

（7）附录/参考文献

附录部分要列出全部的参考文献，说明文献综述所依据的资料，增加综述的可信度，便于读者进一步检索。尽可能参考多类参考文献，尤其是著作、学位论文。在选取参考文献时注意以下几点。

1）善于利用外文文献拓展研究视野，中外文文献比例控制在合理范围。

2）参考高质量的文献资料，如专著、核心期刊，避免垃圾文献。

---

① 李敏谊，刘颖，崔淑婧. 国外近10年幼小衔接理论研究综述. 比较教育研究，2010，32（5）：86-90.

3）转引的文献要有时间跨度，体现研究问题的价值和持续关注。

4）加强文献的使用效率，做到真正能从文献中获取有用观点和信息。

5）文献标注要规范、清楚。

3. 文献综述的基本要求

基本文献综述一般只展现某一课题的现状，而高级文献综述往往揭示某一研究问题，二者的共同点在于研究论题的发现、作者的观点以及研究问题的发现，一般高级硕士论文和所有博士论文均以高级综述为基础。一般文献综述的撰写有以下要求。

1）建立独立的逻辑体系，开展系统证明。

2）提供背景性信息，得出新的研究观点。

3）进行信息处理和评价，回答研究问题。

4）观点鲜明，已有文献的批判性。

5）引领发展，研究视角的创新性。

6）结构严谨，行文表述的逻辑性。

7）控制有度，整体节奏的主动性。

8）选择合理，研究主题的关联性。

9）语言简洁，研究内容的概括性。

10）资料翔实，信息占有的丰富性。

4. 文献综述的步骤

文献综述一般包括五个步骤：选择主题、文献搜索、文献阅读、论证设计、综述撰写。

文献综述撰写之前，研究者需要注意以下两点。

一是问题意识。问题意识是一种经常意识到难以解决的、疑惑的实际问题或理论问题，并产生一种怀疑、困惑、焦虑、探究的心理状态，这种心理又驱使个体积极思维，不断提出问题和解决问题。在撰写文献综述前研究者需要读懂自己所要研究的问题的内涵，明确问题的边界。

二是行文逻辑。行文逻辑包括说明顺序、逻辑顺序和构段方式。说明顺序是指能充分表现事物或事理本身特征的顺序，也符合人们认识事物规律的顺序，如时间顺序、空间顺序、逻辑顺序等。逻辑顺序是指按照事物、事理的内在逻辑关系，或由个别到一般，或由具体到抽象，或由主要到次要，或由现象到本质，或由原因到结果，或由概括到具体，或由特点到用途，或由整体到局部，一一介绍说明。构段方式是指文章的段落组成之间的逻辑关系，包括总分、并列、因果、承接、转折等关系。

（1）选择主题

主题来源丰富多样，可以是日常阅读和学习的兴趣点和关注点，既可以是学科领域的热点、焦点、空白点，也可以是国内外关注差异的显著领域，还可以是自己的研究课题，与导师、同门的日常交流等。

研究者定好主题以后需要注意问题聚焦，以学术的思维处理原来碎片化的观点，形成鲜明的个人观点、研究角度和立足点。

（2）文献搜索

研究者确定主题后，就要明确搜索任务，初步设计写作思路，缩小文献搜索范围，进行文献的选择性查询。

1）文献的搜索。第一，进行文献的初步筛选，选择与主题相关的文献；注意国内外相关文献都要具备，中文文献加深理解，外文文献开阔视野；还要拓宽文献查询种类，尤其注重著作与期刊论文的查询。第二，除关键词搜索方式外，加强同类词汇、相关词汇的查询（尤其在著作方面）。第三，查询与思考同步，在筛选和略读时初步设想文献的位置、功能和呈现方式。

2）文献搜索的途径。善于利用图书馆资源，利用好学校的实体图书馆和电子图书馆。提高网络资源搜索效率，不仅可以使用中国知网，还可以使用维普、万方以及一些外义义献的学术网站，发现与以往不同的网络资源。一般高校都有自己的移动图书馆，还和超星百链、超星发现、读秀等平台有合作，师范生可以注册会员，申请认证，充分利用好这些资源进行文献的下载、传递等。

（3）文献阅读

研究者在进行文献的阅读与筛选时要快读与慢读相结合，初筛时可以进行快读，再筛时进行慢读。

根据主题搜索出文献后，研究者可以进行第二步的文献筛选，对所有下载文献进行快速阅读，选择与主题高度相关的文献，删除无效文献；接着，对文献进行标记和管理（慢读）可以使用 E-learning 管理平台、福昕 PDF 阅读器、移动图书馆（手机、平板电脑）、Kindle 电子书、OneNote、知网研学等平台或 App 制作电子笔记。通过以上快读或者慢读、精读或者略读的方式，研究者可以快速定位有效信息，进行文献的初筛和再筛，完成文献的初步分类，从而划定研究主题边界。

（4）论证设计

论证设计主要是对所筛选的文献进行归纳与分类、批判与拟写提纲。

1）归纳与分类。在这一部分要形成较为完整的个人论点，第一，根据已有研究文献对研究内容进行模块分割；第二，以研究模块为单位，进行研究问题的逐层分解，按照从宏观到微观、从整体到局部的逻辑顺序，对研究问题进行剥洋葱式的层层分解；第三，当问题不能再继续分解时，继续梳理国内外学者、研究者对这一问题的不同看法；第四，根据问题分解结果，形成较为详细的分类提纲，确定该主题分为几个大问题，每个大问题包含几个小问题，每个小问题又有几个方面，每个方面有哪些代表性观点和结论。如果某一方面的内容较多，无法用文字表述时，可以尝试用图或表的形式进行归类。

2）批判与拟写提纲。内容批判与前文的归纳分类同步，是对研究问题进行个人解读，说明研究者对该领域研究情况所持的价值立场，并阐述具体原因和依据。

（5）综述撰写

在归纳、分类和批判已有研究信息的基础上，可以确立正式行文的论证提纲，在撰写提纲时注意论证要具有鲜明的个人观点，体现一定的逻辑顺序，确保全文论证逻辑的缜密，研究文献要为说明论点服务。一般有九种论证模式：从因到果、从果到因、预示、从个体到总体、从总体到个体、平行案例、类比论证、权威论证、结果一途径。[①] 在撰写过程中，研究者可以采用多种论证模式。

5. 综述撰写的常见问题及注意事项

（1）常见问题

1）问题意识不强。不知道基于何种研究背景进行综述，不清楚目前研究现状存在哪些不足，不明白自己的文献综述要解决什么问题。

2）研究视野狭窄。只是就问题谈问题，缺少研究问题之间的联系和拓展，单纯对研究内容综述较多，对研究者的价值取向、研究方法、研究视角等隐性问题挖掘不够，缺乏对多种文献的整体把控。

3）写作逻辑混乱。文献综述的结构不合理，文不对题，小标题大内容，标

---

① 劳伦斯·马奇，布伦达·麦克伊沃. 怎样做文献综述：六步走向成功. 陈静，肖思汉译. 上海：上海教育出版社，2011：70.

题与内容并列，首尾不一致，前后不协调，结构、段落、语句之间没有顺序性，缺少统领段或统领句、过渡段或过渡句。

4）缺乏个人观点。撰写时只是单纯对进行文献归类，没有个人立场、综述内容与个人观点无因果关系；对个人观点的阐述不完整、不深刻、不全面，缺少对现有研究的批判，写作过于被动。

5）语言规范性不足。初学者在撰写综述时往往出现语言不规范，如语言缺少学术性，口语化明显；缺少概括性，陈述较为杂乱；缺少专业性，与普通论文混淆；缺少连接词，内容碎片化；缺少个人语言，直接引用过多。

6）日常阅读量不够。日常阅读缺少规律，阅读过程中思考不够，信息获取能力不强，文献资源利用率较低。

（2）注意事项

1）文献综述不应是对已有文献的重复、罗列和一般性介绍，而应是对以往研究的优点、不足和贡献的批判性分析与评论。因此，文献综述应包括综合提炼和分析评论双重含义。

2）文献综述要文字简洁，尽量避免大量引用原文，要用自己的语言把作者的观点说清楚，从原始文献中得出一般性结论。

3）文献综述不是资料库，要紧紧围绕课题研究的"问题"，确保所述的已有研究成果与本课题研究直接相关，其内容是围绕课题紧密组织在一起，既能系统全面地反映研究对象的历史、现状和趋势，又能反映研究内容的各个方面。

4）文献综述的综述要全面、准确、客观，用了评论的观点、论据最好来自一次文献，尽量避免使用别人对原始文献的解释或综述。

二、问卷调查法

（一）什么是问卷调查法

问卷调查法是指将调查内容制作成调查问卷，让调查对象填写，然后回收分析以获得调查资料的方法。问卷调查法是在定量研究中常用的方法之一，是一种自陈式数据收集工具，也是目前国内外社会调查中广泛使用的一种方法。

适用问卷法的条件有：一是调查范围广，不易当面访谈的；二是有一定的文化，能看懂或听懂问卷的问题；三是不涉及社会敏感问题和个人隐私。

（二）问卷调查法的优缺点

1. 优点

（1）较高的效率

其最大的优点就是简单易操作、经济、节省开支。可以采用团体进行的方法，也可以通过邮寄的方法发出问卷，或者刊登在报纸杂志上、制作成电子问卷。这样不但可以节省人力、物力、财力和时间，还可以在短时间内调查很多人。

（2）客观性

问卷调查法一般不需要被调查者在问卷上署名，因此，被调查者可以畅所欲言地表达自己的真实想法和情况。

（3）统一性

问卷调查法对所有被调查者都使用同一问卷进行提问，这有益于调查者对被调查者在同一情况下进行比较分析。

（4）广泛性

问卷调查法不受人数、范围限制，在设计方面提供的可能回答范围一般是由调查对象做出选择。由于问卷调查法大多以封闭型方式进行调查，所以在资料整理过程中，研究者可以对答案进行编码并数据输入，以便进行定量的处理和分析。

2. 缺点

（1）缺乏弹性

大部分问卷调查是由问卷设计者预先设计好回答范围，使得被调查者作答比较受限，可能遗漏一些更为细致、深层的信息，尤其对于复杂的问题，调查者并不能够从简单的答案中获取所需要的信息。

（2）容易误解

发放的问卷是由被调查者自由作答的，为了不给予被调查者压力，调查者一般不会当场检查答案的正确或者遗漏，这样容易出现被调查者漏答、错答等一些问题。

（3）回收率和有效率较低

在问卷调查过程中，问卷的回收率和有效率达到一定的比例才能让调查资料有代表性和价值。邮寄出去的问卷，往往回收率不高，因为对被调查者没有任何约束，如果不是出于被调查者的自愿和自觉，那么问卷往往很难收回，这对调查样本造成很大的影响。

（三）问卷的类型

根据不同的分类，调查问卷可分为很多不同的类型。

按照使用问卷的方法，可分为自填式问卷和访问式问卷两类。自填式问卷是指调查者把问卷发给目标群体，由被调查者自己填写问卷；访问式问卷则是调查者早已准备好问卷或问卷提纲，通过向被调查者提问的形式进行填写。

根据问卷中题型的类型，可分为结构式、开放式、半结构式三种问卷。结构式问卷通常也称为封闭式问卷或闭口式问卷。这种问卷的答案是研究者早已确定的，被调查者认真选择一个答案，画上圈或打上钩即可。开放式问卷也称为开口式问卷。这种问卷不设置固定的答案，让被调查者自由发挥。半结构式问卷介于结构式问卷和开放式问卷之间，问题的答案既有固定的、标准的，也有让被调查者自由发挥的，它吸取了二者的长处。这类问卷在实际调查中运用比较广泛。[①]

（四）问卷的基本结构

问卷的一般结构为标题、前言、指导语、问题及答案和结束语。"标题"是对研究课题的高度简洁概括的反映，它既要与研究内容一致，又要注意对被调查者的影响。"前言"是对研究目的、内容或调查者的身份、调查的大概内容、调查对象的选取方法和对结果保密的措施进行概要说明。给被调查者的封面信的语言要简明、中肯，结尾要落款，并可附上地址、电话号码和联系人的姓名等，以便消除被调查者的疑虑，引起被试回答问题的热情、消除顾虑而愉快合作。"指导语"说明填写问卷的方法及注意事项，帮助被调查者理解填写问卷的方法与要求。有些指导语集中在封面信之后，有些则分散在某些较复杂的调查问题后，对填答要求、方式和方法进行说明。"问题及答案"是问卷的主要组成部分。问题是表达问卷的核心内容，编拟问题必须要具体、清晰、客观、可操作、通俗易懂，问题是被调查者所熟悉的事情。封闭式问卷不仅提出问题，还要提供答案；答案要准确，要结合实际，便于被试进行选择。"结束语"是问卷的最后部分。它包括两部分：一是提出开放式问题，或让被调查者提出对本研究的建设性意见；二是表示对被调查者合作表示感谢。

---

① 孙亚玲. 教育科学研究方法. 北京：科学出版社，2009：77.

三、访谈法

（一）什么是访谈法

访谈法是通过研究者与被访者面对面谈话，以有目的的访谈、询问的方式获取研究资料的方法。它是一种研究性交谈，以口头的形式进行，目的是搜集客观、真实的第一手资料。它广泛适用于教育调查、事实调查、意见征询等，也用于个性、个别化研究。访谈法区别于日常谈话：访谈有特定的目的和一定的规则，行为较为正式，访谈中访谈者可以要求对方就刚才所言进行重复或补充说明；日常谈话的目的性较弱，形式较松散、随意。

（二）访谈法的优缺点

1. 优点

1）有利于对心理、教育问题进行深入、广泛的研究。与其他方法相比，访谈法可以对人的心理活动、教育规律进行多层次、多方面、深入的探索。

2）可以保证收集到研究资料具有较高的可靠性。因为访谈法是面对面进行的，所以当被访者不理解访谈者的问题，或者访谈者认为被访者的回答不完整、不明确时，都可以进行追问，以获得更确切的信息。

3）适用范围比较广。因为是口头进行的，所以它适用于一切具有口头表达能力的不同文化程度的访谈对象。

2. 缺点

访谈法并非一种完美的收集资料的方法，它仍然有一些缺点和局限性。

1）访谈结果的准确性、可靠性可能受研究者素质的影响。访谈法是由访谈者进行的，因此访谈法优点的发挥有赖于研究者的素质。

2）某些问题不宜进行访谈。由于访谈法是面对面进行的，不具有匿名性，所以有些敏感问题不方便进行询问，可能导致资料收集不完整。

3）与其他方法相比，访谈法费时、费力、成本高。进行访谈时，需要对访谈者进行培训，印制各种访谈提纲，准备录音设备等，因此成本很高。

4）访谈的资料难以量化。作为质性研究的访谈法，一般以某一答案出现的次数、百分比作为量化指标。如果被访者间的回答有很大差异，答案很多，就可能导致资料难以进行定量计算，使研究难以得出精确的结论。

（三）访谈法的类型

访谈法的运用范围很广，但因为研究目的、性质或对象的不同，访谈法有不同类型。不同类型的访谈法如图4-1所示。

（四）访谈的技巧

1. 访谈前

访谈开始前，访谈者要根据访谈主题考虑被访者的年龄、职业、文化水平、经历、性格、兴趣爱好选取适合的访谈对象，协商有关事宜，确定访谈的时间地点（访谈次数超过1次，访谈时间为1—2小时），并做好访谈前的个人准备（语言、语气、行为、神态）。

在事先邀请被访者时应该注意以下四点：①穿着整洁，对被访者的称呼要恰当；②自我介绍要简洁明了，开门见山地说明访谈目的；③对被访者进行邀请时要热情大方；④为了获得被访者的信任，有必要出示相关的有效证件。但是，访谈邀请并总不是一帆风顺的，可能遭到被访者拒绝。在被拒绝时，访谈者应耐心寻求被拒的原因，并想出相应的策略。

在确定访谈对象，正式进入访谈前，访谈者要与被访者建立融洽的关系，以消除被访者的陌生感，访谈者可以介绍访谈原因，商谈现场录音是否合适，许诺保密原则。访谈前的谈话不宜直接进入研究问题，要尽可能自然地结合被访者当时的具体情况进行提问，营造轻松、愉悦的访谈氛围。

2. 访谈中[①]

正式开始访谈后，能否进行一场高质量的访谈取决于访谈者的访谈艺术，具体地说，取决于访谈者的提问、倾听和追问的水平。在整个访谈中，访谈者应做到有效地提问、真诚地倾听和有效地追问。

（1）有效地提问

1）区分核心问题和次要问题，不在细节上过度提问。访谈者应该把核心问题转化为一系列适合被访者的小问题，让访谈始终沿着主线进行，而不对一些细枝末节追根究底。

---

① 刘良华. 教育研究方法. 上海：华东师范大学出版社，2014：94-95.

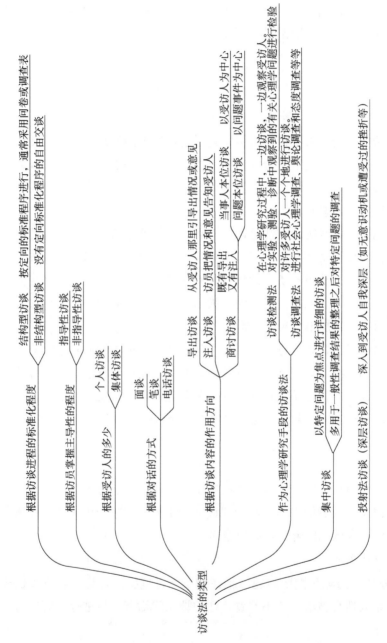

图 4-1 访谈法的类型

2）掌握提问的节奏与情绪。在整个访谈过程中，访谈者应该神情愉悦、诚恳、有亲和力，提问时要让被访者感到轻松、愉快、有意义。

3）注意提问的结构和顺序。在访谈过程中，访谈者尽量使用简单的句子，但不要连续问"是不是"或"对不对"这样封闭式的问题；同时，要循序渐进，自然过渡，问题类型可以按"封闭—半开放—开放式"的顺序进行。

（2）真诚地倾听

1）保持学习者的角色。访谈者要真诚地倾听被访者的诉说，不要反驳、盘问，这会让被访者觉得败兴，甚至引起他们的反感。

2）尊重被访者的心理期待。在访谈过程中，访谈者最好不要轻易打断被访者或者突然更换话题，即使被访者偶尔跑题，访谈者也应该对他们所谈的话题表示理解，尊重他们的心理需要。

3）让被访者多说。一般来说，访谈者说得越少，所获信息就越多。

4）容忍沉默。有时候，当被访者突然沉默不语时，访谈者不要随意打破这种沉默，要学会倾听无声的倾诉。

（3）有效地追问

追问实际上也是一种倾听，是倾听之后的回应，这是访谈中一个非常重要的技巧，良好的追问能够显示访谈者的智慧。

1）访谈者是引导者。访谈者担任引导者的角色，引导整场谈话。

2）过渡型问题。在访谈过程中，如果实在需要转换话题，访谈者可以使用过渡型问题，以免引起被访者的抵制和不安。

3）对核心问题进行追问。在访谈的最后阶段，访谈者还要对核心问题进行追问，以拓展整场访谈的广度和增加访谈的深度。

总之，在一个完整的访谈记录中应该可以看到一条贯穿访谈全过程的内容线，访谈者通过有效地提问、真诚地倾听和有效地追问将这条主线串联起来，形成一个完整的访谈。另外，在访谈过程中，访谈者最好有所记录。除了笔记之外，还可以借助录音笔或视频等手段来保存访谈的原始资料（录音或录视频前需征得被访者同意）。除了面对面谈话外，访谈还可以转换为笔谈和电话访谈的形式。有些话题可能不便于面对面直接交谈，或者有的问题需要被访者较长时间地冷静思考。这时，笔谈或电话访谈可能是比较合适的谈话方式。

3. 访谈后

访谈结束后，访谈者需要对访谈过程中的所有资料（包括但不限于笔记、录音、视频资料等）进行整理、分析，必要时对部分数据进行量化统计和数据分析。

四、观察法

（一）什么是观察法

观察法是进行教育科学研究常用的一种方法。研究者依照一定的目的、研究计划、研究提纲或观察量表，在特定条件下，通过自己的感官或借助一定的辅助工具对研究对象进行系统、连续的观察，并进行准确、具体和详尽的记录，以便全面、正确地掌握所要研究的情况。

使用观察法需具备以下要素。

1）观察者要敏锐、仔细、准确。观察对象包含教育活动中的人和教育活动。观察者需要获得环境信息、人的信息、教学信息。

2）观察对象的状态应该维持一种真实状态，不会因为受到外界的影响、干预或控制，保证真实状态下的观察结果。

3）观察不限于肉眼观看、耳听手记，可通过各种摄影或摄像器材、单向观察室等观察手段或工具对"偶然"或稍纵即逝的现象进行反复观察。

（二）观察法的条件、特征和优缺点

1. 观察法的条件[①]

1）有一定的研究目的和方向，观察的是对研究问题具有意义的事物。

2）要有一定的理论准备、较系统的观察计划和详细的观察记录。

3）是在"自然发生"的条件下进行的感知活动，即对发生的情境不加控制，不加干扰。

4）观察结果必须是可以重复验证的，能够概括研究对象的一般性特征。

5）观察者要受过专业训练，观察者的素质和水平关系到研究的成败。

2. 观察法的特征[②]

1）目的性和计划性。必须对观察主题、观察对象、观察地点、时间等事先进行研究设计。

---

① 刘晶波. 学前教育研究方法. 北京：人民教育出版社，2014：101.
② 刘晶波. 学前教育研究方法. 北京：人民教育出版社，2014：102.

2）直接性。观察者与观察对象有直接接触与联系，中间不需要其他介入环节，观察到的结果、所获得的信息资料具有真实性、可靠性，是第一手资料。

3）情境性。观察一般是在自然状态下实施的，对被观察者不产生作用与影响，即无外来人为因素的干扰，不会产生反应性副作用，能获得生动、朴素的资料，具有一定的客观性。

4）主观性。观察者往往很容易受到个人的感情色彩和"先入为主"观念的影响。

5）及时性。及时观察，能捕捉到正在发生的现象，保证获得的信息资料及时、新鲜。

6）纵贯性。观察者通过对被观察对象较长时间的反复观察与跟踪观察，对被观察者的行为动态演变可以进行分析，避免研究的表面化和片面化。

7）普适性。观察法适用范围较为普遍，不但自然科学研究与社会科学研究普遍适用，而且很多教育研究方法的使用，如调查法、实验法、访谈法等都与观察法有密切关系。

3. 观察法的优缺点

（1）优点

1）简便易行，资料较为客观、可靠。

2）研究者能够从事物的现场获得鲜活的第一手资料，了解现实自然情境中事物的发展进程。

3）研究者通过观察，能够了解事物发生的背景，发现平时容易忽略的事物和参与者在访谈中不愿意谈论的事情等，从而进行一定的推理。

4）由于观察中经常会出现无法预测的"偶然"情况，观察结果具有一定的新颖性。

（2）缺点

1）受观察对象的限制。观察法适宜外部现象及事物外部联系的研究，而不适宜对内部核心问题及事物内部联系的研究。

2）受观察者本人的限制。人的感觉器官不具有精确性，并受主观意识的影响，及其个人不同意识背景与理论框架的作用。

3）受观察情境的限制。观察受到时间和空间的约束和限制。

4）受观察范围的限制。观察涉及对象十分有限，特别是在同一时期内观察对象不多时，不适用于大面积研究，影响研究结果的代表性。

5）受无关变量的干扰和缺乏控制。自然状态下的观察缺乏控制，因变量混杂在无关变量之中没有纯化和凸显，有时会使观察结果缺乏科学性。

（三）观察法的类型[①]

1）根据观察者参与观察对象活动与否，可分为参与式观察和非参与式观察。参与式观察是指研究者不同程度地参与到被观察者的群体或组织中，共同生活并参与其日常活动，从内部观察并记录观察对象的行为表现与活动过程。这样，研究者对观察对象的活动就有了比较深入的体验和理解，有助于理解观察对象背后的心理活动和动机，使观察比较深入。非参与式观察是指研究者观察时可以不暴露自己的研究者身份，使观察处于秘密的状态。非参与式观察比较冷静客观，但不易深入。

2）根据观察对象的范围和广度，可分为全面观察和抽样观察。全面观察是对一定场景中发生和出现的各种现象进行观察和记录，它所涉及的范围较为广泛，比较容易把握现象之间的联系，由于观察视野有限，往往对观察者的要求非常高。抽样观察也叫取样观察，是对观察现象的场景、时间、人、活动等因素进行抽样，然后对样本进行观察，由于涉及范围较小，容易深入、细致地进行观察，操作起来比较容易，但要求取样具有代表性。

3）根据观察是否通过中介物，可分为直接观察和间接观察。直接观察又称人工观察，是指不借助仪器，靠观察者自身的感觉器官进行观察，其方式比较简便、身临其境，但记录难以精确、全面。间接观察分为两类：一类是仪器设备观察，是指借助各种仪器设备来进行观察；另一类是指对事发后留下的痕迹进行推测的观察，其手段包括物质痕迹观察（如通过查看哪些书刊磨损得比较严重来推测这些书刊受读者欢迎程度）、累积物测量（如通过观察私人书架上的灰尘猜测主人对书籍的喜好程度）等。

4）根据观察的情境与条件，可分为自然观察和实验室观察。自然观察是指在一般日常的完全自然情境中，随着行为或事件的自然发生与进程进行观察，不采取任何人为的干预手段。实验室观察是指在实验室有控制条件下采用标准化手段进行观察。观察者要对周围条件、观察环境、观察对象等观察变量进行一定的控制，需要设置特定的情境、规定刺激的性质、观察特定条件下的特定行为。

5）根据观察设计的严格程度，可分为结构性观察和非结构性观察。结构性

---

① 刘晶波. 学前教育研究方法. 北京：人民教育出版社，2014：106-108.

观察对于观察的内容、程序、记录方法都进行了比较细致的设计和考虑，观察时基本上按照设计的步骤进行，对观察的记录结果也适合进行量化的处理。非结构性观察则事先没有严格的设计，比较灵活、机动，能够抓住观察过程中发现的现象而不必受到设计的条框限制，但是难以进行量化的处理。

（四）观察法的设计与实施[①]

1. 明确观察目的

观察目的是根据科研任务和观察对象的特点而确定的。为了明确观察目的，正式观察前应作试探性观察。其目的不在于系统收集科研材料，而要掌握一些基本情况，了解观察对象的特点，以便确定通过观察需要获得什么材料、弄清楚什么问题，然后确定观察范围，选定观察重点，具体计划观察的步骤。

2. 制订观察计划

观察目的确定后，需要进一步制订详细的观察计划和实施方案，使观察能够有计划、有步骤、全面系统地进行。观察计划一般应包括：①观察目的；②观察对象，选取具有代表性和典型性的观察对象；③观察内容，列出需要通过观察获得材料的要目；④观察过程，包括选择观察的途径，安排观察的时间、次数和位置，选择观察的方法和掌握观察的密度等；⑤观察记录，观察所需的表格、速记符号等要规定有关的统一参照标准；⑥观察手段和工具；⑦观察注意事项，根据观察的特点列出为保持观察对象常态的有关规定。

3. 实施观察

观察者进入现场，按照观察计划有步骤地进行系统观察。观察者进行实际观察时应尽量按计划进行，不要轻易更换观察的重点，超出原定的范围就可能脱离原定的观察目的。观察者进行观察时，要充分运用各种感官，获得尽可能多的信息。

4. 记录并收集资料

观察记录是观察活动中的一项重要内容，对观察研究具有重要意义。做观察记录应符合准确性、完整性和有序性的要求。为此，观察者必须及时进行记录，

---

① 孙亚玲. 教育科学研究方法. 北京：科学出版社，2009：95-97.

不要单纯依赖记忆。一般的记录方式包括以下三种。

1）等级记录。观察者根据观察对象的行为表现，按照事先确定的等级进行划分，记录观察对象的行为等级。例如，在观察记录学生在某一集体活动中的表现时，可以分为十分活跃、活跃、一般、不活跃、很不活跃五级。记录方法可以在预先印好的表格上按等级画圈。

2）频率记录，即记录在特定时间内特定行为出现的频率。观察者事先将要观察的对象和观察的项目印成表格，一旦出现某一现象，就在相应的表格内打上记号。

3）行为核查记录。它是研究者对观察对象的某些行为是否出现、出现的时间、频率等进行核查后的记录。这种记录一般事先编制行为核查记录表，按照一定的类别列出要核查的行为，然后进行核查记录。

5. 整理、分析观察资料

对记录资料的初步整理主要包括：删去一切错误材料、补充遗漏材料、及时纠正和修补资料。此外，还要对当时概括的记录进行细节补充，对当时未记录的资料及时进行补记，对反映特殊情况的材料另做处理。通过观察获得的资料可以进行定性分析和定量分析。在对资料分析的基础上，得出研究结论。

第四节　小学教育研究的步骤

一、确定研究课题

选题即选择对什么问题进行研究或选择对什么问题来开启一个研究过程、投入研究者的时间、精力、经费等。"良好的开端是成功的一半"，这句话最能体现选题的意义和重要性。选题的好坏不仅反映出研究者的理论素养和研究水平，还决定了研究的价值。

选题的来源一般有：来自教育实践和教育理论中的问题、文献阅读中经过思考发现的新问题；跟随导师课题研究中选择的问题；自身前期研究积累并衍生出的新问题；感同身受发现的教育问题；工作中发现的教育问题及其他。

二、文献检索与综述

选题确定之后，就要查阅、检索并收集与本课题有关的文献资料，以了解课题相关研究成果及研究动态。它不仅可以衡量选题的意义与价值，为完成基本假设提供研究的背景资料，而且它本身就是一种研究方法，是进行教育科学研究、获取研究成果的重要手段。

（一）教育文献检索

文献检索的目的主要有两个：第一，了解他人在你所选择的研究主题中做过什么研究、用什么方法做的、得出了什么研究结论；第二，通过对文献的收集和分析，形成自己的研究问题和研究计划。在检索文献的时候，尽量使用第一手的资料或一次文献。

（二）教育文献综述

文献综述是一种书面论证。它建立在前人研究的基础上。研究者从前人的研究中寻找到可信的证据，建立自己的论据，从而将一个论题推向前进。它为人们了解有关某一研究课题的现有知识服务，提供环境和背景性的信息，并列出逻辑论据来证明有关某一论题的观点。因此，文献综述依据对研究课题现有文献的全面理解，建立一个合理的逻辑论证；通过论证，得出一个令人信服的观点，回答研究的问题。[①] 撰写文献综述的主要步骤包括：选择研究主题、进行文献检索、开展文献研究、撰写文献综述。

三、制定研究计划

研究者进行一项研究时，需要对自己的研究进行周密的计划。一般来说，教育研究计划主要包括：研究题目，研究的目的和意义，国内外同类研究综述，研究的内容和对象，研究的方法，研究的步骤和时间安排，研究数据的收集、处理与分析。

研究计划制订好后，就要按照计划实施研究。研究过程中最重要的一环就是收集研究数据。研究数据是指获取教育科学研究课题最终所需要的事实材料或数据资料。收集数据的方法有很多，如问卷调查法、访谈法、观察法等，具体方法已在第四章第三节中论述。

---

① 劳伦斯·马奇，布伦达·麦克伊沃. 怎样做文献综述：六步走向成功. 陈静，肖思汉译. 上海：上海教育出版社，2011：3.

四、数据的收集

收集数据是研究的主要任务和研究基础。研究者在收集数据的过程中必须保持客观性，尊重事物的客观规律性，收集客观数据，禁止主观臆造；注重系统性，研究资料的收集要根据研究对象的系统特征，整体、有序地考虑问题。

五、数据的处理与分析

研究者完成数据的收集工作后，就进入数据的处理与分析阶段。数据的处理一般按照研究类型和采用何种方式收集资料的不同进行处理。如调查问卷的数据一般使用 Excel 表格、SPSS 统计软件进行数据处理。资料的分析是指研究者在对原始资料进行整理的基础上，对研究资料的性质和特点以及研究资料之间的相互关系进行具体分析，以发现各种教育现象之间的关系，探索出一定的规律特征。资料分析的基本步骤一般包括阅读资料、筛选资料、解释资料。

六、研究成果的撰写

教育研究的最后一步是撰写研究成果。撰写研究成果，是研究者选择适当的形式将研究过程及研究结果明确地表述出来公之于众的主要形式，直接影响着人们对整个研究工作的评价。教育研究成果的类型一般有论文、专著、教材、研究报告、产品等。[①]

复习与思考

1）文献法、问卷调查法、访谈法、观察法各自的优缺点是什么？

2）文献综述的构成要素有哪些？

3）如何正确撰写一篇规范的文献综述？

4）小学教育研究的步骤主要有哪几步？

---

① 孙亚玲. 教育科学研究方法. 北京：科学出版社，2009：191.

第五章　小学教育微格教学

【学习目标】

- 了解微格教学系统的组成和意义。
- 了解微格教学模式，熟悉微格教学步骤。
- 对课堂教学技能有深刻的认识，会写作微格教学教案。
- 能够应用微格教学模式演练每一项课堂教学技能。

随着教育教学改革的蓬勃开展，微格教学模式已被越来越多的人们认识和接受。微格教学的英文为"microteaching"，在我国被译为"微型教学""微观教学""小型教学"等，目前国内用得较多的是"微格教学"。传统教学观认为，教学是一门艺术，通常只能领会而不能传授；微格教学模式则主张教学既是一门艺术，也是一门技术。技术是可以在培养中逐渐进步的，因此，教学技能也是可以在一次次的锻炼中逐渐提高的。微格教学是一种利用现代化教学技术手段来培训师范生和在职教师教学技能的系统方法，让其在模拟情境中模拟教学、尝试小型的课堂教学，并把这种教学过程摄制成录像，以便课后进行分析。这是训练新教师和提高其教学水平的一个重要途径。

第一节　微格教学基本原理

一、微格教学的产生与发展

微格教学作为舶来品，创立于几十年前的国外。1958年，美国爆发大规模的教育改革运动，作为教育改革的一部分，师范教育和教学方法的改革十分活跃。就在这个背景下，美国教育学博士德瓦埃·特·爱伦和他的同事在对"角色扮演"进行改造时，首先运用摄像机进行反馈。这里所说的角色扮演就相当于我国师范生教育实习前的试讲。20世纪60年代初，美国一些教育家开始寻找一个另外的研究途径。即采取自然学科中的研究方法，开始教师教学效果微型标准的研究。微格教学创始人之一，德瓦埃·特·爱伦认为微格教学"是一个缩小了的、可控制的教学环境，它使准备成为或已经是教师的人有可能集中掌握某一特定的教学技能和教学内容"[①]。这一新的努力促使在科学分析方法的基础上产生了微格教学。微格教学自1963年被提出，很快就被推广到世界各地。美国及一些欧洲国家的师范教育首先接受了这一新的培训方法。英国的教育学士必须接受微格教学训练后再到各中学进行教育实习。澳大利亚在20世纪70年代注意到了微格教学对师范教育和在职教师进修的促进作用，在1972—1976年由国家投资进行了微格教学开发项目的研究。在日本，岩手大学、香川大学、长崎大学等将微格教学作为教育实习之前进行的一种训练方式，并把这种方法引入在职教师训练。

微格教学引入我国是在20世纪80年代。北京教育学院在联合国教科文组织的支持下开展了微格教学效果的对比实验研究。最后的实验结果表明，用微格教学对在职教师进行培训的效果明显优于传统方法的效果。在此基础上，微格教学在我国进入发展期。

2000年，微格教学协作组申请加入中国电化教育协会，成为其专业委员会的分会员，这标志着微格教学开始了一轮新的发展时期。教育部已经将微格教学活动的开展列入高等师范院校教学质量评估指标体系。随着我国改革开放的深入和经济的持续增长以及高等教育的改革与发展，各师范院校相继建成先进的微格教学实验室，并开设微格教学课程。至此，微格教学已在我国全面推广和普及开来。

二、微格教学的概念

微格教学就是把复杂的教学过程分解为许多容易掌握的单一技能（导入技能、语言技能、讲解技能、提问技能、演示技能、板书技能、变化技能、强化技能、组织技能、结束技能），对每种教学技能分别进行培训，并借助现代化的视听设备进行现场记录，而后及时地进行反馈、客观评价和纠正重教，这种系统培训师范生及在职教师教学技能的方法就称为微格教学。它是一个可控制的实践系统，利用这个系统可使师范生和新教师有可能集中解决某一特定的教学行为，或

---

① 谢明初，彭上观. 数学微格教学教程. 广州：广东高等教育出版社，2017：1.

在有控制的条件下进行学习。它是建立在教育理论、视听理论和技术的基础上，系统培训教师教学技能的一种较为先进的教学方法。

英国学者、微格教学的另一创始人布朗说："微格教学是一个简化了的、细分的教学，从而使学生易于掌握。"[①] 其简化、细分主要体现在以下方面。

1）授课时间短。这样可减轻受训者的压力和负担，也有利于指导教师集中精力观察、评价教学。

2）教学内容单一。只教一个概念或一个片段。

3）训练目标单一。只关注一种技能，使受训者容易掌握，指导教师易评估。

4）学生人数少。一般5—10人，简便灵活，易于指导教师控制。

在传统教学训练过程中，各种教学技能都综合地出现在课堂上，初学者很难对其进行分辨和掌握。微格教学解决了这个难题，它对各种教学技能进行具体、逐项的研究和训练，使复杂的课堂教学得以简化，并且可以依据具体情况进行不同程度的简化，将教学由难变易，再由易到难，使得教学技能训练由浅入深，便于学习者全面掌握。

三、微格教学系统

微格教学系统是以现代教学理论为基础，运用视听设备，系统训练师范生或在职教师教学技能的有效工具，它可以再现教学过程的各个环节，实现对教学过程的及时分析与反馈。在它提供的训练环境中，采用以班为单位分小组试讲的形式，授课时间短，内容单一，只关注某一种教学技能的训练，将综合、复杂的课堂教学分解成一些教学片段、单元，使综合的、复杂的、受多种因素制约的教学能力的培养，变成有清晰目标、可观察、可描述、可操作的单一的教学技能的训练。

（一）微格教学系统的组成

微格教学系统由微格教室、观摩评课室、主控室等构成，其示意图如图5-1所示。

1. 微格教室

微格教室（图5-2）是受训者进行角色扮演的模拟教室，一般面积约为20平方米，能够容纳10—20人，微格教室里除了具备一般的多媒体教学设备（如课

---

① 谢明初，彭上观. 数学微格教学教程. 广州：广东高等教育出版社，2017：1.

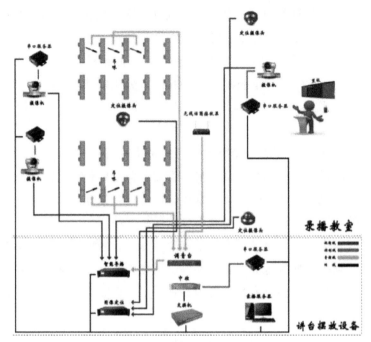

图5-1 微格教学系统示意图

桌、黑板、讲台、投影、音响、中控等）外，还装有录音话筒、拾音器、摄像机和分控机。在微格教室中，可以呼叫主控室，并与主控室对讲。微格教室中有可以控制本室的摄像系统，可以录制本室的声音和图像，以便对讲课情况进行分析和评估。摄像机可以采用固定机位，也可以采用云台控制方式根据需要灵活架设机位，云台的控制和录像机的播放、停止、暂停、快进、快退可以在微格教室的分控机上完成，也可以通过主控室的主控服务器完成。

图5-2 微格教室

2. 观摩评课室

观摩评课室（图5-3）是参与培训的师生现场观摩或回放录像进行反馈、评价的教室，一般面积较微格教室大，能够容纳约100人。数字化微格系统下的观摩评课室是一个有投影的多媒体教室，把主控室中经视频切换器选择后的视频信号送到投影上，即可实时同步播放教学实习的实况，供指导教师现场评述，让较多人进行观摩分析。

图5-3　观摩评课室

3. 主控室

主控室（图5-4）包括主控服务器、视频数字处理器、音频数字处理器、DVD实时录像刻录机、微格教室监控屏幕墙、特技切换台、操作台等设备。主控室可以呼叫任一微格教室并与其对讲，远程控制任一微格教室中的摄像机及云台，监视和监听任一微格教室的图像和声音，将微格教室的教学训练场景进行录制，供课后评课；也可以将某个微格教室的教学训练场景进行转播，供其他微格教室观摩；还可以通过非线性编辑软件对录制的信息进行处理，压缩成流媒体格式视频文件，上传至校园网，教师和学生可以通过视频点播系统对自己感兴趣的部分点播或下载。

（二）微格教学系统的功能

微格教学系统主要用于教师技能训练和对教学行为做出反馈，进而培养教师熟练地掌握教学技能，在实验中对学生进行素质教育。微格教学系统具有以下基本功能和特性。

图5-4　主控室

1）微格教室设备是高度整合的系统，能全自动地或按课表时间录制课件节目，自动生成多媒体课件点播文件，最大限度地减少用户使用时的麻烦，让教师及学生在教与学的过程中熟悉和使用信息化的教学手段。

2）微格教室内除授课的教师和学生外，不会受到其他工作人员的干扰，系统能够将教学过程中的音视频信号和计算机动态画面实时编码保存，自动录制保存为通用的视频格式文件，用于事后的回放及后期编辑制作，以便课后学生、教师及教学管理人员点播浏览和教学研究。

3）指导教师在现场或在主控室、观摩评课室等场所，通过网络对摄像机云台、多倍变焦镜头对摄像机进行远程操作，对教师动作、学生回答、板书内容拍摄特写镜头，实现对教室内受训人员或教师的教态、语态、板书及学生活动的全方位拍摄和录像，对教学全过程从不同方位进行现场评估、监控、录像，并可实现远程评价人员在异地评价的功能。

4）实现对优秀教师、外聘特级教师的示范课程实况直播及自动录像，组织青年教师及教学管理人员在主控室进行听课，记录缺点和问题，进行课后的对比和提高，以利于其他教师的观摩和学习。

5）通过网络对课堂进行交互式现场直播教学，实现本教室成员间或各教室成员及指导人员与受训人员之间的双向实时教学交流。

6）精品课程的自动录制，学校重点课程的资料留存，建立资源库进行兄弟学校之间的资料交流。

此外，现代的微格教学系统还具有低延时的互联网的实时视频传输性能，可广泛地用于视频会议、多媒体课件制作、微格教学、远程教学、网上电视转播等多种应用场合。

四、微格教学的特点和意义

（一）微格教学的特点

1. 技能训练单一集中

微格教学打破了以往教师和师范生培训的固有模式，将复杂的教学行为细分为多个容易掌握的单项技能，如导入技能、讲解技能、提问技能、强化技能、变化技能、演示技能、板书技能、结束技能等，并规定每一项技能都必须是可描述、可观察和可培训的，并能逐项进行分析研究和训练。

2. 认识自我、反馈及时

正确地认识自我，给自己一个客观的评价，往往并不容易做到。只有充分地认识了自我，自己的不足之处才最容易得到改正。微格教学利用了现代视听设备作为记录手段，真实而准确地记录了教学的全过程。受训者可以作为"第三者"来观察自己的教学活动，对自己的教学表现有一个立体的认识，既容易认识自我，又能够接受指导教师或其他受训者的建议，使得失之处在被培训者的心中有更深的印象。

3. 心理压力小、利于创新

微格教学是在较逼真的模拟课堂中进行的，受训者面对的是与自己朝夕相处的同学和老师，且不必担心试教失败对学生造成的不良影响，也不必担心会影响学校的正常教学秩序。这种训练方式便于增加被培训者的自信心，减轻其心理压力，并有利于受训者广泛吸收反馈意见，改进不足，大胆革新，掌握、完善、灵活运用各种教学技能，形成自己的教学风格。

4. 定性与定量评价相结合

定性分析与定量分析相结合的方式，可以弥补这两种评价方法单一使用的不足，既提高了准确度，又不致因分析过细而忽略教学的整体性和艺术性。

5. 角色转换

在微格教学课程中，每个人从学习者到执教者，再转为评议者，如此不断地转换角色，反复地从理论到实践，经过实践再进行理论分析、比较研究，这种多元化角色转换的培训方式，既体现了教学方法、教学模式的改进，又体现了新形势下教育观念的更新。

（二）微格教学的意义

1. 微格教学对教学论的贡献

微格教学对于教师教育的计划、目的、目标、内容、范围、过程、评价都具有重要意义。微格教学丰富了对课堂教学技能的研究中的教学论和各科教学法研究。一般教学论和各科教学论的内容通常涉及课程论、学习论、教学过程、教学原则、学生非智力因素对教学的影响、教学测量与评价等。这些内容是在宏观教学活动层次上对一般教学系统或学科专业教学的一般规律的研究。涉及教师素质的内容往往是对教师所应具有的教学能力进行原则要求式的论述，缺乏对教学能力结构的深层次研究和培养途径的研究。微格教学的研究成果说明了基本的教学技能是形成综合教学能力的基础，并对各学科课堂教学中应有哪些教学技能，各项教学技能是什么，以及教学技能的形成规律问题进行了较深入的研究，扩充了对教学能力深层次问题研究，为教学论向深层次和更实用的方向发展创造了有利的条件。

2. 微格教学中的科学方法促进了教育研究的科学化

微格教学将以客观性、系统性、具体性为特征的科学方法论和现代科学技术手段有效地应用于教学技能的研究开发和训练实践中，借鉴了自然科学中的研究方法，找到了一个合适的研究层次，并实现了对复杂教学活动变量的控制和训练过程的系统控制，使基础理论对实践的指导达到了可操作的水平。微格教学在方法论上为教育科学的研究提供了成功的经验，明确了科学方法论是教育理论与教育实践之间有机结合的中介，这种中介作用在实践上表现为教育技术的实际应用。

3. 微格教学促进了教师专业的发展

利用微格教学训练受训者的教学技能，开展教育教学研究，是教师专业发展的内在要求。在当今信息化社会的背景下，微格教学系统利用现代电子、计算机、网络科技发展成果，使教学过程从导演、拍摄、演播、制作、编辑、合成、导播、录制、存储到传输一气呵成。

微格教学不仅是教师专业化发展组织形式的重要技术支撑，还为教师的教学分析和反思提供了真实有效的素材信息，它是教师专业化发展的一种重要的新型手段。微格教学遵循并合理利用人类认识发展的规律，有效地促进了教师教学技能专业化。与公开课、观摩课和研究课相比，微格教学的教学反思更加直观，因而对教师的专业化发展有着更重要的作用。

第二节　微格教学的步骤

进行微格教学训练前，首先要向受训者介绍微格教学的基本理论、概念、指导思想、训练目的和作用，使其明确为什么训练，训练什么，怎样训练，从而做到对课堂教学技能的分类心中有数、目的明确，然后再进行单项技能训练。

一、微格教学的教学设计

微格教学的教学设计是根据课堂教学和教学技能训练目标，运用系统方法分析教学问题和需要，建立解决教学问题的教学策略微观方案、试行解决方案、评价运行结果和对方案修改的过程。它以优化教学效果和培训教学技能为目的。

微格教学的教学设计与一般的课堂教学设计既有联系又有区别。一般的课堂教学设计对象是一节完整的单元课，而微格教学通常比较简短，教学内容只是一节课的一部分，便于对某种教学技能进行训练。

二、微格教学设计的方法

教学设计经历了由经验设计法、程序设计法到系统设计方法的发展过程。目前这三种方法都有应用。在微格教学训练中主要使用的是系统设计方法。

系统教学设计方法以学习理论、教学理论和传播理论为基础，系统地研究、探索和规划教学过程中诸要素的相互联系与合理组合。其目的是通过分析教学中的问题和需求，确定教学目的，安排教学步骤，选择适当的教学媒体，实践后经评价、分析求得改进，达到教学效果的最优化。

三、微格教学设计的程序

了解系统教学设计方法和要素后，我们还要知道具体的设计步骤。为了便于操作，设计步骤一般以流程图的方式表述。微格教学设计与课堂教学设计相同之处在于它们所遵从的理论、方法、程序完全一致。其不同之处有两点：微格教学设计是针对一个教学片段的设计，除了要完成教学目标之外，还要完成教学技能的训练目标；微格教学的教学设计要便于训练，教学训练时间较短。微格教学的基本步骤如图5-5所示。

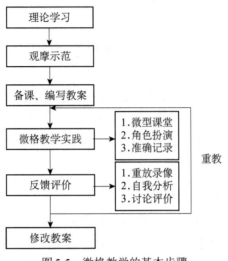

图5-5 微格教学的基本步骤

（一）理论学习

在培训前，必须组织受训者学习某一教学技能的理论知识，让其对该项技能有一个全面的了解，包括该技能的意义、目的、分类、构成要素、应用原则及实施要点。

（二）观摩示范

针对该项技能，选择不同的角度、不同水平的示范录像，让受训者观察（当然也可以进行实地课堂的教学观察），可以是正面的示范，也可以是反面的示范，可以是大学、中小学教师的示范，也可以是受训者相互间的示范。示范内容可以是一节课的过程，也可以是课堂教学的某一片断。示范重点要突出，示范内容要多样化，要通过不同的教学范例来体现同一教学技能，在示范时，指导教师要做好评论与解说。

（三）备课、编写教案

结合给定教材，针对某项技能的应用，由受训者自己备课，所备的课是5—15分钟的一个教学片断，重点考虑该项技能的运用。学生处理教材、设计教法必然受到自身对教材理解的限制，然而这不是考察的重点，它只是载体或舞台，技能的运用才是关注的焦点。当然，若对教材理解片面甚至出现错误，则无法体现教学技能。对在职教师的培训，这一方面的问题少一些；对师范生来说，则经常出现这方面的问题。因此，对师范生进行训练时，应与教育学、教学法课程学习配合，同时指导教师也要帮助师范生理解、分析教材。微格教学教案与一般教案的编写不同，对它有专门的要求，本章第五节有具体的教案示例可供参考。

（四）微格教学实践

1. 微型课堂

微型课堂主要由扮演的教师角色（受训者，即师范生或在职教师），学生角色（由受训者的同学或真实学生来担任），教学评价人员（受训者的同学或指导教师担任）和录像设备操作人员（专业人员或受训者的同学担任，或者自动录播系统）组成。

2. 角色扮演

在微型课堂上，受训者上某节课的一部分，练习一两种技能，所用的时间一般为5—15分钟。在正式上课前，受训者要做一个简短的说明，以便明确训练的技能、教学内容和教学设计的思想。

3. 准确记录

在进行角色扮演时，一般用录像的方法对教师的行为和学生的行为进行记录，以便准确地进行反馈。在不具备条件的地方，也可以采用录音或文字的记录方式，但不如录像及时、真实、有效。例如，在训练教学语言技能时，录音方法也是有效的。但若采用录像的方法，效果会更好，因为录像不仅可以提供听觉反馈，而且可以提供视觉反馈。视觉、听觉同时反馈在引起师范生的学习动机和参与意识方面起着非常重要的作用。

（五）反馈评价

1. 重放录像

为了使受训者获得反馈信息，角色扮演完成后要重放录像。教师角色、学生角色、评价人员和指导教师一起观看，以进一步观察受训者达到目的的程度。重放录像可以在角色扮演之后立即进行，也可以在经过一段时间后进行。为了便于分析、讨论，有时需要数次重放录像。

2. 自我分析

看过录像后，受训者要进行自我分析，检查其实践过程是否达到所设计的目标、存在哪些问题、重教应做哪些改进，并记录在自我分析表中。

3. 讨论评价

最后，还需要在指导教师的指导下进行集体评议。根据技能理论，评议其运用是否恰当，目的是否达到，是否违背了应用原则……在讨论评价过程中，既要正面肯定也要指出存在的不足之处，但最好是提出应如何改进之类的建设性意见。评价可以是定性的，也可以是定量的。要设计一个教学评价表，评语不宜太长，评价内容不宜过多。一般情况下，正面和反面评语各两三个就足够了。

（六）修改教案

根据录像，参考技能示范录像和技能理论要求，对照评估结果，由受训者自己修改教案，并准备重教，进入下一个循环。

第三节　微格教学课堂教学技能概述

微格教学其实就是针对单一教学技能训练的片段教学，为克服传统的以常规教学训练教学能力的笼统性及低效性，设法将复杂的教学过程分割为一项项教学技能，以对其进行逐项训练，逐一保证过关。显然，微格教学的一个技术前提就是将教学行为分解为各项教学技能。

一、课堂教学技能的概念

在心理学上，技能是指顺利完成某项任务的行为活动方式或心智活动方式。技能分为动作技能和心智技能，两者都是通过练习获得的，在许多实际活动中，它们常会结合起来，动作技能往往需要心智技能调节与控制。

课堂教学技能是指在课堂教学中，依据教学理论，运用专业知识顺利完成教学任务的行为活动方式及心智活动方式。课堂教学技能有如下一些特性。

1）课堂教学技能与完成某项课堂教学任务相联系，离开课堂教学活动就无法谈论课堂教学技能。

2）课堂教学技能是一种行为方式，是可以表现出来的，因而也是可以被观察记录到的。

3）课堂教学技能无论是动作技能还是心智技能，或者两者的结合，均可通过科学的训练而获得提高。

二、课堂教学技能的分类原则

课堂教学过程是复杂的，课堂教学的组织是灵活多样的，教师在教学中体现出来的能力则是多种因素的综合结果，因此，要将教学技能从课堂教学中抽取分化出来非常不易。根据不同的标准，所分出的教学技能自然也就不同。为使分类尽可能地合理且有利于训练，课堂教学技能的分类应符合以下原则。

1）实践性原则。分类后的各项教学技能必须具有实践意义，这些技能必须是影响课堂教学质量的主要因素。这些技能运用水平的高低直接对课堂教学效果产生影响。

2）简约性原则。分类后的教学技能应简单明了、让人一目了然，如果过于纷繁复杂，让人摸不着头脑，教学技能分类也就失去了意义。

3）可学性原则。分类后的教学技能必须是可学的，如果某些教学技能需要苛刻的条件甚至特定人群才能掌握，或者极具个性色彩，只有少数人可以把握，它们就不是我们倡导的教学技能。

4）可测性原则。分类后的教学技能应该是可观察、可测量的。教学技能即使不能全部加以量化，也必须是可看出有无、可分出高下的，这样训练才可能有反馈。

三、课堂教学技能的基本分类

由于社会文化、教育状况等方面的差异以及所采用的标准不同，各国对教学技能的分类也有所不同，如美国斯坦福大学的爱伦早期模式中规定了14项基本教学技能，而澳大利亚悉尼大学提出的基本教学技能只有6项。在我国，以下两种分类法比较有代表性。

1）郭友等编著的《教师教学技能》一书中将普通教学技能分为10项：导入

技能、教学语言技能、板书技能、教态变化技能、教学演示技能、讲解技能、提问技能、反馈强化技能、结束技能、组织教学技能。其中前6项称为基本教学技能，后4项称为调控教学过程技能。

2）荣静娴、钱舍编著的《微格教学与微格教研》一书中则将普通课堂教学技能分为11项：教学语言技能、板书技能、讲解技能、变化技能、演示技能、提问技能、导入技能、强化技能、组织教学技能、试课技能、结束技能。其中前6项称为基本教学技能，后5项称为综合教学过程的技能。

本书在借鉴前人研究基础上，将教学技能分为基本教学技能和综合教学过程的技能两大类。其中，基本教学技能包含教学语言技能、板书技能、讲解技能、变化技能、演示技能、提问技能；综合教学过程的技能包含导入技能、强化技能、组织教学技能、结束技能。

第四节　微格教学与课堂教学技能

一、教学语言技能

（一）教学语言技能概述

教学语言是教师在课堂上用来阐明教材、传授知识、组织练习，不断激发学生积极的学习情绪，以完成教学任务所运用的语言。教学语言是教学信息的载体，是教师完成教学任务的主要工具。教师的教学语言水平是影响学生学习水平和学习能力的重要因素，在引导学生学习、启发学生思维、实现教学目标等方面具有重要作用。教师的语言修养在极大的程度上决定着学生在课堂上的脑力劳动效率。高度的语言修养是合理利用时间的重要条件。教师的语言表达形式是多种多样的，包括课堂口语、书面语言、体态语言。课堂口语是课堂教学中语言表达的主要形式。

（二）教学语言技能的构成

教学语言技能由基本语言技能和特殊语言技能两个方面构成。

1. 基本语言技能

1）语音。语音是语言的物质材料。有了语音这一载体，才使表达信息的符号——语言能以声音的形式发出和被感知。在教学中，教师所发出的语音必须规范准确，要用普通话进行讲授，避免使用方言而造成交流障碍。教师必须在职前坚持训练普通话，在职后坚持讲普通话。

2）音量。音量是指声音的大小。声音小，别人听不清楚；声音过大，使人听起来不舒服。音量应控制在教室安静的情况下最后一排同学能听清楚。音量大小和气息控制有关，因此，要达到一定的音量，要注意深呼吸；要注意有控制地用气。教师要注意保持音量，避免学生听清前半句、听不清后半句。

3）语速。语速是指讲话的速度。耳朵有一定的承受力，语速过快，会使人听不清楚。对小学生而言，教师的语速一般应以每分钟180—220字为宜。课堂教学语言的速度要慢于谈话速度，让学生有思考和吸收的时间。随着教育对象年龄的增长，教师可适当提高语速，语速过快或过慢都会影响听课的效果。

4）语调。语调是指讲话时声音的高低、升降的变化。适度的语调可以加强口语表达的生动性。如果教师上课充分把握语调的变换，抑扬顿挫，就会充分吸引学生的注意力，同时也增强了语言的感染力、学生听起来更加起劲、更加愉悦；反之，如果教师上课总是延续一种语调，没有任何变化和感染力，学生听久之后就可能因丧失注意力而开小差，严重的还会变成"催眠曲"使学生昏昏欲睡。课堂语言技能要求教师能掌握平调、升调、曲调等"调式"，不同的语调会产生不同的效果，能够表达教师不同的情感。

5）节奏。节奏是指在一个相对完整的表达中，由语速的快慢、语音的强弱而形成的语流态势。它与教学内容表达的需要以及教师的情感流露密切相关。节奏与语速有联系，但不是 回事，这些由音的长短和停顿的长短所构成的快慢变化，伴随相应的语音的强弱、长短、抑扬等有规律的变化，就产生了口语的节奏变化。教师善于调节音程的徐疾变化，形成和谐的节奏，可以加强语言表达的生动性。

6）词汇。没有词就没有语言。教师只有具备了一定数量的词汇，才能够正确、熟练地将其运用于口头表达中，才能具有一定的口语技能。在课堂口语中，对词汇的要求包括：①规范。方言词语在课堂交流中有很大的障碍，所以教师要用普通话的词汇，尽量避免在课堂上用方言以及流行语等，也避免教师自己造词。②准确。表达意思客观准确，不引起歧义。③生动。注意用词的形象性、可感性，注意词的感情色彩，能启发学生的想象、联想，激发学生的情感。

2. 特殊语言技能

特殊语言技能是指在特定的交流中形成的语言技能。以数学教学为例，数学词汇、数学符号构成了数学语言的特有部分，也是重要部分。

1）数学词汇。中国科学院从1956年开始多次修订《数学名词》一书，汇集数学名词6000多条。数学名词是表述数学事实的数学语言的最基本材料。任一数学词语都必须确切地表示某一数学事实，这就是所谓的某概念、某定义。数学词汇的特点是每个名字都代表唯一数学事实，如单项式、分式、函数、勾股定理、等价等都属于数学词汇。

2）数学符号。数学符号是数学学科专门使用的特殊符号，是一种含义高度概括、形体高度浓缩的抽象的科学语言。具体地说，数学符号产生于数学概念、演算、公式、命题、推理和逻辑关系等整个数学过程中，是为使数学思维过程更加准确、概括、简明、直观和易于揭示数学对象的本质而形成的特殊的数学语言。可以说，数学的发展史就是数学符号的产生和发展史。

数学符号可分为四类：元素符号、关系符号、运算符号、其他符号。元素符号是指表示数或几何图形的符号，比如0、1、2、3、4、……A、B、C、……$\angle$、$\perp$、$\triangle$等。关系符号是指表示数、形、式等之间关系的符号，比如=、$\neq$、>、<、$\geqslant$、$\leqslant$、$\approx$等。运算符号是指表示按照某种规定进行运算的符号，比如+、−、×、$\sum$、sin、cos、lg、y'等。其他符号也称为辅助符号，是用于表示某些特定式子、特定意义的符号，比如，括号用（）、[ ]、{ }表示，表示三角形全等的条件用SSS、SAS、ASA等符号。

数学词汇和数学符号是组成数学语言基本成分的重要内容，从这个意义上讲，数学学习的过程也是数学符号语言的学习过程。

（三）课堂教学语言应用原则

1. 课堂教学语言的科学性

在教学中要求教师教学语言的科学性是教学语言的最基本要求。教学语言的科学性主要表现在：①准确，即确切地按照学科的要求表述概念、原理、定律等，而不是错误的或含混不清的表述；②规范，即无论书面语言还是口头语言，都要符合现代汉语的规范，如发音要标准，吐字要清楚，遣词造句要讲究语法，叙述事理要符合逻辑，这些都是语言规范的表现。不规范的语言是谈不上科学性的。

教学语言的科学性还要求注意叙述所学知识的准确性。有的数学教师不能准确的应用特定概念，将自己所画的线一会儿表述为"线段"，一会儿又表述为

"直线"，将一些重要概念混为一谈，忽略词语间的重要差异，应当尽可能地避免出现这些问题。例如，在生物课堂上，教师对"呼吸作用"和"呼吸运动"不加区别，对"盲肠"和"阑尾"不加区别，对"神经中枢"和"中枢神经"不加区别等，这样就会将错误的知识传授给学生，混淆学生的思维。例如，在天文学中，称地球的唯一天体卫星为"月球"，而不是在文学描写中的"月亮"。

2. 课堂教学语言的启发性

《学记》中提到："道而弗牵，强而弗抑，开而弗达。道而弗牵则和，强而弗抑则易，开而弗达则思。"又说："语比物连类，引而不发，跃如也。"意思是说，引导学生而不是牵着学生鼻子走，勉励学生而不是强迫学生前进，启发学生而不是代替学生思考或得出结论，这样才能使学生好学、易学和善思。教师要善于与同类事物相比，使之举一反三，触类旁通。苏霍姆林斯基也指出，"在学生的脑力劳动中，摆在第一位的并不是背书，不是记住别人的思想，而是让学生本人进行思考"[1]。教是教学过程中的外因，学生是教学过程中的内因，外因只有通过内因才能起作用。富有启发性的教学能够紧紧抓住学生的思维，使学生由"存疑"到"思疑"到"解疑"，不仅传授了知识，也培养了能力。

3. 课堂教学语言的教育性

课堂教学语言的教育性主要体现在语言的思想性方面。课堂教学的过程就是师生感情交流的过程。教学语言的思想性不是强加在语言的表面上，而是体现在真情流露。白居易在《与元九书》中指出"感人心者，莫先乎情，莫始乎言，莫切乎声，莫深乎义"。富有教学经验的教师都非常重视教学语言的感情交流性，使教学语言"言为心声、声情并茂"，体现教师爱的精神力量和个人魅力。当然，教师自身思想素质的提高是教学语言思想性的基础。

另外，课堂教学语言的教育性还体现在语言的简洁性方面。一节课时间有限，教师不应拖堂，不可占用学生的下课休息时间，因此，为了完成每节课既定的教学内容，教学语言必须简明。

4. 课堂教学语言的艺术性

课堂教学语言的艺术性主要体现在讲课的声音技巧上。第一，教学语言应该

---

[1] 转引自周晓庆，王树斌，贺宝勋. 教师课堂教学技能与微格训练. 北京：科学出版社，2013：49.

用普通话。第二，与平时的交流不同，讲课要求音量达到全班学生都能听见的程度，同时音调、频率应该有变化。音调太高，刺耳；音调、频率平板无变化，容易使学生昏昏欲睡；频率太快，学生的思维跟不上教师；频率太慢，又使学生思维抑制、思想涣散。第三，教学应吐字清楚，应克服讲话囫囵吞枣，或有字头无字尾，或有字尾无字头等现象。有经验的教师认为，要像演员一样练练绕口令，锻炼唇、齿、舌的活动功能，久而久之就可以达到字正腔圆的效果。有的教师认为，圆润动听的声音是胸腔、口腔、头腔、鼻腔共同调节发出的。如果偏重用胸腔，声音低沉；偏重用头腔，声音漂浮；偏重用鼻腔，声音晦涩；如果只用口腔，声音干燥。教师大声说话时，应该胸部放松端正，口张圆，使声音达到口腔上部。

二、板书技能

（一）板书技能的概念

板书技能是指教师在教学过程中，根据教学的需要，将一定的教学内容转化为各种符号（文字、数字、字母、线条、图表、图像等），并通过一定介质展示在学生面前，以帮助学生理解，促进知识迁移，强化信息传输，增强学生记忆，从而提高教学效果，最大限度地实现教学目标的技能。它既是一种教学行为，也是一种教学结果。

优秀的板书能够以简洁的形式高度概括教学内容，正确地揭示教学主题，体现教师的授课意图，突出教学重点和难点，展现教学活动开展的程序。板书是反映教学内容的"镜子"，是学生掌握教学知识点的"显微镜"，是教师教学时引人入胜的"导游图"。总之，好的板书能提纲挈领地反映教学内容的结构，能生动地展现教学活动开展的过程。

（二）板书技能的类型

了解板书的类型有利于教师更为科学地设计与应用板书。从不同的角度看，板书可以有不同的分类。

1. 从板书的地位看

从板书的地位看，板书可分为正板书与副板书（又称为主板型和副板型）两类。正板书是教师对教学内容分析和高度概括后提纲挈领地写在黑板上的文字或符号，它反映教师整个教学程序及课堂教学的主要内容。这种板书是教师在备课过程中反复推敲、仔细揣摩、精心设计而写成的，是教案的重要组成部分。副板书是指教学过程中因为学生听不清或听不懂，作为正板书的补充而随讲、随写、随擦的文字或符号，通常写在黑板的两侧。

2. 从板书的内容看

从板书的内容看，板书可分为五大类：讲授新知识的板书、讲授新知识并配有实验的板书、讲授实验课的板书、复习课的板书、用以检测的板书。

（1）讲授新知识的板书

上新课时，教师对板书必须认真考虑，要根据本学科特点设计，例如，语文课必须把课文中的生字生词列出来，一般是另用一块小黑板，预先写好，用时挂出来即可。通常情况下，教师对板面的利用应做到心中有数，一般是将长方形黑板三等分，左边 1/3 记载大小标题，中间部分记板书计划的内容，右边 1/3 可专门用来书写计划外的一些随写随擦的内容。这是大体划分，视具体情况而定，不可千篇一律。若对主、副板书而言，主板书多表现教材的内容纲要，常写在黑板正中的 1/3；副板书写在两旁，多用于课堂说明、注释、布置作业等。

（2）讲授新知识并配有实验的板书

对于理科教学而言，所配实验包括演示实验和学生实验。上课时，要求实验与板书的书写适当配合。一般由教师提出实验内容、方法、要求及注意事项后再做实验，最后由师生共同总结，教师将结论书写在黑板上；也可以先板书，讲解完板书后，再做实验验证。对难理解的知识，多采用前一种方法。

（3）讲授实验课的板书

这也是对理科教学而言。其具体板书内容一般为实验题目、实验内容、实验原理、操作方法、仪器配置图、实验要求与注意事项等。要求教师的板书、板画与实验的讲解密切配合。如果在实验室进行，应把板书提前写好。

（4）复习课的板书

因复习的方式多种多样，板书也多有不同。一般多采取教师独自总结或与学生对话的方式复习，可由教师先写出复习内容的一部分板书，或由教师总结，或由学生回答问题，最后由教师写出系统的纲目或问题的答案。对这种板书，教师应提前做到心中有数。

（5）用以检测的板书

有时需要教师将考题抄写到黑板上，由学生来做。考题的写出可以边写边读，一般是写后再读，也可以不读。这种板书要求书写准确、清楚。抄题时，应根据考题内容的多少和板面的大小做好设计。

3. 从呈现方式看

板书可以分为五种：提纲式、表格式、图解式、连线式、综合式等。

（1）提纲式板书

提纲式板书最常用，它是以教学内容的结构提纲或内容提要为主的板书，能较完整地反映教学内容的结构层次或要点，有助于学生对教学内容尤其是教学重点的理解和掌握。提纲式板书的设计过程是，教师根据对教学内容的分析和归纳，用精练的语言准确地概括出教学内容各部分各层次的要点，并按照教学的思路以及学生的认识规律，依次写在黑板上。这种板书设计纲目清楚、重点突出，便于学生对教材内容和知识结构的理解和记忆。《核舟记》的板书如图5-6所示。

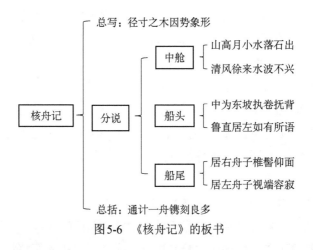

图5-6 《核舟记》的板书

这幅板书不但概括了文本总—分—总的结构特点，而且完全按照文章脉络组织。通过板书，学生对课文每一步的写作内容能了然于胸。

（2）表格式板书

这类板书是将教学内容中的事物和概念以表格的形式加以呈现，具有整齐、对称、均匀、清晰、明了的特点。表格式板书类目清楚、条理性强，有利于训练学生的分析归纳能力。同时，表格式板书将多变的教学内容以简明的框架结构加以呈现，能增强教学内容的透明度和清晰度，也有助于加深学生对事物的特征及本质的认识。表格式板书大多具有对比作用，这是因为教师将教学内容中具有对比性的各项内容填入到相应的表格中，从而使表格产生对比性。"数"的板书如表5-1所示。

表5-1　"数"的板书

名称	意义	举例
自然数	用来表示物体个数的1、2等	1、2、3、4、…
整数	0和自然数统称整数	0、1、2、3、…
数的整除	整数A除以整数B，所得的商正好是整数而没有余数，就是A能被B整除	15能被3整除
倍数、因数	如果A能被B整除，A就叫作B的倍数，B就叫作A的因数	在15÷3=5中，15是3的倍数，3是15的因数

这幅板书概括了小壁虎在不同的位置所看到的事物及其因此而懂得的尾巴的功能。

（3）图解式板书

图解式板书用文字、数字、线条、关系框图等表达教学的主要内容。这种板书将分散的知识系统化，或揭示某一专门知识的构成要素及其相互联系。图解式板书又可分为两类，一类是几何图形，另一类是画面图像。它们的共同点是以直观的图画代替抽象的文字，具有新颖活泼、简明扼要、一目了然的特点。

"四边形关系"的板书如图5-7所示。此图示板书利用韦恩图把四边形之间的关系形象、直观地表示出来，便于学生记忆。

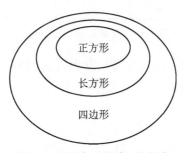

图5-7　"四边形关系"的板书

（4）连线式板书

连线式板书也叫线条式板书，是以某一线索为主线，将教学内容的要点以线条进行连接，它具备提纲式与表格式板书之长。这类板书有两种，一种是自然连线，不构成任何图形；另一种则构成一定图形，更具有艺术魅力。如图5-8所示

《月光曲》采用折线板书设计，配合文字来表现文章的思路，不仅能形象地表现故事情节的曲折，并且能够揭示人物感情的起伏变化，能较好地引导学生理解课文的内容。

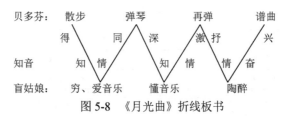

图 5-8 《月光曲》折线板书

（5）综合式板书

综合式板书有两个含义：一是指教学内容知识的综合反映，即将教学中所涉及的多方面的知识综合地反映在板书里，将散乱的知识系统化、简约化，形成知识网络；二是指多种板书形式的综合使用，即在板书中综合运用多种呈现方式。这种板书设计不仅便于学生理解和记忆，而且便于知识迁移，以培养和提高学生综合运用知识的能力，同时，这种板书生动丰富，具有视觉冲击力。事实上，单一呈现方式的板书是很少的，一般采用两种或两种以上的呈现方式。《鱼我所欲也》的板书如图5-9所示。

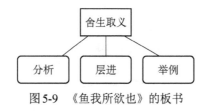

图 5-9 《鱼我所欲也》的板书

此板书就是由提纲式、图解式（局部为几何图形，整体为人物的图案）、连线式三种类型组成。

4. 从材质角度看

从材质角度看，板书可以分为：以黑板为载体的板书——黑板式板书；以白板为载体的板书——白板式板书；以投影胶片为载体的板书——投影胶片式板书；以电脑数码投影片为载体的板书——电脑式板书。黑板与白板除了用粉笔书写外，还配以挂图、小黑板、剪纸等，以节省时间，增加美感。投影胶片式板书因制作与使用均不方便，故目前已很少使用，而被以演示文稿为主要形式的电脑式板书取代。电脑式板书不但制作与使用十分方便，而且可以通过动画、视频及音频灵活地展示板书中的任意一个细节，目前已成为教学板书的主流。

（三）板书设计的方法

了解板书的类型，可以帮助我们建立板书体系，从而能够在板书教学中做到灵活组合创新；把握板书的设计原则，可以帮助我们辨明方向，避免走弯路；掌握板书的设计方法，则为我们板书设计提供得心应手的工具，使板书教学能够真正落到实处。板书设计的方法很多，下面简单介绍几种。

1. 从教学内容的逻辑结构入手

设计板书时，一定要考虑教学内容的逻辑关系。从教学内容的逻辑结构入手，便于从整体上设计板书，使板书的变化有理有序。弄清教学内容的前后逻辑关系，无论多么复杂的板书，都能做到逻辑严密、层次分明、关系清楚，同时也能辅助教师的课堂教学，有助于学生对教学内容的掌握和理解。

2. 抓住教学内容的重点、难点和特点

教学内容的重点、难点和特点往往是板书的主要内容，因此，抓住了教学内容的重点和难点，板书的主要内容也大致确定了。分析教学内容的重点、难点和特点并以此作为板书内容的主要来源能使板书短小精炼，高度概括，充分展现教学内容的关键点。

3. 善用简笔画

以线条、几何图形等构成的简笔画，构图简单，形象突出，表现力较强，再配以恰当的文字说明，可以起到事半功倍的成效。简笔画往往给人以幽默感，可以增加阅读的情趣，激发学习的兴趣。简笔画的另一个优点就在于省事省力，寥寥数笔却胜过千言万语。简笔画对于低年级的学生来说尤为重要。

4. 注重创新

板书需要创新，这种创新并不一定体现为在相同教学内容的教学过程中使用不同的板书，而是指教授每一教学内容时，能够结合使用多种板书的表现形式，做到既传递教学内容又不失新意。

三、讲解技能

（一）讲解技能的概念

讲解技能是指教师运用教学语言，辅以各种教学媒体，引导学生理解教学内容并进行分析、综合、抽象、概括、形成概念，认识规律和掌握原理的教学行为方式。讲解包括讲述、解说和讲读。讲述侧重于讲，是教师运用叙述和描述的方法讲解事实的过程。解说侧重于解，是教师用阐述、说明的方式，对概念、规律、原理和法则进行解释和论证。这一方法在理科上用得较多。讲读侧重于读，是关于阅读教材和范文的阐述。

运用讲解技能的实质是通过语言对知识的剖析和揭示，剖析其组成要素和过程程序，揭示其内在联系，从而使学生把握其实质和规律。

（二）讲解技能的分类

1. 解释式

在教学中，解释式讲解是指对知识的陈述、意义的交代、结构的显示、因果的揭示等。它比较适用对具体的、事实的、陈述性的知识教学。

在语文教学中，常见的叙述故事情节、事件背景、人物性格、写作手法、历史事件、社会环境、作者简介、划分段落、古文翻译等都是使用这种解释式的讲解技能。例如，一位教师在教授《故都的秋》一文时，由于教材对作者没有具体的解释，教师在课堂上作了如下的解释式讲解。

> 郁达夫（1896—1945年），原名郁文，浙江富阳人，1913年17岁时到日本留学直至1922年，其间遭受种种歧视、冷遇以至屈辱，激发了强烈而深沉的爱国热情；1922年回到上海，至1933年在上海从事进步文艺活动；1933年，由于国民党白色恐怖的威胁，从上海迁居杭州，浪迹于山水之间，过着抑郁、寂寞而清闲的生活，1934年8月写下了名篇《故都的秋》。

案例评析：这位教师的讲解侧重于对作者的人生经历的阐述，目的就是想让学生理解作者在文章中流露出来的对故都的秋的感情，从而把握作者的写作缘由。

2. 描述式

描述式讲解是教学中运用于内容陈述、细节描述、形象分析等的讲解类型。

在语文教学课堂中，我们经常用这种讲解方式刻画人物的外貌特征和情感，描述场景环境，介绍细节、情绪感觉等。

描述式讲解大多用于讲授具体知识，提供表象，基本上属于讲解的初级类型。描述式讲解要做到清晰、有序地交代内容，详略分明，突出重点，语言形象，生动有趣。一位教师在教授完汪曾祺的《胡同文化》后进行了这样的总结。

《胡同文化》犹如一杯陈年佳酿，使我们品尝到了原汁原味的旧北京建筑，了解了老北京市民的生活和心态，体味到了胡同文化的深刻内涵，并感受到了小品文的精美。今天，日益高楼化的群居引发你怎样的思考呢？胡同文化的真正含义是什么？胡同文化是一种传统的保守封闭文化。这种胡同式的文化思想即将随着商品经济的发展和改革大潮的涌起而日趋消失。如今，胡同的衰落导致了胡同文化的没落，高楼大厦代替了红墙碧瓦，一种新的文化、新的意识正在兴起，新北京正在崛起，北京在前进，中国也在前进！所以，让我们高兴地和胡同说再见吧。

案例评析：这位教师的描述式讲解，不仅是对这篇课文内容的概括和对作者在文中所持的观点的明确，而且也引发了学生对这一现象的思考和对类似的社会现象的思索。讲解语言明晰，富有哲理。

3. 解释式

解释式又称说明式或翻译式。通过讲解将未知与已知联系起来，按解释的内容不同又可分为：意义解释、翻译性解释、结构说明、比较性说明等。

例：真分数、假分数、带分数的讲解教学片断

师：分子比分母小的分数叫作真分数，如 $\frac{1}{3}$、$\frac{3}{4}$ 等。

师：分子比分母大或相等的分数叫作假分数，如 $\frac{3}{3}$、$\frac{8}{5}$ 等。

师：分子不是分母的倍数的假分数，可以写成整数和真分数的合成数，叫作带分数，如 $2\frac{1}{3}$、$5\frac{3}{4}$ 等。

案例评析：这位教师主要针对真分数、假分数、带分数的概念的内涵进行解释，同时对概念的外延通过举例、对比等方法解释清楚。

4. 原理中心式

原理中心式讲解常用于定义的界说、理念的论证、观点的归纳、思想的分析等内容。这是一种属于较高级别的讲解。原理中心式讲解经常用叙述及议论的表达方式，一般结构模式为：导入→论证、推理→结论。其中，论证、推理环节是最关键的。在讲解的过程中，经常使用分析、比较、归纳、演绎、抽象、概括、综合等逻辑方法，注重论证说服的力度。同时，讲解要做到既有科学性，又有趣味性。

5. 问题中心式

问题中心式是以解答问题为中心的讲解，是在教学中常用于对学生进行能力训练、方法探究、答案求证的讲解方法。其一般模式可以概括为：引出问题→明确目标→选择方法→解决问题→得出结果。问题可以从各种事实材料中引出；明确目标就是明确解决问题的具体要求；选择方法就是对各种方法、策略分析比较，定出最佳解题方法；解决问题要用证据、例证并运用逻辑思维方法论证，最后得出结果。问题中心式讲解适用于语文课堂教学中对重点、难点等的教学，通常配合提问、讨论等其他教学技能。

例：一辆汽车每小时行35千米，5小时行多少千米？

[已知条件] $v=35$ 千米/时，$t=5$ 小时

[要求] 解 $s=?$

[解题方法] 利用速度、时间和路程的关系：路程=速度×时间

$$s=v \cdot t=35 \times 5=175（千米）$$

[结论] 汽车5小时行了175千米。

案例评析：教师以问题为中心，引导学生对问题进行层层深入地了解，最终让学生能对问题有完整、深刻的理解。

（三）讲解技能的应用原则

1. 学科性原则

每门学科都有自己的概念和理论体系，以此构成本学科的知识结构和学科系统。学科概念和理论体系体现了学科的特点、规律和本质。学科性原则要求教师将本学科的专门用语作为讲解语言的基本成分，用学科的专业术语解析学科知

识。教师的讲解语言一定要注意科学性、准确性。

2. 科学性原则

科学性是学科知识最根本的特点。语文教学首先教给学生的就是语文学科的基础知识。语文教师在课堂教学中用讲解的方式传授知识，要做到语言规范、准确，同时保证在对学生进行褒贬的过程中做到语言简明、得当。

3. 启发性原则

讲解的主要特点是教师运用口头语言作为传递知识信息的媒体。它很大程度上是通过教师讲、学生听的方式向学生传递知识信息。教师易于自己控制信息内容，但也容易使学生处于被动接受的地位而丧失其他活动机会，若教师运用不得法，容易使学生产生疲劳感，影响学习效果。因此，教师要讲究语言艺术，注重情感，运用生动的例证启发学生的思维。

4. 适时点拨性原则

教师的讲解分析要注意学生理解问题的难易度。对于学生已知的知识或学生已经学习过但有些遗忘的知识，教师必须把握一个度，必须做到"惜言如金"，给学生留有一个思索的空间，尽量让学生自己去思考。但对于新的知识，学生正处于一个这样的阶段——心中有些明白，但模模糊糊，无法明言。这时，教师必须给予学生恰如其分的点拨，使他们拨开乌云、望见蓝天。孔子说的"不愤不启，不悱不发"就是这个道理。

5. 阶段性讲解原则

在许多时候，教师在课堂上传授知识时由于课堂时间有限，教学内容又多，于是出现了在课堂上无法自律的"一言堂"现象。讲解技能的运用必须遵循阶段性讲解原则。在整个教学过程中，讲解只有与学生的互动、探究等活动交互使用，并结合学生对重点、难点知识的理解准确出击，才能收到良好的效果。

6. 适时反馈、调控原则

在教学中，讲解是一种单向的信息传播，且在传播的过程中，语音信息不像录制好的磁带一样可以反复播放，它是转瞬即逝的。这势必给学生的课堂学习带来不良影响，例如没有听清教师的话，没有完整记下教师传达的重点等。鉴于此，教师在运用讲解技能的过程中，必须进行调控并及时地从学生那里得到反馈，以便及时地检验学生对所讲授的知识是否有完整的了解和正确的识记。

四、变化技能

（一）变化技能的概念

变化技能，是教师在教学过程中，通过变化教学媒体，变化师生相互作用的形式，以及变化对学生的刺激方式，引起学生的注意和兴趣，减轻学生的疲劳，使学生的注意力集中到研究对象上来，维持正常的教学秩序，提高教学效率的一类教学行为。

"文似看山不喜平"，教学和写文章一样，不能平平淡淡，否则会让人感觉索然无味。学生在单调的环境中学习的时间越长，越容易感到厌倦和烦闷，单调的刺激会使学生疲劳，分散注意。一个有经验的教师，能够运用变化技能，通过语言的、情感的、教态的、媒体的变化，随时给学生以新的刺激，不断激发学生学习的兴趣，调整和控制学生学习的注意力，这是顺利进行教学，完成教学目的的基础。

（二）变化技能的类型

课堂教学中的变化技能大体可以分为语言的变化、教态的变化、教学媒体的变化、教学方法及师生互动方式的变化四种类型。

1. 语言的变化

语言的变化包括语调的高低变化、音量的大小变化、语速的快慢变化及语言的节奏变化等。语言的变化对吸引学生的注意力具有重要作用，它不仅可以使教师的讲解具有很强的吸引力或趣味性，使教学重点更加突出，还可以使不注意听讲或影响别人听讲的学生尽快转移视线，安静下来。

为了让学生安静下来，或在重要和关键的问题上抓住学生的注意力，有经验和无经验的教师往往在语言变化的处理上大不相同。我们在课堂上有可能听到教师这样说："请同学们安静下来！""不要再讲话了！""现在注意听讲！""请同学们不要再动了！"这些话往往不仅不能让教室安静下来，相反还会打乱学生听课的思路，转移注意力，影响学生学习的热情，甚至会降低教师的威信。有经验的教师则利用语言的变化吸引学生，例如，利用语调的高低变化、控制音量的大小、调整语速的快慢或突然停顿等，创造一种新的学习气氛，调动或唤起学生的注意力，使学生同授课教师的思路保持一致。

2. 教态的变化

教态的变化是指教师的表情、动作、身体姿态以及身体移动等方面的变化。它是教师在运用语言教学时情感的自然流露，是有声语言的补充和延伸，是教师教学热情和感染力的外在体现。它可以传递丰富的教学信息，唤起学生的注意力，加深学生对知识的理解和掌握。教态的变化不需要任何辅助工具就可以实现，因此是课堂教学中最基本、最常用的变化方式。

教态的变化包括情绪和态度的变化而引起的表情的变化、目光接触的变化、头部动作变化、手势的变化、身体位置的变化组成的动作变化。

3. 教学媒体的变化

实践证明，人类获得外部信息是通过自身的感官完成的。各种感官所获得知识的效率也不相同，如果在教学中教师始终运用同一信息载体作用于学生的同一感官，学生就会感到疲劳。在教学中运用多种媒体，适时、适量地变换信息传输通道，使学生的不同感官交替发挥作用，就能有效地传递教学信息，提高课堂教学质量。教学媒体的变化技能要求教师能够根据教学内容的需要，适时地变换使用信息传输的媒体。信息传输的媒体包括视觉媒体、听觉媒体、视听媒体及计算机多媒体。每一种媒体都有其特长，教师应根据教学内容的特定性及教学目的恰当地选择教学媒体，使学生对教学内容的领会和理解达到最大化。

4. 教学方法及师生互动方式的变化

在长期的教学中，大家逐渐认识到，那种单一的教师讲、学生听的教学方式，会严重抑制学生的学习兴趣和学习的主动性。而教师将讲授法、谈话法、讨论法、自学辅导法、练习法、游戏法等有机结合，变换运用得当，会有力地激发学生学习的兴趣，使学生的学习始终处在最佳状态。

教师除了运用各种教学方法教学外，还要加强师生之间的交流和互动。师生互动方式包括认知互动、情感互动、单向交流、双向交流及多向交流等。优秀的教师总能根据教学内容及教学目的，适时、恰当地使用多种师生互动方式。这样做既活跃了课堂教学的气氛，又加强了师生之间的交流和沟通，增强了学生学习的积极性和能动性。

（三）变化技能的应用要点

运用变化技能要注意以下几个要点。

1）要符合教学目标。在课堂教学时，教师要根据教学的需要和学生出现的情况，针对不同的教学目标运用变化技能，不能脱离教学主题，单纯追求形式的变化。

2）要有针对性。教师在课堂教学中运用变化技能，必须与课堂气氛、教学情境以及学生的具体情况协调一致，运用变化技能要因人、因事、因时而异。教师只有采用不同的、有针对性的变化技能，才能取得理想的教学效果。

3）要注意教学的连续性。变化技能的运用不能呈跳跃式，不能太突然。同一变化技能在同一堂课上不能过于频繁地使用，不同的变化也不能运用过多，过多的变化会使教学杂乱无章，甚至可能互相干扰，分散学生的注意力。

4）注意控制变化的程度。教师运用变化技能，不仅在方式上要有所选择，在程度上也要有所控制，要做到恰当、适度，因为不同的变化技能具有不同的作用，同一变化技能运用的程度不同，其作用也会有一定的差别，所以教师运用变化技能时必须把握好分寸，以师生沟通的最佳效果为度。

五、演示技能

（一）演示技能的概念

演示技能是指教师在教学过程中运用实验操作、实物、模型及现代教学媒体表演等直观教学手段，为学生提供感性材料而进行的表演和示范操作，同时指导学生进行观察、分析、推理的教学行为。感性认识是学生掌握书本知识的重要基础，教师在教学中运用直观演示手段能够丰富学生的感性经验，减少其掌握新知识尤其是抽象知识的困难。由于教师传授的书本知识主要以抽象的语言文字为载体，而学生直接经验又相对有限，对很多新知识的理解有困难，为保证教学的效率与系统性，教师不可能让学生事必躬亲。因此，教师在教学中运用直观演示可避免教学内容抽象、空洞、难于理解。正是基于直观演示的上述功能，演示技能必须作为教师职业技能训练的基本教学技能予以熟练掌握和运用。

（二）演示技能的基本方法

1. 实物、标本和模型的演示

实物即活的动植物或人体自身；标本即死的动植物；模型不是实际物体本身，而是根据教学需要，经过加工而模拟制成的仿制品，可以是原型的扩大，也可以是原型的缩小。在教学过程中，演示实物、标本和模型的目的是使学生充分感知教学内容所反映的主要事物，了解其形态和结构的基本特征，以获得对有关事物的直接的感性认识。为了使学生的观察更有效，教师在恰当地使用演示技能的同时，还要用简洁的语言适时地引导和启发学生的思维，使其更好地掌握所观察的内容。

2. 挂图的演示

挂图是教学中最早使用的一种教学辅助手段，也是教学中最常用的直观教具。它不但制作方法简单，而且使用灵活方便，不受地点条件的限制。挂图一般包括两类：一类是正规的印刷挂图，另一类是教师自制的简略图、设计图、结构图、分类图、表格图和象形图等。

3. 幻灯、投影的演示

幻灯、投影演示即使用幻灯机、投影仪进行的演示，能够化抽象为具体、化虚为实、化大为小，向学生提供相关事物丰富的感性材料。幻灯片、投影片制作简单，成本低廉，制作技术容易被掌握，因此，幻灯机和投影仪在现代教学中运用广泛。

4. 体态演示

体态演示是指借助形体、表情进行演示，具有形象、直观的特点。活泼好动是孩子的天性，有时候，用肢体动作演示能使小学生更好地掌握所学知识。例如学习"看"时，教师可以一边请学生上台表演孙悟空往远处看的动作，一边引导其他同学观察他是怎么看的，通过观察让学生明白"把手搭在眼睛上就表示看"，"看"是由"手"的变形和"眼睛"组成的。

5. 电影、电视、计算机演示

这类演示是利用电影放映机、电视机、计算机等现代化教学媒体进行的。电影、电视具有图像鲜明生动、直观形象的特点，并且图像、声音同步，计算机演示是运用电子投影仪放映演示文稿或教学课件的形式进行的。这类演示能使教学内容得到充分表达，有助于激发学生的学习动机和集中学生的注意力，加深学生对知识的理解。应用电影、电视、计算机配合课堂教学，是目前国内外普遍重视的一种教学方法。这种演示方法给学生提供了感性材料，在加深其对抽象知识的理解、拓宽其知识面和发展其思维能力等方面都有重要作用。

6. 实验演示

实验演示是教师根据课程标准的要求、教学目标和教材内容，通过示范性实验导入新课学习或说明、验证所授知识的一种教学形式。实验演示具有科学性、直观性和启发性的特点，具体可分为获取新知识的实验演示和验证、巩固知识的实验演示两种。获取新知识的实验演示是教师向学生讲解、传授新知识之前所进行的与之有关的实验演示。验证、巩固知识的实验演示以验证和巩固知识为目的，即通常所说的先讲解后演示的方法，是由一般到特殊的教学过程。

（三）演示技能的应用要点

为更好地发挥课堂教学演示的作用，加强课堂教学演示的有效性，教师在运用演示技能时应注意以下几个方面。

1. 演示与讲解要紧密结合

学生以视听结合的方式理解并接受知识，对提高其理解力和巩固知识有重要作用，因此教师在演示的同时需要进行必要的讲解。演示与讲解相结合的形式多种多样，可以用直观手段辅助讲解，也可将直观教学手段作为讲解的出发点，或者利用语言指导学生的观察，以及教师先提出问题，然后由学生自己观察，引导学生自己得出观察的结论等。但无论教师采用何种形式，都要注意将演示与讲解密切结合，引导学生把各种感知转化为积极的思维活动，以达到透过现象认识本质的效果。

2. 演示要适度、适时

演示适度是指在演示过程中，教师需要学生观察时则展示媒体材料，不需要时则收起媒体材料，以免学生产生疲劳，影响教学效果。演示教具是一个直观信息输出和输入的过程，教师应抓住最佳时机适时地展现，教具出示得过早或过晚，都可能影响教学效果。

3. 演示目的明确，突出教学的重难点

选择演示材料的原则要有利于突出教学重点或难点，有利于培养学生的观察、分析和记忆等能力。同样，选择的演示实验要能为后面即将进行的概念及理论教学服务，在演示中教师一定要明确此次演示的目的，紧紧围绕教学的重点和难点，避免偏离主题，防止演示流于形式、削弱演示的功效。

4. 选取能给学生适宜刺激的素材

在选择演示素材时，除了上面提到的有利于突出教学的重难点，教师还应注意选取能给学生适宜刺激效果的内容素材。太强烈的刺激会对学习产生不利影响，最好是选取既能激发学生的情感活动又能引起学习兴趣的内容素材。另外，教师还要注意演示材料的科学性。

5. 演示教具要面向全体学生

演示教具的目的是让每个学生都能看清楚教师想让学生看清楚的内容。第一，要求教具比较大，特别是重要部位要能让学生都看清。第二，教师演示时教具必须放于学生可见的高度，也要在适当的光线条件下演示。有的教师托举模型时高度不够，或者挂图挂得不够高，这对学生的观察极为不利。一般情况是要求演示时光线充足，在采用诸如电教媒体时却要求暗光条件。第三，还必须注意演示材料和背景的关系。

6. 注意演示操作的精确性和教育性

教师的演示操作过程应该是规范化的和准确无误的，也就是说演示应该是示范性的，教师的一举一动都应成为学生的榜样。教师的演示具有教育性，教师一丝不苟、科学严谨的演示操作会潜移默化地影响学生科学素质的形成。

7. 恰当设置悬念，引导学生进行探索

教师的课堂教学演示要注意营造学生渴望演示出现的心理倾向，这样当演示出现时才能吸引学生认真观察和积极思考。教师通过巧设悬念激发学生探索的欲

望，尤其是此处语言的配合为教具演示的最佳效果做了重要的铺垫。学生的积极性被调动起来，求知欲望高涨，他们自然在演示中全神贯注地观察教师的一言一行。

六、提问技能

（一）提问技能的概念

学起于思，思源于疑，疑问是思维的火花。问题是教学的心脏，可以激发学生思维，促进学生解决问题。教师的提问是一门艺术，问题提得好，学生就会主动思考、探究、积极回答，从而达到教学目的。

提问技能是教师通过向学生提出问题，并对学生的回答做出适当的反应，以达到促使学生主动思维、理解和掌握知识并发展能力，或了解学生学习状态目的的教学行为。提问技能在培养学生的思维能力方面有着特殊的重要作用，是解决问题最有效的教学行为。因此，有人称提问是教师的"常规武器"。

（二）提问技能的类型

提问技能由于分类标准不同，可以有不同的分类。如下侧重从认知水平分类的角度来看待提问技能的类型。布鲁姆等在《教育目标分类学（第一分册）》（1956年）中把认知领域的目标分为六个亚领域，即记忆、理解、应用、分析、综合和评价。根据这六个亚领域把课堂提问分为记忆性提问、理解性提问、应用性提问、分析性提问、综合性提问和评价性提问。

1）记忆性提问。它是认知领域的最低水平，但对学习新知识是必要的。其提问的主要形式为说出、写出、复述、举例说明、什么叫作等等。

2）理解性提问。它是用来检查学生对已学的知识及技能的理解和掌握情况的提问方式，多用于某个概念、原理讲解之后，或学期课程结束之后。学生要回答这类问题，必须对已学过的知识回忆、解释、重新组合，对学习材料内化处理，组织语言，然后表达出来，因此，理解性提问是较高级的提问。在理解性提问中，教师经常使用的关键语句是请你用自己的话叙述、阐述、比较、对照、解释等。

3）应用性提问。它是检查学生把所学概念、规则和原理等知识应用于新的问题情境中解决问题的能力水平的提问方式。在应用性提问中，教师经常使用的关键词是应用、运用、分类、分辨、选择、举例等。例如，运用所学的历史知识分析陈胜、吴广农民起义的起因。

4）分析性提问。它是要求学生通过分析知识结构因素，弄清概念之间的关系或者事件的前因后果，最后得出结论的提问方式。学生必须能够辨别问题所包含的条件、原因和结果及其之间的关系。学生仅靠记忆并不能回答这类提问，必须通过认真的思考，对材料加工、组织，寻找根据，进行解释和鉴别才能解决问题。这类提问多用于分析事物的构成要素、事物之间的关系和原理等方面。在分析性提问中教师经常使用的关键词是为什么、哪些因素、什么原理、什么关系、得出结论、论证、证明、分析等。

5）综合性提问。它是一种学生需在原有知识的基础上，对问题分析、综合、概括等组织加工的提问方式。在进行综合性提问时，教师需要学会分析综合与推理想象两个方面。一是分析综合，要求学生对已有材料进行分析，并从中得出结论；二是推理想象，要求学生根据已有的事实推理、想象可能的结论，也就是由已知推未知。综合性提问的表达形式一般如下：根据……你能想出问题的解决方法吗？为了……我们应该……？如果……会出现什么结果？

6）评价性提问。它是一种要求学生运用准则和标准对观念、作品、方法、资料等做出价值判断，或者进行比较和选择的提问方式。对于评价性提问，学生需要运用所学内容和各方面的知识、经验，并融入自己的思想感受和价值观念，进行独立思考才能回答。它要求学生能提出个人的见解，形成自己的价值观，是最高水平的提问。在评价性提问中，教师经常使用的关键语句是判断、评价、证明、你对……有什么看法等。

（三）提问技能的应用要点

1）重点突出，讲究目的性。教师设计问题时，应服务于教学目标、教学内容。每个问题的设计都是实现特定的教学目标、完成特定的教学内容的手段。同时，设问还要抓住教材的关键，于重点和难点处设问，以便集中精力突出重点，突破难点，避免从"满堂灌"到"满堂问"。

2）难易适中，讲究科学性。提问要从学生的实际情况出发，符合学生年龄特征、认知水平和理解能力。有针对性的设问要求：问题的难易要适度，符合学生的"最近发展区"；面向全体学生，使多数学生参与，适当兼顾"两头"，并考虑某些特殊学生的个性特点。

3）源于生活，讲究趣味性。在设计提问时，教师最好能以学生感兴趣的方式提出问题。设计具有趣味性的问题，能够吸引学生的注意力，引发学生积极思考并主动参与到问题解决中，同时可以使学生从困倦的状态中转入积极的思考氛围。

4）循循善诱，讲究启发性。启发性是课堂教学提问的灵魂。缺少启发性的提问是蹩脚的提问；富有启发性的提问是激发学生积极思维的信号。教师应当避免不分巨细、处处皆问的做法，同时也要避免单纯的判断性提问，多用疑问性提问、发散性提问、扩展性提问等能够有效促进学生积极思维的提问方式，让学生受到启发、思维品质得到培养、智力水平得到提升。

七、导入技能

（一）导入技能的概念

导入技能是指在课堂教学起始阶段，教师运用简洁而行之有效的方法引起学生注意，激发学生学习兴趣和学习动机，最终引导学生进入特定学习状态的教学行为方式。"良好的开端是成功的一半"。课堂导入的目的是在进行新的课堂教学活动初期，在教学目标的指引下创设各种有效的手段将学生的注意力引导到学习上来，激发起学生对所学内容的兴趣，同时加强新知识与旧知识之间的联系，引导学生的学习心理状态进入新知识的学习中。

（二）导入技能的类型

1. 开门见山直接导入

在上课开始时，教师直接给学生介绍本节课的教学主题，点明所论问题的重点及中心，让学生对所要学习的内容心中有数、一目了然，便于将学生的注意力迅速提升到所要学习的内容之上。这种方法是比较常见的一种导入方法，但是这种方法不宜过多采用，因为它没有更多的新颖性与趣味性在其中，学生容易产生厌烦心理。例如：在教学"同类项"时，教师在黑板上板书了"2a 和 3a"与"3×2y 和 4×2y"让学生观察各组中字母和字母次数的特点，学生齐声回答了各组中所含字母相同，字母的次数也相同。见时机已到，教师便开门见山地对全班学生说：

这节课大家就来共同学习所含字母相同并且相同字母次数也相同的项，即同类项。需要达到的学习要求是能够正确掌握什么样的数学表达式叫作同类项。（学生听后积极投入到学习之中，新的一课便拉开了帷幕）

2. 复习导入法

"温故而知新"，教师通过复习、提问、做习题等教学活动有目的地引导学生温习旧知识或通过生动而富有感染力的讲解、谈话或提问有针对性地激发学生对已有生活经验的回忆，导入新知识的学习能够使学生感到新知识并不陌生，便于学生将新知识纳入已有的认知结构中，降低了学习新知识的难度；易于引导学生参与学习过程，激发起学生的求知欲。例如，小学五年级数学"求两数最大公约数"一节的导入：

教师首先要求学生完成以下任务。

（1）回答问题。下面各组数互质吗？7和11；8和9；13和15；1和100。

（2）填空。12的约数有（　　　　）；18的约数有（　　　　）；12和18的最大公约数有（　　　　）。

（教师导入语）我们已经学过两个数的最大公约数，如果会用计算的方法求两个数的最大公约数就更好了，这节课我们就学习求两个数的最大公约数的方法。

3. 经验与事例导入

用学生生活中已有的经验，熟悉或关心的事例导入新课，能使学生产生一种亲切感，起到触类旁通的功效；也可介绍新颖、醒目的事例，为学生创设引人入胜、新奇不解的学习情境。例如学习《海底世界》一文的导入：

师：同学们都知道，我们的祖国地域辽阔，不仅包括陆地，还有海洋呢！你们知道我国海洋的名称吗？（引起注意）

生：东海、黄海、渤海、南海。

师：呵！我国的海域非常辽阔，大海又别有一番景色，是吧！同学们有观海的经验吗？（建立联系）

学生自由地畅谈。

师：大家说得真不错啊！海洋世界是怎样的呢？（引入新知）

在这段导入中，教师借助学生以往的认知经验、社会经验等，从课题入手，引导学生进入新知的学习。

4. 实验导入

每一章节教学的开始，学生们的心理特征是：急于想了解本章、本节知识的大概内容，如果是理科，就特别想知道本章有哪些有趣的实验，喜欢观察鲜明、生动、不平常的实验。在观察过程中，他们的心理活动是好奇、好看、急于想了解实验中出现各种现象、变化的原因，要求解惑的心情特别迫切。根据学生学习之始的心理活动特征，在学习某些章节的开始，可由教师演示一系列实验，巧布疑阵、设置悬念，就会使学习目的明确、动机增强，起到"激其情、引其疑"的作用。例如，在讲钠的化合物所具有的性质时，教师可以用水能使棉花燃烧的魔术表演加以导入，即事先在棉花中包一些过氧化钠，而后用胶头滴管向其滴加几滴水，可以看到棉花燃烧起来。因为实验现象刺激而新奇，激发了学生的兴趣及其求知欲望，于是他们会自觉地阅读教材，寻求答案。

5. 直观导入

这种导入方法是在讲授新课题之前，先引导学生观察实物、样品、标本、模型、图表、幻灯片、电视片等，引起学生的兴趣。再从观察中提出问题，创设研究问题的情境，学生为解决直观感知中带来的疑问，产生了学习新知识的强烈要求。采用这种方法需注意以下两点：

1）实物、模型、幻灯片、电视片等的内容必须与新教材有密切的联系。

2）在观察过程中，教师要及时、恰如其分地提出问题，以为学生在观察中指明思考方向，促进他们的思考，为学习新教材做好准备。例如，有位教师在讲植物学"种子的结构"的时候，先请同学们辨认几种植物的种子。接着她说：

世界上绿色开花植物有20多万种，多数是由种子发育而来的，现在我们看到的只是几种。非洲东部塞舌尔有一种椰子树，一个种子的直径有50厘米，重达15千克，可算是世界上最大的种子；还有一种叫斑叶兰的植物，它的一亿粒种子才重50克，可算是世界上最小的种子。尽管这些种子的大小、形状、颜色各不相同，把它们种在适宜的环境里，都能长成一棵新的植物体。这是为什么呢？因为它们的结构基本上是相同的。今天我们就通过观察常见的菜豆种子和玉米种子学习种子的结构（板书课题）。

6. 趣味（故事、游戏、谜语等）导入法

学生大多喜欢听故事。各学科的发现史和发明史中，充满了动人的故事。中

外史实中，妙趣横生的典故更多。根据教材内容的特点和需要，教师可以选讲联系紧密的故事片段，避免平铺直叙之弊，收寓教于趣之效。

在数学课中，如果以一个精彩的故事进行导入，能够极大地调动学生学习的积极性，更能激发学生用数学知识去观察生活，并把所学到的知识用于生活实际中去。例如，在教授"一元一次方程的应用"时，这样设计导入语：

> 在一次野炊活动中，老师和同学们正忙着洗碗进餐，其中一个同学问老师："我们共有多少人吃饭？"老师听后灵机一动，就事论事，对这位同学说："我们共带了55个碗，其中一人一个饭碗，二人一个汤碗，三人一个菜碗，刚好分完，请你计算一下有多少人进餐？"这位同学听了老师的话后，认真思考片刻，便笑着告诉了老师计算的方法及人数，老师高兴地夸这位同学聪明。请同学们回答一下，这位同学告诉老师的计算方法及计算结果是什么。（同学们听了故事之后，都积极举手回答）

7. 悬念导入

美国心理学家布鲁纳指出，"教学过程是一种提出问题和解决问题的持续不断的活动"[①]。有经验的教师常在章节教学之始，编拟符合学生认知水平、形式多样、富有启发性的问题，引导学生回忆、联想，或渗透本课学习目标、研究的主题。提出带有悬念性的问题导入新课或问题，能够激起学生的兴趣和求知欲，教师在悬念中既巧妙地提出了学习任务，又创造出探求知识的良好情境。例如，学习《机器羊》的导入：

> 师：谁能说说羊是什么性格？（温顺、善良）
> 师：谁能说说狼又是什么性格？（凶恶，专门欺负弱小动物）
> 师：如果小羊遇上狼会怎样呢？（会被狼吃掉）
> 师：今天咱们学习的这节课里，小羊不但没有被狼吃掉反而把狼制服了，你们想知道这是一只什么样的羊吗？（提出带有悬念性的问题导入新课）

（三）导入的原则与实施要点

在设计和实施中，各种不同的导入类型需符合一定的原则，才能导之有方。

---

① 转引自周晓庆，王树斌，贺宝勋. 教师课堂教学技能与微格训练. 北京：科学出版社，2013：82.

1. 针对性

导入是为了满足学生的听课需要，在教师的精确引导下，使学生进入新知识的学习状态之中的活动。因此，导入需要针对学生的身心特点与认知规律而设计。另外，导入需要针对学习内容与教学实际。切忌与教学内容脱节，与学生脱节；切忌华而不实，毫无教学效果；切忌偏向，导而不入，或误入歧途。

2. 启发性

导入贵在"启发"。通过教师的"启发诱导"而非"教"，使学生能够充分发挥主观能动性，积极参与，主动思考，使学生进"入"教师预设的教学情境中。

3. 新颖与趣味性

"知之者不如好之者，好之者不如乐之者。"良好的导入可以是风趣幽默的语言、生动活泼的形象、新颖有趣的方式，设法有效地吸引学生注意力，激起学生的求知欲望与探究欲望，从而使教学内容以新鲜的面貌呈现出来，为整个课堂教学打下良好的基础。

4. 简洁性

导入虽然是教学的重要环节，但并非教学的主体。由于课堂教学时间有限，因此导入所占课堂教学活动的时间比例不宜过长，一般以3—5分钟为宜，所以必须言简意赅，尽快导入，尽量省时，为学生学习新知识留下充足的时间。

5. 多样性

"教学有法，教无定法。"导入的形式要呈现多样性。教学导入的方式有很多，教师在设计导语时要注意这些方法的配合和交替运用。在具体操作过程中，教师可以借助一些辅助手段帮助优化导入的效果，如多媒体手段、简练的措辞、精妙的编排、绘声绘色的语言表现，甚至包括教师本人仪表的精致打理，都可以带入更多的情感因素，为课堂的开端增色。

八、强化技能

（一）强化技能的概念

强化是心理学研究领域的一个概念。行为主义心理学认为，学习是刺激

（S）-反应（R）的联结，学习过程是一种渐进的"尝试与错误"直至最后成功的过程，人类的学习行为是操作条件反射式学习。在操作条件反射中，刺激最初与多种反应 R_1、R_2、R_3、R_4、…、R_i 结合，通过强化其中一种反应 R_1，而不是强化其他反应，R_1 就可替代其他的反应，最后与刺激形成稳固的联系。由此可见，强化是"使有机体在学习过程中增强某种行为反应概率的力量"，强化是塑造行为和保持行为强度不可或缺的关键手段。

强化技能是指教师在教学过程中，依据行为主义心理学的原理，针对学生的反应，采取各种肯定、鼓励、奖励和纠正错误的方式，促进和增强学生正确的行为反应的教学行为，使其朝着更好的方向发展。强化技能的教学行为的独特功能在于，它能使教学情境的刺激与希望的学生反应之间建立稳固的联系，促进学生形成正确的学习行为，并在这一过程中使学生的思维得到发展。

（二）强化技能的类型

根据强化所采用的外显方法，可以将强化技能分为语言强化、标志强化和活动强化。

1. 语言强化

语言强化是指教师发现学生有了所期望的行为后，运用语言的形式对学生的反应和表现作出针对性的肯定、鼓励、表扬或批评，以达到强化学生行为的教学行为方式。语言强化又可以分为口头语言强化、书面语言强化和体态语言强化。

（1）口头语言强化

口头语言强化是教师对学生进行口头的肯定、表扬和鼓励。例如，当学生在课堂上正确回答问题时，教师评价"回答得非常好""太棒了""这是一个非常好的想法""回答得好，进步真快"等。

（2）书面语言强化

书面语言强化是教师在学生的作业或试卷上所写的评语，同样对学生的学习行为具有强化作用。比如，一个对作业从不认真的学生经过教师和家长的教育，不但文字比过去工整了，错误率也下降了，而且确实是他自己下了工夫，所有行为都朝着家长和教师所期望的方向发展时，教师除了对他的作业进行仔细批改，还应写出适当的评语，如"你的进步很大，文字比以前更工整，错误较少。继续努力，你一定可以做得更好，取得更大的进步"。恰如其分的评价比笼统地写

"好""有进步"具有更大的强化作用。

（3）体态语言强化

体态语言强化是指教师运用非语言因素（如身体动作、表情和姿势）对学生的期望行为进行肯定、表扬的强化方式，如一位平时回答问题比较胆怯的学生在大胆说出自己的观点时，无论其观点是否正确，教师都应抓住机会对学生所表现出来的期望行为进行强化，如给了一个赞许的眼神、微笑或点头等动作，都可以对学生的行为起到强化作用。常用的体态语言强化方式有手势（如拍手、鼓掌）、点头或摇头、微笑、接触动作（如拍肩、摸头）等。

2. 标志强化

标志强化是当所期望的行为一旦发生，教师不当即表彰，而是采用各种色彩鲜明的或具有特殊意义的标志符号对学生的行为和表现进行肯定、鼓励，以强化学生的正确行为。例如，对于认真完成作业、作业比较优秀的学生，在作业后边盖上红花、红旗等印章；对于品德、纪律好的学生，发给红花、红旗等实物，以强化学生正确的和所期望的行为和表现。

3. 活动强化

活动强化是指当学生出现期望的行为后，教师指导学生参与一定的活动，用自己在活动中的行为相互影响，起到强化学习效果的作用。例如，当学生出现所期望的行为或表现时，给学生参与游戏的机会进行强化；或允许学生充当"小老师"，转换角色强化学生的正确行为；或提供学生参与其喜爱的活动，以对正确的行为进行强化。

（三）强化技能的应用原则

教师在应用强化技能时，必须围绕教学大纲所规定的教学目标判断学生的反应和行为。在强化时，教师还必须遵循学生的认识规律。

1. 强化意图要明确

教师在对学生的反应和行为强化时，一定要让学生明确地知道到底是自己的哪些行为正在受到教师的肯定、表扬或否定、批评，以使学生建立起刺激信息与行为之间明确又稳固的关系。

2. 强化要适时、适度

对学生的反应要及时予以强化。强化时间对于强化效果有很大的影响，过早易于使学生慌乱，阻碍学生探究活动或尝试错误活动的进行；过晚易使学生失去建立刺激与行为之间联系的机会，甚至可能接受不了正确的信息。

强化要适度，要恰如其分。如果强化过度，反而会分散学生的注意力，如对初中生采取鼓掌强化，会有好的效果，但在高中班级使用鼓掌方式，可能会使作答的学生感到窘迫。

3. 强化要有针对性

教师必须充分考虑不同年龄、不同认知能力和不同个性的学生对强化方式的不同需要，针对不同的学生采用不同的强化方式，使强化技能具有个性化的特点。例如，小学生偏爱教师的直露的赞赏，中学生则更需要含蓄的鼓励；运用动作对小学生强化就比较恰当，而如果频频地抚摸高中生的头部则是对他们的不尊重和失态。

4. 强化方式要灵活

教师在运用强化技能时，应该有意识地及时变换强化的方式，即使同一类强化技能，也应考虑灵活多变，避免简单重复同一句话或同一个动作。灵活性应与针对性结合在一起，教师根据学生对强化方式的不同需要，灵活地使用适合不同学生个性特点的强化技能。

5. 强化时教师的态度要真诚、热情

在强化时，教师的情感和态度必须是真诚、热情和友善的，通过伴随各种语言和动作的情感传递加强对学生的影响。教师的诚恳、期待和热望之情会深深地打动学生，同样对学生的行为起到强化作用。同样，过分的表扬和奖励也会使学生感到生硬和难以接受，甚至可能造成虚假和讽刺的印象。

九、教学组织技能

（一）教学组织技能的概念

课堂教学包含两种活动过程，一种是教学活动，另一种是管理活动。教学活

动是教师按照一定的教学思路传授知识、培养能力、发展智力、陶冶情操的活动。管理活动是教师指挥、组织学生参与到教学活动中，为实现教学目标而做出的种种努力的活动。

教学组织技能是在课堂教学过程中，教师不断地组织学生、引导学习、管理纪律、建立和谐的教学环境，帮助学生达到预定教学目标的行为方式。这个技能的实施是使课堂教学得以有效地动态调控，与教学顺利进行和促使学生思想、情感、智力的发展有密切关系。一个组织方法得当、并然有序的课堂，学生的注意力集中，教师循循善诱，必然使课堂教学取得好的效果。

（二）教学组织技能的类型

在国外对课堂教学组织的研究中，从其基本特征出发，可归纳为10个行为方面，即行为的作用、方法、活动、题目、认知过程、参加人、时间、陈述、教学辅助和规则确定。在实际课堂运用中，每个行为方面又有各自的构成要素。根据我国的课堂组织情况，我们提出以下几个方面作为教师课堂教学组织的基本行为。

1. 管理性组织

管理性组织是对课堂纪律的管理。其作用是使教学能在一种有序的环境中进行。教师在进行课堂管理组织时，既要不断地启发、诱导学生，又要不断地纠正某些学生的不良行为，保证课堂教学的顺利进行。例如，教师在讲授《白杨礼赞》一课时，发现一位学生在做其他科目的习题，这时，这位教师的处理方法是：

> 教师走到做其他科目习题的学生身边，然后向全班学生提问："你见过白杨树吗？能不能给大家描述一下？如果不能，请你读读作者对白杨树的描写。"提出问题后，教师用目光扫视全班，然后再落到该学生身上，拍拍他的肩膀，暗示他回答这一问题，使他集中注意力听课。

在上面这个案例中，教师在课堂上发现个别学生没有集中注意力听讲时，便先提出一个简单问题让全体学生思考，然后教师通过体态语言暗示分神的学生，要求他回答问题，使他意识到自己的不良行为，并将注意力集中到课堂学习中。这种做法是善意的，是尊重学生人格的表现。

2. 对阅读、观察等的指导组织

阅读、观察等是学生学习的方法。如何使学生迅速地投入学习，并掌握这种学习方法，需要教师在课堂上不断地进行指导组织。在文科教学中，阅读是培养学生能力的一个重要方面；在理科教学中，阅读也越来越受到教师的重视。学生在没有掌握阅读方法之前，常常是从头读到尾，把握不住重点。教师若采取根据阅读提纲提问的方式加以引导，使学生学会读，读有所得，以逐步提高学生的阅读兴趣和能力。

3. 讨论或课堂教学的组织

讨论是一种有计划、有组织、学生积极参与的独特的教学方式，在文学、历史、社会学等学科的教学中已被广泛应用，对于自然科学教学中存在的有争论的问题也是适用的。当课题富有争论性或具有多种答案时，运用讨论的方法最适合。讨论的特点是使班上的每个人都有参与学习活动的机会，促使其积极思考问题，真正成为学习的主体。在讨论中，每个学生都要认真地思考课题，给予反应，彼此启发，相互补充，对问题做出结论或概括。这样，学生就变成了知识的主动追求者，而不是被动接受知识。在讨论中，个人参与交流的程度随分组的大小而定。分组较小，每个成员都有机会发表自己的看法；分组较大，不善于发言者有可能自动退出讨论。讨论的方式可根据讨论的目的、班级的大小和学生的能力采取多种形式，比如全班讨论、分组讨论、专题讨论、辩论式讨论等。

（三）教学组织技能的应用原则

根据学生心理发展的特点及课堂教学任务的要求，教师要使课堂形成融洽的气氛，培养学生良好的品质和习惯，应注意以下几项基本原则。

1. 明确目的、教书育人

育人是课堂教学的重要任务。通过教学组织，使学生明确学习目的，热爱科学知识，形成良好的行为习惯，是教学组织技能的特有功能。

2. 了解学生、尊重学生

每个学生都有自己的兴趣、爱好和个性特点。在课堂上，教师只有了解学生，才能根据每个学生的特点，提出不同的要求，用不同的方法进行教育和管理。

3. 重视集体、形成风气

集体的舆论是公正的、有威力的。良好的课堂风气一旦形成，可使学生在集体中受到熏陶和教育。集体的精神世界和个体的精神世界是相互影响的。每个人从集体中汲取有益的东西，从集体中得到关心和帮助，在集体的推动下不断进步。每个人丰富多彩的精神世界又使得集体更加生动活泼，显示出无限的生机。

4. 灵活应变、因势利导

教育机智是指教师对学生活动的敏感性，以及能对学生所发生的意外情况灵活而快速地做出反应，及时采用恰当措施给予引导，或根据实际情况，灵活地运用多种教育形式和方法，有针对性地对学生进行教育。

5. 不骄不躁、沉着冷静

遇事不骄不躁是教师的一种心理品质，它是以对学生的热爱、尊重与理解及高度的责任感为基础的。只有这样，教师才能公正地对待每个学生，尊重和维护学生的自尊心，耐心地引导学生进行学习。也只有这样，才能在遇到意外情况时沉着冷静，不为一时的感情冲动冲昏头脑。教师在处理问题时，要随时意识到自己对社会、对学生所承担的责任，考虑到自己的行为后果，从教育的根本利益和目标出发，处理好所面临的各种复杂、棘手的问题。

十、结束技能

（一）结束技能的概念

结束技能是指在完成某部分预设的教学内容或活动时，教师利用课堂教学时间对该部分的知识进行归纳总结，并对其予以升华或延展的教学行为方式。结束技能通常应用于一节课的结尾或完成一章、一节或某一知识点的教学内容时，是教师必备的重要教学技能之一。结束技能的应用过程一般是应用归纳总结、实践活动等方法对所学的知识和技能进行及时的总结、巩固和应用，使新知识被纳入学生原有认知结构中。

一堂生动活泼、具有教学艺术魅力的好课犹如一支婉转悠扬的乐曲，"起调"扣人心弦，"主旋律"引人入胜，"终曲"余音绕梁。在课堂教学活动过程中，导入是"起调"，结束是"终曲"，完美的教学必须做到善始善终，因此，结束技能与导入技能一样，是衡量教师教学艺术水平的重要标志之一。

（二）结束技能的类型

按照不同的分类标准，课堂结束可以分为不同的类型，下面从实用角度介绍课堂结束的几种常用方法。

1. 自然结束法

自然结束法指教师讲完一堂课的最后一个内容或最后一句话，下课铃正好响起，"水到渠成，瓜熟蒂落"地结束了一节课的教学。这种结课方式不强调结束的形式技巧，却讲究课堂教学进程和时间的精心设计，自然而然、一气呵成。自然结束法一般适用于难度不大的教学。

2. 归纳总结法

归纳总结法是指教师就课堂教学的主要内容进行归纳、概括和总结，是教师最常用的一种结束方法。但要注意的是，归纳总结法不是对课堂所讲授的内容的简单重复，而是对该节课内容的重点、难点和知识体系强调性的重复，重在对知识的整理和概括，话语要简洁明了、高度概括、重点突出。归纳式结束方式适用于概念、内容较多的课堂教学，该方法能迅速指明重点，节省时间，易于控制。例如，在讲授完"苏州园林"一文时，教师采用口头语言对教学内容总结归纳结束：

> 通过以上分析，我们可以清楚地看到，作者写这篇说明文，首先是抓住苏州园林的共同特征——务必使游览者无论站在哪个点上，眼前都是一幅完美的图画。先总写，后分写，写了四个讲究三个注意。亭台轩榭的布局自然成趣，假山池沼的配合巧夺天工，花草树木的映衬着眼画意，远景近景的层次幽深清晰。每个角落巧做点缀，具有图画美；每扇门窗具有图案美，每根梁柱乃至墙壁设色淡雅，具有协调美。苏州园林到处都呈现出自然美、和谐美，因而使人觉得如在画中。作者就是这样，由总说到分说，由概括到具体，由主要到次要，从以上七个方面说明苏州园林处处画的特征。明白了吗？

再如，小学数学"乘除法各部分之间的关系"一课，教师利用板书归纳式结课，板书内容如下：

积＝因数×因数

因数＝积÷另一个因数

商＝被除数÷除数

除数=被除数÷商（求除数用除法）

被除数=商×除数（求被除数用乘法）

通过板书总结能加深学生对教学内容重难点的印象，明确该节课的关键点及知识点之间的联系。

3. 综合练习法

综合练习法是在讲课结束时，教师适当地安排学生进行一些实践活动。这样既可以使学生所学知识得到强化和应用，又可以使教学效果得到及时反馈，便于教师把握教学进度。

4. 悬念探究法

悬念探究法利用学生急切期待的心理状态，使用"欲知后事如何，且听下回分解"的说书方式，在表述到扣人心弦处戛然而止，给学生留下有待探索的未知问题，激起学生继续探索的强烈愿望。悬念探究法容易唤起学生的探究欲望，给予学生合理的学习期待，同时能为下一节课埋下伏笔，具有承前启后的作用。一般来说，上下两节课的教学内容具有密切联系，最适合使用悬念探究法结束。

5. 拓展延伸法

拓展延伸法是教师利用课堂教学的结束环节，结合该节课的教学内容，提出与本节课知识相联系同时又高于本节课知识的问题，引导和鼓励学生在课后进行探索，激发学生学习和研究更深层次知识的兴趣，提高分析问题和解决问题的能力。探索式的结束方式能将课内知识与课外知识进行联系，既能加深学生对本节课内容的理解，又能激发学生的课外学习兴趣，进而拓宽学生的知识面，是培养学生发散性思维的重要途径。例如一位教师在教授《猎人海力布》一课时，在结束时这样提问：

> 文中的鸟儿怎么知道"今天晚上，这里的大山崩塌，大地要被洪水淹没"呢？其实，大自然中有很多动物都有这种能力。比如，下雨前，蚯蚓滚沙，蚂蟥浮到水面。然而，它们为什么知道呢？同学们可以抽时间，课外阅读《十万个为什么》一类的科普书籍，或借助网络查阅相关知识就明白了，大自然的奥秘还有很多，我希望对这方面感兴趣的同学长大后能进一步探索生物世界的奥秘，为人类做出贡献。

这位教师利用教学的契机，适时提出适当的探索问题，把课堂结束作为联系课内外的纽带，把课堂教学向课外延伸，推动第二课堂的开展，能开阔学生视野，激起学生探索的欲望。

（三）结束技能的应用原则

好的教学结束具有概括总结、强化重点、理清脉络、加深记忆、激发兴趣等多方面的积极作用。为了使教学结束充分发挥出这些作用，教师在实施教学结束时应遵循以下原则。

1. 目的要明确

结束环节要达到什么样的目的，是对本节课的教学内容概括提炼还是知识的拓展延伸，是强化重点还是为下节课做好铺垫，需要教师在备课时首先确定好。只有教师明确了结束环节的目的，才能实现合理化地选择结束方式，才能在具体实施过程中有章可依。切忌在实施结束技能时手忙脚乱、漫无目的。

2. 结束语言要简练

通常情况下，结束环节的时间限制在3—5分钟，因此，教师要在有限时间里将一节课的内容提炼概括，就要求结束语言高度概括、短小精炼。在结束环节，切忌将教学内容不分重点的再次重新叙述，切忌结束语言拖沓冗长。这样只会加重学生的认知负担，干扰学生对重难点的回忆和掌握。

3. 结束的方式要灵活多样

结束的方式没有好坏之分，只有合适与不合适之分。因此，在结束环节，教师应根据教学目标、教学对象、教学内容和实际的教学环境等因素灵活选择不同的结束方式，避免长时间地采用一种结束方式。除此之外，在结束时，教师应尽可能地将多种结束方式组合起来使用，形成多种组合，一来丰富课堂教学活动，二来实现各种结束方式的"优势互补"，提高结束的有效性。

4. 分配好时间，使结束从容不迫

结束环节需要有适量的时间做保障。一般来说，结束环节所用的时间一般为3—5分钟。一节课若能做到总结完毕后铃响下课，效果最好，也最受学生的欢迎。

第五节　微格教学教案举例与教学评价表

一、微格教学教案举例

微格教学案例如表5-2—表5-5所示。

表5-2　微格教学教案1

科目：语文　　课题：聪明的公鸡　　训练的技能：教学语言技能　　时长：12分

教学目标：
1. 懂得遇到问题时要镇定，要善于动脑筋；
2. 分角色、有感情朗读。

时间	授课行为	应掌握的技能要素	学生行为	教学意图
0分0秒	上课，同学们好！ 我们在电视里见过大灰狼，那是一种什么动物？ 一天，一只公鸡在路上遇到了这样一匹狼—— 观察图：狼看到公鸡是什么表情？狼当时会想些什么？ 狼特别想吃掉公鸡，心里暗暗高兴：到了嘴边的肉，我一定要吃掉你，可是它要稳住公鸡，不让它跑掉。 公鸡又会是什么样子呢？ 它在想什么呢？	回忆 声调深沉 演示 确认 启迪手势 眼神、表情	答：凶恶、狡猾 答：张着嘴，吐着舌，眯着眼…… 自由想象、交流…… 倾听、联想……	运用语言创设情境，引导学生想象。 运用表情神态，引导学生想象，进入学习情境
3分30秒	狡猾凶恶的狼碰到了警惕性高的公鸡，一定会有斗智的精彩场面，咱们读一读精彩的对话。 狼的话怎么读？ 公鸡的话怎么读？ 狼为什么用商量的口气呢？ 从对话中，你能看出这是一只怎样的公鸡呢？ 大家看图，图上为什么没有狗呢？ 你喜欢公鸡吗？	揭示语 语调、语速 启发 阐释语 启迪 启发 手势　表情	答：睁大圆眼睛看着狼，一点也不慌张…… 读对话 分角色读、评读 答：狼很狡猾…… 答：使用妙计，公鸡很聪明。	利用阐释语过渡，为后面的学习做铺垫。 运用生动的提问，启发学生想象，理解文义。 启迪、引导学生评价交流，形成认识。
12分0秒	通过课外学习，我们知道这是一只狡猾的狼，但它遇到了…… 在生活中，当我们遇到了坏人时该怎么办呢？下面，老师出一道智力题，看谁答得又快又准： 一个小朋友独自在家，有生人叫门，这个小朋友该怎么办呢？	概括节奏 语调 分析 质疑　扬声 评价　加重语气 评语 语调　语速 启迪语 语调　神态 阐释语	想象、交流 评价交流 形成认识 发表意见，集体评议……	通过启迪，启发学生创造性想象，联系生活实际，形成能力。

表5-3　微格教学教案2

科目：语文　　　　课题：燕子妈妈笑了　　　　训练的技能：变化技能　　　　时长：15分

教学目标：
1. 了解冬瓜和茄子的不同特点，懂得只有仔细观察才能比较全面地了解事物；
2. 体会"在""认真""细毛""小刺"等词语；
3. 分角色、有感情朗读。

时间	授课行为	应掌握的技能要素	学生行为	教学意图
0分0秒	出示画面：上节课，我们学习了课文的1、2、3小节，知道菜园里有很多冬瓜、茄子……	演示视觉刺激	集中注意	运用视觉刺激，吸引注意。
0分30秒	燕子妈妈让小燕子再去看……			
5分0秒	小燕子第二次又观察到什么？它怎样对燕子妈妈说的？大家读读课文。	神态	有表情地朗读课文	运用变化的语气提出任务。通过朗读，理解课文。
9分0秒	燕子妈妈满意吗？你怎样理解的？应该怎样读燕子妈妈的话？什么是"认真"？你能用认真造句吗？小燕子听了妈妈的话，又去看了，这次回来它的心情怎样？	音速适中声调上扬神态、手势语调、语气强调	交流：燕子妈妈不是很满意；燕子妈妈用鼓励的语气说话。答：我们要认真听老师讲课。答：小燕子很高兴，赶快告诉燕子妈妈它的新发现。高兴、自豪	用师生对话的方式理解文中的重点词语。教师运用多种变化手段引导阅读交流，通过有表情的朗读表达小燕子和燕子妈妈的心情。倾听，深化认识。
11分0秒	小燕子对燕子妈妈说的话怎样读啊？燕子妈妈为什么高兴地笑了？你喜欢小燕子吗？为什么？有表情地读一读。小结：观察事物一定要仔细、认真，才能比较全面地认识事物的特点。	皱眉、手势、音量提问转换活动手势、表情声音变化	讨论、交流，各抒己见有表情地读课文，评读认真听讲，巩固认知。分角色朗读课文。	通过朗读巩固认知，表达情感。
15分0秒	现在分角色朗读课文。	提问、分析综合指导朗读归纳教态变化眼神、神态启发活动变化		

表5-4　微格教学教案3

科目：数学	课题：求一个小数的近似数	训练的技能：结束技能	时长：8分

教学目标：
1. 使学生学会用"四舍五入"法保留一定的小数位数，求出小数的近似值。
2. 初步了解小数保留不同位数与精确度的关系。

时间	教师的教学行为	教学技能要素	学生学习行为
30秒	过渡：通过前面的学习及练习，现在我们一起来总结一下今天的学习。 （课件出示板书）今天我们学习的内容是：（求一个小数的近似数）	明确学习内容	学生思考回答
2分	我想通过今天你们收获不小，在小组里说说你的收获。 （相机指导说出以下知识点） A. 求小数的近似数的方法？ B. 保留小数的方法 C. 保留小数的含义	引导学生 归纳总结	学生小组内总结交流。 指名汇报
3分	1. 比较1.0与1的不同，明确保留小数位数与精确度的关系。 2. 你认为在求小数的近似数的时候有什么需要注意的问题吗？（如果请你当小老师提醒同学们注意什么呢？） A. 要注意审题，读清要求。 B. 在保留的位数里，小数末尾的0不能去掉。	比较分析 提炼升华：保留的数位越多，小数越精确 概括巩固	学生比较 独立思考
1分	师：你对今天自己的学习满意吗？能给自己打个分吗？	学习评价	学生自我评价
1分	布置作业 A. 猜一猜：老师的身高大约是1.6米（经过四舍五入保留了一位小数），实际身高是两位小数，猜一猜老师的实际身高。 B. 量一量自己的身高，分别保留两位小数，一位小数，整数，看看哪个更精确？	置疑生趣 引导运用	读记作业题

表5-5　微格教学教案4

科目：数学	课题："0"的认识	训练的技能：导入技能	时长：5分

教学目标：
在复习1—5各数的基础上，通过学生的操作练习，设置问题情境，引起学生的好奇心理，激发学生的学习动机，从而导入"0"的认识。

教学媒体	磁性黑板1块，1—5各数图片
需应用的其他技能	提问技能

时间	教学过程	说明
0分0秒	1. 教师谈话：同学们，我们已经学习过哪些数？（1、2、3、4、5） 对。大家学得真好！今天，我们学习一个新的数。在学习新知识之前，先复习一下过去学过的内容。	在复习旧知识的基础上，设下悬念，引起学生的求知欲
1分	2. 练习：指名一个同学把学习过的1—5各数在磁性黑板上按照从小到大的顺序摆出来，与此同时全班同学都动手用自己手中的卡片按照老师的要求摆好1—5各数。摆毕，师生共同订正。	练习起承上启下的作用
2分30秒	3. 提问： 指名读1—5各数（要求先顺读，后倒读） 读后老师问： （1）这5个数中哪个数最大？哪个数最小？ （2）比2多1的数是几？比2少1的数是几？ （3）比1多1的数是几？有没有比1少1的数？它是几？	运用到提问技能，问题的提出，注意从易到难，让学生从旧知识进入到新知识的学习

续表

时间	教学过程	说明
4分	4. 总结提问，揭示课题 学生会顺利回答出前两个问题，第三个问题的后半部分可能会有学生答不出。如果有人答出比1少1的数是"0"，老师立即肯定：对，比1少1的数是"0"，这就是今天要学习的新内容。板书："0"的认识	第三个问题有一定难度，符合学生的认知水平，易于启发学生积极思考，激发学生的求知欲
5分		在总结提问的基础上，自然地揭示出新的课题

备注：本课采用旧知识的导入方法。

二、微格教学技能评价表

微格教学各项技能评价记录表如表5-6—表5-15所示。

表5-6 教学语言技能评价记录表

评价项目	好 中 差	权重
1. 讲普通话，字音正确	□ □ □	10
2. 语言流畅，语速、节奏恰当	□ □ □	20
3. 语言准确，逻辑严密，条理清楚	□ □ □	15
4. 正确使用本学科名词术语	□ □ □	15
5. 语言简明，生动有趣	□ □ □	5
6. 遣词造句，通俗易懂	□ □ □	10
7. 语调抑扬顿挫	□ □ □	5
8. 语言富有启发性	□ □ □	10
9. 没有不恰当的口头语和废话	□ □ □	5
10. 体态语配合得当	□ □ □	5

对整段微格教学片断的评价：

表5-7 板书技能评价记录表

评价项目	好 中 差	权重
1. 板书设计与教学内容紧密联系，结构合理	□ □ □	20
2. 板书有条理，简洁	□ □ □	15
3. 方字书写规范	□ □ □	15
4. 板书大小适当，便于观看	□ □ □	15
5. 板书配合讲解，富有表达力	□ □ □	10
6. 能激发学生的思维和兴趣	□ □ □	15
7. 应用了强化手段，突出重点（如彩笔、加强符号等）	□ □ □	10

对整段微格教学片断的评价：

表5-8 讲解技能评价记录表

评价项目	好 中 差	权重
1. 讲解传授的知识信息与本课题内容密切联系	□ □ □	15
2. 描述、分析概念清楚	□ □ □	10
3. 能创设情景，激起学生兴趣	□ □ □	10
4. 能启发学生思考，培养思维能力	□ □ □	10
5. 采用相关的例子、类比等变化方法	□ □ □	10
6. 讲解内容、方法与学生认知水平相当	□ □ □	10
7. 声音清晰，速度适中，有感染力	□ □ □	10
8. 讲解用词规范化、科学化	□ □ □	10
9. 与其他技能配合，能与学生呼应	□ □ □	10
10. 注意来自学生的反馈，并及时反应调整	□ □ □	5

对整段微格教学片断的评价：

表5-9 变化技能评价记录表

评价项目	好 中 差	权重
1. 能引起注意，有向导性	□ □ □	10
2. 能强化教学信息传递	□ □ □	10
3. 能有效激发学生兴趣	□ □ □	10
4. 声音节奏、强弱变化适当	□ □ □	15
5. 手势、动作变化自然得体	□ □ □	15
6. 变化教学媒体	□ □ □	15
7. 师生相互作用变化	□ □ □	15
8. 面对突发情况，能应变自如	□ □ □	10

对整段微格教学片断的评价：

表5-10 教学演示技能评价记录表

评价项目	好 中 差	权重
1. 演示目的明确，紧密结合教学内容	□ □ □	15
2. 启发引导，指明学生观察的方向和程序	□ □ □	10
3. 演示装置简单、可靠，时间紧凑	□ □ □	10
4. 演示现象明显，直观效果好	□ □ □	20
5. 演示程序、步骤清楚	□ □ □	10
6. 身体移动适当	□ □ □	10
7. 演示与叙述、讲解、提问、板书等结合，能将感知转化为思维活动	□ □ □	15
8. 演示时机恰当，教学组织严密	□ □ □	10

对整段微格教学片断的评价：

表5-11　提问技能评价记录表

评价项目	好 中 差	权重
1. 提问的主题明确，与课题内容联系密切	□ □ □	15
2. 问题的难易程度适合学生认知水平	□ □ □	15
3. 提问有利于学生发展思维	□ □ □	10
4. 提问有层次，循序渐进	□ □ □	10
5. 提问能复习旧知识，引出新课题	□ □ □	10
6. 提问能把握时机，促使学生思考	□ □ □	10
7. 提问后稍有停顿，给予思考时间	□ □ □	5
8. 对学生的回答善于应变及引导	□ □ □	10
9. 能适当启发提示，点拨思维	□ □ □	10
10. 提问能得到反馈信息，促进师生交流	□ □ □	5

对整段微格教学片断的评价：

表5-12　导入技能评价记录表

评价项目	好 中 差	权重
1. 目的明确，能将学生导入课题情境	□ □ □	20
2. 导入吸引了全班学生的注意力	□ □ □	15
3. 导入的方法很有趣	□ □ □	15
4. 导入用的演示效果好	□ □ □	10
5. 导入具有启发性	□ □ □	10
6. 导入内容与要研究的概念联系紧密	□ □ □	10
7. 教态自然，语言清晰	□ □ □	5
8. 导入的时间掌握好	□ □ □	10
9. 导入能面向全班学生	□ □ □	5

对整段微格教学片断的评价：

表5-13　强化技能评价记录表

评价项目	好 中 差	权重
1. 能通过多种方式获得反馈信息	□ □ □	15
2. 能利用反馈信息调节教学活动	□ □ □	10
3. 给学生的强化反馈明确、具体	□ □ □	15
4. 强化方法符合学生的表现	□ □ □	10
5. 鼓励较差学生的微小进步	□ □ □	10
6. 内部强化为主，促进主动学习	□ □ □	10
7. 正面强化为主，不用惩罚方法	□ □ □	10
8. 强化方法适合学生的年龄特征	□ □ □	10

对整段微格教学片断的评价：

表5-14　教学组织技能评价记录表

评价项目	好 中 差	权重
1. 教学结构组织合理，教学时间分配科学	□ □ □	15
2. 合理安排教学环节，张弛有度、节奏分明	□ □ □	15
3. 教学环节过渡自然，衔接紧密，符合学生认知水平	□ □ □	15
4. 高效组织教学活动，学生参与积极主动	□ □ □	15
5. 富于教学智慧，恰当处理突发事件	□ □ □	10
6. 及时洞察学生行为和心理，营造和谐课堂教学气氛	□ □ □	15
7. 关注全体学生，注重情感交流	□ □ □	15

对整段微格教学片断的评价：

表5-15　结束技能评价记录表

评价项目	好 中 差	权重
1. 结束环节目的明确，紧扣教材内容	□ □ □	15
2. 结束有利于巩固所学的内容	□ □ □	15
3. 结束环节及时反馈了教学信息	□ □ □	10
4. 结束有利于促进学生思维	□ □ □	10
5. 结束安排学生活动	□ □ □	10
6. 语言清晰、简练生动	□ □ □	5
7. 结束布置的作业及活动面向全体学生	□ □ □	10
8. 结束活动进一步激发学生兴趣，且余味无穷	□ □ □	10
9. 结束环节时间掌握好	□ □ □	10

对整段微格教学片断的评价：

复习与思考

1）结合微格教学的特点，讨论微格教学对于促进教师专业发展有哪些作用。

2）简述微格教学实施的步骤。

3）课堂教学技能有哪些？

4）结合熟悉的学科，设计微格教学教案。

5）观看自己的微格教学录像带，分析自己在实训教学技能方面有哪些长处和不足。

6）运用微格教学技能评价表，对自己的微格教学实训进行自评。

拓展资源

范建中. 微格教学教程. 北京：北京师范大学出版社，2010.

李玉学. 小学语文课堂教学技能训练. 长春：东北师范大学出版社，2017.

荣静娴，钱舍. 微格教学与微格教研. 上海：华东师范大学出版社，2009.

王凤桐. 小学语文微格教学教程. 北京：首都师范大学出版社，2017.

王凤桐，陈宝玉. 走进微格教学——教学技能培训的策略与实践. 北京：首都师范大学出版社，2010.

王晓军. 数学课堂教学技能与微格训练. 杭州：浙江大学出版社，2011.

谢明初，彭上观. 数学微格教学教程. 广州：广东高等教育出版社，2017.

张建琼，陈云奔，高云川. 微格教学实训教程. 北京：科学出版社，2014.

张磊. 数学教学技能导论. 广州：暨南大学出版社，2015.

周晓庆，王树斌，贺宝勋. 教师课堂教学技能与微格训练. 北京：科学出版社，2013.

第六章 小学教师教学技能与特长考核

【学习目标】

● 熟悉小学教师教学技能与特长考核的意义、内容和方式。

● 熟知小学教师教学技能的具体类别及方法技巧。

● 掌握小学教师其他特长。

第一节 小学教师教学技能与特长考核概述

一、教学技能与特长考核的意义

教学是一门技术和艺术，须经过不断的学习和练习才能得以完善。如何考量学生对知识和技能的掌握情况，就用到考核，考核是对学习的督促，对成果的检验。

（一）教学技能是小学教师的基本技能

讲台也是一个舞台，教师既是编剧，又是导演，同时也是演员，他需要将剧本写好，再组织学生去开展一场未经彩排的生动演出。教师自己充当一个角色，用出色的技能，吸引学生投入课堂的学习中，共享知识探求的经过、成果与乐趣。这是一项基本技能，同时也是一项综合技能，它需要教师的热情、激情与艺术。教师要会听、说、读、写，并调动各种感官，倾听、倾诉、发现、分享，用好听的声音、好看的板书、奇妙的课件美化课堂，带动学生怀着愉悦的心情完成一次次探求知识的神奇之旅。小学生活泼、热情、天真、好奇，他们对好听、好看、奇妙的事物有着浓厚的兴趣，所以小学教师更要在这些方面多下功夫。考核可以用外力的方式督促师范生加强训练，提升师范生的重视意识。

（二）特长是提升教学效果的一种筹码

具备基本教学技能并不能保证课堂是生动、多彩的，凡事要追求精美，课堂也不例外。小学课堂本应是生动有趣、多姿多彩的，这对小学教师提出了更高的要求，小学教师须在基本教学技能之外有自己的才艺，用才艺感染学生、吸引学生。如此，课堂不枯燥，教师有情味，课堂40分钟是情感投入、氛围浓厚、赏心悦目的40分钟。才艺并非生来具备，教师在多听多看、多学多练中慢慢掌握，此外还应接触一些文学、美学方面的知识，使教学技能蕴含修养，形式渗透意味。为了引导师范生重视特长训练，考核是一种有效手段，它不仅明确了目标，还有利于检验结果和相互交流。

（三）教师技能与特长是丰富人生的养料

从教师本身来说，教学技能使其与众不同，如果小学教师能说会道、能写会画、身上散发独有的魅力，这魅力就可以使其获得愉悦感、价值感，不仅可以把话说得有声有色、把事做得有条有理，而且热心做人、高效做事，这样的人生是彩色的。才艺可以使教师发现美，创造美，再现自然，表现心灵，又把真、善、美展示给学生，让其播撒开来，传递下去，使师生能够用艺术陶冶情操，用审美观照生活，用德育提升境界，用美育装扮人生。教书育人，寓教于乐，快乐他人，幸福自己，这样的教育就有了崇高的意义，它变知识传授为灵魂塑造，变学生培育为人类装点。

二、教学技能与特长考核的内容

当好教师需要专业技能，从案头到操作都需要技巧和艺术，课堂是师生展示才艺的舞台，教师技能与特长有自己的内容。

（一）教学技能

钢笔字、毛笔字、粉笔字和普通话是我们常说的"三字一话"，也是师范生要掌握的基本技能。书写上，对小学教师的要求更高，因为小学生是识字、写字的关键时期，教师的引导和示范作用不可小觑。小学又是学生学说话的阶段，引导学生准确、流利地讲好普通话，能够为其日后的表达交流起铺垫作用。口语、诵读在日常教学中不可或缺，教师应在这些方面做出特色，形成风格。此外，教师要熟悉教案编写的过程与方法，教案相当于一份设计，体现着教师的匠心，美好的构思在教案里完成。教师怀揣这份教案，就等于抱住了梦想，一个个梦想像锁在笼子里的白鸽，只待在课堂被放飞。信息科技给教育注入新的血液，讲台呈现的字画不再仅限于黑板。多媒体是一个综合舞台，融入了图片、声音、文字、视频等，教师可以尽情地搜集教学相关素材，加工处理，融入奇妙构思，把精美的课件带入课堂。做到精美并非易事，需要教师不断地进行摸索与实践、交流与借鉴、考核与评比。虽然学生也是课堂的主体，但教师的引导作用不可忽视。教师应做好导演的角色，让一次次探究知识的旅程充满热情、紧张、好奇与欢乐。教师要做好导演，需要良好的组织能力，能够灵活应变，游刃有余。从某些角度看，教师不仅是游戏的开发者，使学生在前行中体验刺激，还是天窗的开启者，使学生在攀登过程中看到光明。教师要善于引导学生，敢于对黑暗不断探究，用智慧的火把照亮未知的角落，用提问引发学生思考，用追问引领学生继续前行，让学生在曲折的探险旅途中完成"山重水复疑无路，柳暗花明又一村"的愉快体验。

（二）其他特长

课堂是开放的舞台，教师也是"多媒体"，具有多种功能，多才多艺，可以说、唱、跳、画、演，不同的是多媒体的课件是提前做好了的，在课堂播放即可；教师是现场表演的，其技艺早已在日积月累中融入眉眼手足之间，只待情境这个"遥控器"一按，便有切合的节目生动上演。说是这样的道理，做起来却并非易事。教师可以融入课堂的特长有音乐、舞蹈、诵读、表演、简笔画等，它包含视听等各种感官的审美。知识探究的过程本就是充满好奇和生动，它不只是思维，还需要感官，需要理性之思与感性之验相拥前行。艺术本在于现实和虚幻之间，因为现实所以科学，因为虚幻所以理想，知识在理想的牵引中不断丰富，理想慢慢地成为现实。在追求理想的过程中，需要一点灵感、一些情感，因为灵感使人迈开脚步，情感使人不断前行。灵感也是艺术之魂，艺术饱含主观之思，用有意味的形式点燃欣赏者的梦想，使课堂成为学生追寻灯塔、破浪前行的海洋，那么学生得到的不只是书本上的既成知识，还有遥望远方的眼睛。教师特长在这点作用上自然高出教学技能本身，放射出边缘化、梦幻化、游离的光芒。

三、教学技能与特长考核的方式

和教学技能与特长一样，考核方式应具有多样性，应将证书认定、考试通过、作品呈现相结合。

（一）证书认定

大学的校园社团丰富，活动颇多，各种赛事和展演层出不穷，师范生自然可以参与其中，让才华有施展之地。证书认定的方式就考虑到这一点，如果师范生在教学技能大赛或特长比赛中获得证书，根据证书级别可认定为通过考核且赋予相应的等级，如朗诵比赛获奖、书法比赛获奖等。有技能、特长等级证或资格证者，也据实给予通过，如钢琴等级、舞蹈等级等。这种认定方式可以调动师范生参与比赛的积极性，形成积极向上、朝气蓬勃的校园氛围。从长远看，学生养成的这种热心参与、热爱竞争的习惯以及珍惜荣誉、珍爱奖品的观念，会像常青树一样使其人生绿意盈盈。

（二）考试通过

除证书认定外，考试通过也是获取技能的一种途径，如"三字一话"考试。学校或院系可以制定方式多样的集中考试，以实作的形式检验师范生技能与特长，比如声乐可以由音乐教师来打分，粉笔字由书法教师来打分。学生如果没能一次性通过，被给予补考机会，以考带练，直至学生通过为止。教学技能与特长考核要在培养方案和课程大纲里写好，规定在某个阶段完成，便于教师的教和学生的学。

（三）作品呈现

为便于灵活性考量，除上述两种方式外，作品呈现也是一种选择。艺术有时需要情境、灵感，带有某种随机性和不可预测性，师范生的突发奇想、兴致来潮会为平凡的教学形式注入生动的灵魂，不排除其在某个时间、某个地点产生悟性、提升品位，创造出超乎寻常的艺术品，因此应鼓励他们随时随地进行创作，使其呈现、得到认可、通过考核，甚至获得赞誉，以使师范生的综合素质提升也在作品呈现过程中同步实现。作品呈现体现了他们热爱美、创造美的信心与勇气。像手工制作，师范生可以把以往的灯笼、剪纸拿来；像书画创作，师范生也可以把以往的字幅、画作拿来。发现美、创造美也就放在了平时，而不仅是考场。

第二节　小学教案编写

教案是教学文案的简称。教学的开展依据教案进行。教师在上课之前要有案头文本，以便顺利、有序地开展教学工作。

一、教案的目的

　　教案是以书面的形式写下教学文书，表现为对教学的严谨与用心，其目的在于使教学活动有的放矢、有法可依、条理井然。教材并非教案，它呈现内容，却没有过程的设计和方法的指导。教案需要构思，需要教师把好的想法、新的思路在课前厘清，构思出有序、丰富的教学步骤。教案需要素材，教师应使用恰当的文字、声音、图片，使课堂有声有色。写教案如同烹饪，不仅需要选择合适的食材，还要列出做法，设想成品的形、色、味。它有一个宗旨，教师为了这个宗旨搜集材料，使用工具，设计过程，把该想的提前想好，把该写的提前写好，做到未雨绸缪，胸有成竹，然后捧着这份教案走上讲台，与学生分享知识的果实。

二、教案的结构

　　帷幕有揭开与闭合，课堂有开始与结束。教案就是为在有限的时间里完成知识探究的过程而细心准备的活动方案。它有起点与终点，甚至有开端、发展、高潮、结局。常见的结构有设计理念、教材分析、学情分析、教学目标与重难点、教学方法与手段、课型与课时分配、教学流程、板书设计等。[①] 教学流程是教案的主体部分，融合了知识与技能、过程与方法、情感态度与价值观。它是一个动态的过程，是思维碰撞、产生知识、激发情感的过程。它既需要预设，又超出预设，因为学生的想法不是铁轨上的车轮，而是夏天的蒲公英。因此，教学流程是预设的又是临场的，它是教案里最活跃的部分。板书也是动态生成的，随着教学的逻辑添枝加叶，长成小树，再积树成林，变为风景；或相反，由大到小，先画枝干，再添花叶。它的构图、色彩需要细心揣摩，既要有逻辑又要美观，尤其在成型之时给人惊喜，有如"初极狭，才通人。复行数十步，豁然开朗"的体验。

三、教案的编写思路

　　教案编写有多样性的思路，思路要与内容相适应。因为教学流程是教案的主体部分，所以这里探讨的思路针对的是教学流程。教学流程中通常使用以下六种方法。

---

　　① 罗雅萍. 小学语文教学设计与案例分析. 北京：中国人民大学出版社，2019：37.

（一）台阶法

台阶有两种方向，往上或往下，用在教案编写思路上，则是向上高升，或者向深挖掘，一步一个台阶。它是一种渐进的、逐步推进的方法。《画家和牧童》讲述了戴嵩和牧童的故事，戴嵩所画的《斗牛图》被牧童指出画错了，原因是两牛相斗时，牛尾巴是夹在后腿之间的，而画上的牛尾巴是翘起来的。[①] 作者是想借事明理。在编写教案时，教师就可以先讲故事、后明道理，先感性、后理性。

（二）水波法

将小石子投入水中，会激起水花向外扩散，一圈又一圈。教案编写可以从此种现象得出一种思路，即发散思维。《找春天》歌唱孩子们寻找春天的故事，几个孩子"脱掉棉袄，冲出家门，奔向田野，去寻找春天"。文中用排比句展现了春天的美景："小草从地下探出头来，那是春天的眉毛吧？早开的野花一朵两朵，那是春天的眼睛吧？树木吐出点点嫩芽，那是春天的音符吧？解冻的小溪叮叮咚咚，那是春天的琴声吧？"[②] 教师可以沿着这种思路，让学生继续想象春天的美景，以施展他们的想象能力和提高他们的语言表达能力。

（三）击石法

将两块石子相击，会碰撞出声音或火花，思维的碰撞也是如此。教师可以采用引发争论的方式，调动学生参与问题讨论的积极性，从而使课堂变得活跃。编写教案时，教师可以找出一个点，引导学生从正反两个方面各抒己见。《春晓》是一首通俗而又细腻的古诗："春眠不觉晓，处处闻啼鸟。夜来风雨声，花落知多少。"[③] 啼鸟的喜悦和落花的忧伤融为一体，感情微妙，教师可以从"你认为这首诗歌是欢乐的还是忧伤的"这个点出发，组织学生进行争辩，从而达到把握诗意的目的。

（四）入境法

文学用来反映生活、描绘自然与社会、抒发感情等，读者可以跟随作者的描

---

① 课程教材研究所，小学语文课程教材研究中心. 语文（二年级下册）. 北京：人民教育出版社，2002：95-97.

② 课程教材研究所，小学语文课程教材研究中心. 语文（二年级下册）. 北京：人民教育出版社，2002：1-3.

③ 南京凤凰母语教育科学研究所，江苏中小学教材编写服务中心. 语文（二年级下册）. 南京：江苏凤凰教育出版社，2015：18.

述，设想走进情境去体验、感知，通过想象，看、听、闻、触到字面背后的场景。《笋芽儿》描述了笋芽儿被叫醒、渐渐长大的故事。

> 沙沙沙，沙沙沙。春雨姑娘在绿色的叶丛中弹奏着乐曲，低声呼唤着沉睡的笋芽儿："笋芽儿，醒醒啊，春天来啦！"
>
> 笋芽儿被叫醒了。她揉了揉眼睛，伸了伸懒腰，看看四周仍然一片漆黑，撒娇地说："是谁在叫我呀？"
>
> 轰隆隆！轰隆隆！雷公公把藏了好久的大鼓重重地敲了起来。他用粗重的嗓音呼唤着笋芽儿。
>
> 笋芽儿扭动着身子，一个劲儿地向上钻。[①]

这段生动描写有声音、情态、动作，可以利用多媒体或分角色朗读，引导学生进入想象空间，感知里面的场景。

（五）变脸法

学习讲究灵活运用和知识迁移，即便换一种形式，也能够辨识。变着花样，如同变脸，只是表象变了，里面还是那张脸。这种变着形式教学未变的知识的方法叫变脸法。《有趣的图形》教会学生辨识各种简单的几何图形，有正方形、长方形、三角形、圆。[②] 为了加深学生的记忆，可以采用分一分、连一连的方式，把同一类图形连成线，这些图形分为竖着的、横着的，大的、小的，红的、黄的，向左的、向右的等。教师可以换着花样考考学生，这也是增强记忆的一种方式。

（六）留白法

留白是中国书画艺术中常用的手法，留有空白的意思，给人想象的空间。在课堂教学中也可以使用留白法，即教案中留下空白，让学生填充内容，给他们探索发现的时间。在这个过程中，充分尊重学生的好奇心、创新欲，如一张画纸，腾出教师绘制的单一色，收纳学生五彩缤纷的颜色。教师带着空篮子走进教室，又挎着满篮子水果走出教室，每一颗果实都是学生智慧的结晶。《母亲的恩情》描述了孟郊《游子吟》里的故事，语浅情深。[③] 母爱是普遍的，也是细腻的，感

---

① 课程教材研究所，小学语文课程教材研究中心. 语文（二年级下册）. 北京：人民教育出版社，2002：8-9.

② 张红，刘可钦. 数学（一年级下册）. 北京：北京师范大学出版社，2013：36.

③ 南京凤凰母语教育科学研究所，江苏中小学教材编写服务中心. 语文（二年级下册）. 南京：江苏凤凰教育出版社，2015：52-54.

人的细节发生在每一个温馨的家庭里。小学生也经历过并记得一些小细节，像一声唠叨、一个眼神、一次抚摸，教师可以让学生深情地讲述母爱的故事，在一个个温暖的故事分析中达到育人的效果。

根据所需，教案编写者可以灵活地使用多个思路。这里只列举几种，还有更多思路待教案编写者去选用或创造。

第三节　小学课件制作

伴随时代的进步和科技的发展，课件在课堂教学中的使用已普遍存在，也给教学带来便利。课件是课程软件的简称，采用文字、声音、图像、视频等多种方式，向学习者提供信息。

一、课件的优势

一种新事物的出现及扩散必有其合理之处，课件也是这样，与黑板相比，课件有其优势。

（一）节省课堂时间

教师讲课需要板书一些内容，边讲边写是传统的教学方式，一黑板写完擦去再写，粉末到处飞。有了课件，教师可以把手写的内容移植到课件上，省下课堂书写的时间。节省的时间可以用来讲授更多的知识和观察学生的状态。一节课下来，时间没变，其承载度却增加了。省去手上的动作，换来思想的运转，以静生动，教师的思维更加敏捷，思路更加清晰。

（二）丰富书本内容

板书耗费时间，黑板的空间也是有限。课件可以实现预先写好字，突破了时间的局限；相对于黑板，它一页一页地翻，打破了空间的限制。在时空突破方面，课件是对传统板书的革新。一个箱子所能装下的纸质书是有限的，电子书却不占实体空间，课件也是一种电子书，它的容量很大，可以引入很多教材上没有的资料，以辅助教学。面对大量信息，学生在浏览、辨别的过程中，也训练了观察能力、思维能力。

（三）装扮授课效果

课件容纳的内容不止文字，还有声音、图像、视频等，它是一种综合媒介。传统的板书不具备声音、视频的展示功能，即便是手写的文字、手绘的图像也无法达到课件的彩色、动态效果。一个课件可以让学生享受视听的盛宴。优美的音乐配合生动的诵读，精彩的文字搭配美丽的图片，还有视频里的场景，都使课堂不再单调。在这样的课堂上，学生的思维是发散的、放飞的，可以在课件的引导下一次又一次地翱翔。

二、课件制作的原则

课件虽有其优势，却不能被无限制地使用，只有遵循其使用原则，才能收到更好的效果。

（一）辅助原则

课件是一种教学手段，是为了实现特定的教学目标。课件辅助教师，但无法代替教师授课。如果一节课从头到尾只播放课件，教师站在一边一起当观众，这就违背了教育规定。教师应利用自己具备的教学技能和特长，通过诵读、绘画、演唱等形式吸引学生投入学习，而不是遇到课文，就把诵读交给音频；遇到图形，就把绘制交给电脑；遇到歌曲，就把演唱交给歌手。工具是人发明的，也是为人服务的，人是主要的，工具是次要的。

（二）适量原则

一节课的时间是固定的，它能容纳的内容也是有限的，因此，教师要根据课时来决定课件的张数。课件是用来提供信息、辅助教学的，除了直观展示外，还应给学生留下思考的时间，而不是用翻页笔一张一张不停地翻下去。它不是街头自动播放的幻灯片，它需要停留，使学生参与进来。这些停留的时间相当于课堂的留白，好比车子停下来，让乘客感受一下风景，呼吸一下新鲜空气；如果只是忙着赶路，到达终点时乘客什么也没留下。

（三）简洁原则

一张幻灯片的尺寸是有限的，如果内容过多，文字图片就会变小，就会影响辨识度，尤其坐在后排的学生难以看清。幻灯片上的文字图片要讲究布局，如果内容密密麻麻、乱成一团，就会增加接受的难度，故简洁是必须遵守的原则。距离产生美，行与行之间、图与文之间留下适当的距离，给人以疏落有致之感。出于主次关系的角度考虑，幻灯片上的图文是搭配教师授课的，教师能说的就少用文字，能描述的就少用图片，让学生用听代替看，用想象代替直观，利用无中生有、虚中有实的辩证逻辑。

（四）互补原则

小学生手中都有教材，教材上有的内容尽量不在课件上出现，避免重复，而且学生可以边听边记笔记，下课后，看着笔记能回忆起老师所讲的内容，正如人走过陌生的小路时留下标记，就不容易迷路。课件适合呈现教材上没有的内容，学生抬头时就不用看书，看书时就不用抬头，因为书本和课件的内容是互补的。教材作为纸质文本能锻炼学生阅读原始材料的能力，由阅读而感知，由思考而领悟，重视过程的演化，而不是先给出结论。教师的板书也要与课件相互补充，书写是一个动态的过程，常常伴随着思维的流动，对于知识的探索，有时慢慢地来更容易被学生接受。

（五）美观原则

课件不仅是教师用时、用心准备的，在课堂上馈赠学生的礼品，还是艺术品，凝结着教师的匠心与工艺。课件的背景、字体、图形、声音以及动画都需要打磨，如何才能做到美观，非经过教师细心揣摩、反复试验不可。传统板书也需要设计，每张幻灯片同样需要设计，教师要在海量的资料中筛选出自己心仪且学生喜欢的、与课程内容相关的内容、图片等，因为美是抽象的概念，也是可感的形象，具有共鸣性，在课件演示过程中，美育也在悄悄地生根发芽。

三、课件制作的思路

课件虽然融入了多种元素，形式多样，五花八门，但却不是杂物的储存室、郊外的停车场，它需要在思路的引导下有序地呈现。教师在制作课件之前做到心中有数，才能在制作课件时游刃有余。课件制作思路灵活，以下方式供参考。

（一）化静为动

书本上的文字是静止的，教师阅读书本的过程是化静为动的过程，教师不仅可以通过联想、想象、回忆等方式把文字符号还原为场景，还可以通过课件以景配文，给予学生直观的动态展示。例如，小诗《池上》："小娃撑小艇，偷采白莲回。不解藏踪迹，浮萍一道开。"[①]此诗属于写人叙事诗，描绘了一幅动态画面。教师可以采用化静为动的方式，用课件展示一个小娃"偷采白莲回"的情景。随风起伏的荷叶、笑脸相迎的荷花、轻快的小艇、活泼的流水、惬意的小娃，这样的动态景物自然带给学生轻松愉悦的审美体验，也实现了教学的目的。

（二）筛沙拣石

筛沙拣石意为用筛子将细沙筛下，留住石子。沙子好比树叶，石子才是枝干。在教学中为了把握重要信息，可以采用筛沙拣石的办法。把提取出来的要点展示在幻灯片上，清晰地照见书本的脉络。《第一朵杏花》讲述了发生在竺爷爷与小孩子之间的两个故事[②]，其文字描述较多，教师可以梳理脉络，将其放在幻灯片上。梳理后的脉络是这样的：第一年，竺爷爷问孩子第一朵杏花哪天开的，孩子回答不上来，也不知竺爷爷要做什么；第二年，孩子惊喜地告诉竺爷爷第一朵杏花开了，才明白竺爷爷在进行科学研究；最后得出做科研需要精确的观察和精准的结论。这篇课文用讲故事的方式阐明一个道理，梳理要点便于学生把握文章的主旨和脉络。

（三）声情感化

教材上的内容不排除有充沛的感情，情感因素"对小学生的学习，尤其是以感性见长的语文学习具有重要的意义"[③]。没有情感的讲授是起不到育人效果的，况且除了知识与技能外，还需要情感态度与价值观。情感是可以引起和传染的，在春风细雨中，让心灵的窗扉缓慢打开。课件可以引入声音、视频，让深情的音符挑拨敏感的神经，慢慢融化它，实现德育、美育的目的。伴乐诵读、分角色诵读、分角色扮演，是语文教学中常见的形式。播放音乐，师生诵读；或者播放分角色诵读的音频、视频；抑或播放声音演绎的故事情节。这些方式无不增添课堂教学的生动性和感染性。《天鹅的故事》讲述一群天鹅从天而降，用身体破

[①] 南京凤凰母语教育科学研究所，江苏中小学教材编写服务中心. 语文（四年级下册）. 南京：江苏凤凰教育出版社，2016：112.

[②] 南京凤凰母语教育科学研究所，江苏中小学教材编写服务中心. 语文（四年级下册）. 南京：江苏凤凰教育出版社，2016：10-12.

[③] 罗雅萍. 小学语文教学设计与案例分析. 北京：中国人民大学出版社，2019：54.

冰捕食鱼虾的故事，这里是节选的段落：

> 天鹅群刚好落在离我不远的地方。它们为什么没有走呢？我瞪着眼睛，想看个究竟。只见天鹅在冰上互相呼唤着，好像在讨论：冰封湖面，没有吃的，怎么办？
>
> 突然，一只个儿特别大的老天鹅腾空而起，可是它并没有飞走，而是利用下落的冲力，像石头似的让自己的胸脯和翅膀重重地扑打在冰面上。经过这沉重的一击，镜子般的冰面被震得颤动起来。接着是第二次，第三次……
>
> 这时，别的天鹅似乎被这一举动惊住了。它们呆呆地站在那里，瞧着这位"破冰勇士"。只听得"嚓——嚓——"，冰层裂开了一条小缝，接着又裂开了一条……冰面终于塌陷了，出现了一个小的冰窟窿。这位顽强的"破冰勇士"沿着冰窟窿的边缘继续扑打着，水面在慢慢地扩大。有几只天鹅来帮忙了，很快整群天鹅，大约百十来只，都投入了破冰工作。它们干得那样齐心，那样欢快！水面在迅速地扩大着。湖面上不时传来阵阵"克噜——克哩——克哩"的叫声，就像那激动人心的劳动号子："兄弟们哪，加油！齐心干哪，加油！"[①]

这是来自贝加尔湖的俄罗斯老人讲述的故事，他的声音必定是抑扬顿挫、生动精彩的，一时缓和、犹疑，一时又似飓风、奔浪。像"突然"就似飓风来袭，声音急促；"只听得'嚓——嚓——'，冰层裂开了一条小缝，接着又裂开了一条"又是清脆、细微；到了"湖面上不时传来阵阵'克噜——克哩——克哩'的叫声，就像那激动人心的劳动号子：'兄弟们哪，加油！齐心干哪，加油！'"则是高亢、激越。把这些动感的文字用音频的方式演绎出来，学生会听得全神贯注。

（四）题外激趣

说话需要技巧，尤其面对一群人的时候，要使他们爱听、听了愉悦，才能抓住他们的注意力。"巧妙的导入，会使学生产生浓厚的兴趣，并怀着一种期待、迫切的心情渴望新课的到来。"[②]不只是导入，在衔接过程中也需要技巧。兴趣的引起需要话题具有趣味性，学生对未知的、题外的、有趣的东西感兴趣，因此，教师可以采用多种方式激趣，以吸引学生的注意力，并培养他们的思维能力。看

---

① 南京凤凰母语教育科学研究所，江苏中小学教材编写服务中心. 语文（四年级下册）. 南京：江苏凤凰教育出版社，2016：87-88.

② 罗雅萍. 小学语文教学设计与案例分析. 北京：中国人民大学出版社，2019：54.

似题外，其实是书上没有的内容，是教师为学生准备的惊喜。它应依据教学目标，并适应教学内容。《把种子散播到远处》讲的是各种植物传播种子的方式，其中提到了苍耳、鬼针草、蒺藜等。[①]在讲这节内容的时候，教师可以采用这样的导入方式："同学们，自然界还有一些小植物，虽然你没有招惹它，它还是要扎在你的衣服上不依不饶，也不好拿掉，你有这样的经历吗？说给大家听听。"对于这些小植物，学生可能无法用语言描述它的形态，于是在学生想说又无法描述的时候，把图片展示出来，还可以播放视频，让学生对号入座，自动引入所要学的内容。这样的导入在有趣的知识里又加入生活经验，能够激发学生的学习兴趣。

（五）引人入胜

引人入胜是一种沉醉于优美境界的审美体验。自然的山水、优美的文字都可以使人沉醉其中。课堂作为师生共同度过的宝贵时间，也需要营造这样的境界。数学的演算、科学的实验、语文的鉴赏都可在沉醉中实现。要在封闭的空间里还原生活百态，就需要教师利用课件，实现综合舞台的效应。《泉水》用欢快的笔调写山上的清泉在流淌的过程中遇到了山里的姐姐、火红的杜鹃花、果树、画眉鸟，最后汇聚起来，流入大海。在每一个场景中，它都热情地打招呼，还用了叠词，像"喝吧，喝吧""唱吧，唱吧"。这种清新愉悦的画面用动态的幻灯片或视频来展现，就能自然地把学生带入情境当中。杜鹃花、画眉鸟的色彩，泉水的丁冬声，都增加了画面的生动性。

第四节　小学教师的提问与评价艺术

小学的课堂少不了提问，以提问带动思考是常有的事。提问之后还需要给出相应评价，指出学生回答的优点与不足。提问与评价共同构成课堂教学的一种交流形式，为课堂所常用。

一、提问的作用

学习知识须有问题意识，提出问题才能解决问题，问题在先。"提问既是一门科学，又是一种艺术。"[②]提问有多样性作用。

① 郁波. 科学（四年级下册）. 北京：教育科学出版社，2002：30.
② 罗雅萍. 小学语文教学设计与案例分析. 北京：中国人民大学出版社，2019：77.

（一）引起注意

教师提出问题，意味着学生要注意了，一方面是暗示学生集中注意力，另一方面是引导学生注意某个知识点。如《邻居之间怎样相处》开头便是："俗话说：'远亲不如近邻，近邻不如对门。'你对这句话是怎样理解的？"[①]（这样一提问，就紧扣了课题，将学生的注意力吸引到课堂上来。）再如《生的食物和熟的食物》这节课里，有比较生、熟鸡肉一环。[②]教师可以用实物展示或视频播放的方式，让学生带着问题观察，问题是"生的鸡肉为什么不适合直接食用？"，然后慢慢展示切鸡肉、闻鸡肉的场景。通过问题引起学生的注意、细致观察，最后得出熟鸡肉松软、有香味，所以适宜食用的道理。

（二）启发思考

小学生天性好奇，对未知和新鲜的事物感兴趣。孔子说："不愤不启，不悱不发。"意思是在学生心里求通而不通，嘴上欲言而不能言的情形下，才启发他们。在学生疑惑的点上提出一个问题，激发他们的探索欲。如同远处黑暗中一点光影，想看清却又看不清，于是那种极力想看明白的欲望便引诱他前行。如果教师不是采用提问的方式，而是开口抛出答案，那就如同开启了黑暗里的电灯，亮是亮了，却并没有使学生经历摸索、惊讶、喜悦等切身体验，也就忽视了过程的重要性。《舟过安仁》是一首充满情趣的诗歌："一叶渔船两小童，收篙停棹坐船中。怪生无雨都张伞，不是遮头是使风。"[③]这首诗有一个先疑后悟的变化过程，两个小童人坐船上却把竹篙收起来，不是很奇怪吗？然而看了后两句才疑窦初解，原来他们是借风来使船啊！真够聪明的。像这样的小诗，趣味就在一疑一解上，所以该疑的地方要疑，不急于去解。假如教师没有提问环节，而把借风使船先说，再回头看前面两句就趣味大减。从某种程度上看，启发的过程也是探趣的过程。

（三）带动交流

话题的开始往往是由问句开头，如一句简单的"你回来了？"。一问一答是常见的交流方式，课堂上教师提问，学生回答，在一来一回的交往中，增进了彼

---

① 王嘉毅. 品德与社会（三年级下册）. 北京：人民出版社，2020：5.

② 郁波. 科学（四年级下册）. 北京：教育科学出版社，2002：50.

③ 课程教材研究所，小学语文课程教材研究开发中心. 语文（五年级下册）. 北京：人民教育出版社，2009：23.

此的理解。而且问答的方式适宜逻辑的推进，在推理中可能面对很多个问号，在教师的引导下，学生不断解决前一个疑问又遇上后一个疑问，于是不断地交流。教师要面对很多的学生，每个学生的特点有所不同，在交往中，形成一对多的沟通模式，以提问为契机，建立彼此的对话关系，形成织布机一样的网状线条。《自己的花是让别人看的》①讲述作者在德国见到的现象，他们那里"是把花都栽种在临街窗户的外面。花朵都朝外开，在屋里只能看到花的脊梁"。"走过任何一条街，抬头向上看，家家户户的窗子前都是花团锦簇、姹紫嫣红。许多窗子连接在一起，汇成了一个花的海洋，让我们看的人如入山阴道上，应接不暇。每一家都是这样，在屋子里的时候，自己的花是让别人看的；走在街上的时候，自己又看别人的花。人人为我，我为人人。我觉得这一种境界是颇耐人寻味的。"作者通过一个见闻得出一种道理，它来源于生活，也服务于生活。为了从对比中让学生体会这种朴素的道理，可以用提问的方式开始：

> 这位同学，你家的花养在哪里？
> 养在客厅里。
> 为什么养在客厅里呢？
> 因为我们在客厅待的时间久，看电视时，吃饭时都可以欣赏。
> 你有没有想过把花搬到窗户外面养呢？
> 那是为什么？
> ……

这种方式如闲聊一样，自然引出出乎意料的想法——自己的花是让别人看的。这种方式既贴近生活，又为后面的内容做好铺垫。

（四）把握学情

问是中医上的诊断方法之一，同样可运用于教学中。学生知道自己会了什么，不会什么，然而却是藏在心里，如果没有吐露的机会，它将一直埋在心底，尤其那些不善于主动表现的人。问是给了学生倾吐心声的机会，往往会一问百应，于是教师掌握了学情，知道哪些是难点，有的放矢，合理调整教学设计。这也是教师教法灵活的表现，也是符合实际情形的，因为"在实际教学过程中，教师需要随着学生的实际情绪反应、接受状态、学习水平等学情随机调整教学方

---

① 课程教材研究所，小学语文课程教材研究开发中心. 语文（五年级下册）. 北京：人民教育出版社，2009：150-151.

案"。① 教育心理学家奥苏伯尔在他的《教育心理学》的扉页上写道："如果我不得不把全部教育心理学还原为一句原理的话，我将会说，影响学习最重要因素是了解学生已经知道了什么，根据学生原有的知识状况进行教学。"② 看来学情是很重要的，而把握学情很直接的方式，提问算作其一。《古诗词诵读精华》里有李白《闻王昌龄左迁龙标遥有此寄》一诗："杨花落尽子规啼，闻道龙标过五溪。我寄愁心与明月，随风直到夜郎西。"③ 子规即杜鹃，是古诗词意象，传说为蜀帝杜宇的魂魄所化，常夜间啼叫，如盼子归。了解这些对于诗意的理解有帮助，教师要把握学生对它知道多少，可以通过提问的方式摸摸底。

（五）训练表达

小学生是语言能力训练的良好时期，心里明白、嘴上说不出的现象比较常见，或因词语匮乏，或因思维不清，或因言语组织能力弱等。语言表达能力是需要不断实践、慢慢提升的，课堂是一个好的训练场，听众多，还有老师的指导、评价。久而久之，学生敢在公共场合大方地说，并且说得自然流畅。语言的技能对于小学生今后的发展也很重要。听小朋友带有年龄特色的语气、语调，教师也能受到感染，从而营造更加热烈、亲切的交流氛围。提问其实是提供一个说话的语境，每节课都有不同的语境，也就训练了学生在不同情境下的语言表达能力。讲"公共场所的文明"④时，教师可以问学生："有两个小朋友用石块砸碎了路灯的玻璃，还引以自豪，你怎么看待这种行为？"这就给学生提供了自由表达的语境，方便其畅所欲言。

二、提问的艺术

提问虽有诸多作用，却不是时时可用、处处可用、随意用的，要用对，用得恰到好处。提问并非张口就来，而要把握时机、巧于设问。因此，提问需要技巧，是一门艺术。

（一）起点开路

上课伊始，小学生思维活跃，正是畅所欲言的时候。这个时候适合教师提出

①　罗雅萍.小学语文教学设计与案例分析. 北京：中国人民大学出版社，2019：10.
②　罗雅萍.小学语文教学设计与案例分析. 北京：中国人民大学出版社，2019：20.
③　柳斌.古诗词诵读精华1. 北京：人民教育出版社，2000：47.
④　王嘉毅.品德与社会（三年级下册）. 北京：人民出版社，2010：47.

一个贴近学生生活、大家都有话可说、角度开放的问题。拿语文来说，"随着新的语文课程观走进教学生活，语文教科书不再是'圣经'，语文课程已由单一的教教材走向了教师、学生、情境和教材的整合"①。课堂开始，问一个贴近学生生活的问题，他们抢着发言，开拓了思路，也活跃了气氛。此时，教师可以很自然地引入新课，让打开的思维如一扇扇敞开的窗户，迎接春天的阳光。科学教材里《蚕变了新模样》引导学生观察蚕茧、蚕丝、蚕蛹。②（教师可以用这样的问题开始："同学们，你们晚上睡觉有没有把被子裹得紧紧的？为什么要这样做呢？"通过学生的发言，自然引出要学习的内容。此外，学生还明白一个简单的道理：和人类一样，小动物也需要安全感，幼虫期的蚕宝宝为了使自己安全地度过僵硬的蛹期，就吐丝结茧，把自己包起来。苏霍姆林斯基说："任何一种教育现象，孩子们越少感到教育者的意图，它的教育效果就越大，我们把这条规律看成教育技巧的核心。"③在潜移默化中，让学生不自觉进入课题，他们会乐意去学。起点打开思维，思维打开了，新知识就如同清风一样，自然地吹进来。

（二）节点撤离

学生在学习过程中总会遇到疑点，解开这个点如同解开绳结，因此，解疑的过程尤其重要，它锻炼了学生的探索能力，培养了学生勇于进取的精神。为了突出学生的主体地位，教师不应代替学生解答，而应引导学生去摸索着解决问题，这就是节点撤离。越是想让学生进，就越是要让自己退，以退为进，把问题抛给学生。例如《独坐敬亭山》："众鸟高飞尽，孤云独去闲。相看两不厌，只有敬亭山。"④"闲"字是把握诗意的关键，它形容云彩飘来飘去悠闲自在的样子，既是云的状态，也是人的心境。教师可以抛给学生一个问题："你是怎么理解'闲'字的？"然后把舞台交给学生，自己退至幕后，不急于解读诗意。学生自己弄明白了，教师的目的也就达到了。

（三）滞点引路

在知识的探索过程中，学生可能会遇到那么一堵墙挡住去路，于是停滞不

---

① 罗雅萍. 小学语文教学设计与案例分析. 北京：中国人民大学出版社，2019：17.
② 郁波. 科学（三年级下册）. 北京：教育科学出版社，2002：27-28.
③ 罗雅萍. 小学语文教学设计与案例分析. 北京：中国人民大学出版社，2019：60.
④ 课程教材研究所，小学语文课程教材研究开发中心.语文（四年级下册）. 北京：人民教育出版社，2004：2.

前，这个时候教师应充当引路者，从前面招学生一把。也只有这样，学生才能攀登知识的阶梯，不断扩展视野、提升境界。这种操作如同在隧道里开一盏灯，引导学生前行，不过不是告诉学生该怎么迈步，而是通过提问的方式，让学生自己沿着光线去摸索。像《春笋》课后积累运用部分，照样子说一说"一节，一节，又一节"①。假如学生说了几个后，大脑就一片空白了，教师可以引导说："我们喝水不能急，要什么？"学生自然回答："一口一口地喝。"于是"一口，一口，又一口"自然就出现了。

（四）终点指路

"书山有路勤为径，学海无涯苦作舟。"知识的学习之路没有终点，只有停歇的驿站，在采摘完第一棵树上的果实后，还得继续前行，因为山坡上有摇摇欲坠的、更美的果子。每一节课都是学习链条上的一点，上一课终点也是下一课起点。教师在终点势必要指出下一个终点的方向，这一行为也就是终点指路。例如数学课上，在讲了图形的认识后，下次要讲图形的运动，为了让学生先体验图形的运动，教师可以留给他们一些问题："你们回去可以找来正方体、长方体、圆柱体、球，试一试哪些是可以滚动的，哪些只能推着走，仔细观察，看它们运动状态有什么不同。"学生把数学知识与生活经验结合起来，不仅为下节课做好铺垫，还增强了学习的趣味性。

提问的方法有多种，教师应在教学中灵活地加以运用。提问只有在数量合适、质量较高时，才能发挥更好的作用。

三、评价的作用

学生展示后，少不了评价环节。评价可以采用教师评，也可以采用学生评，评价发挥着不可忽视的作用。

（一）达成互动

一问一答并非提问的结束，还要有反馈的环节。问、答、评才是一个完整的过程，如同一张问卷，它并非只是发下去，还要收上来，经过加工整理，得出结论。评价是达成互动的必要条件。教师或学生对回答问题者的反馈也是一种尊

---

① 南京凤凰母语教育科学研究所，江苏中小学教材编写服务中心. 语文（一年级下册）. 南京：江苏凤凰教育出版社，2016：23.

重，学生的表现需要得到认可。某种程度上，学生的表现相当于表演一个节目，需要掌声和微笑。对于小学生而言，这种期待心理更强。所以，在学生那里，一问一答远不是完成式，至少要到了评，他们才可能安下心来。评的过程是师生互动、生生互动的现场交流的过程，在你来我往中，师生体验着品评的乐趣。

（二）明辨对错

知识的学习离不开对错的判断、是非的取舍，否则就没有衡量标准，也缺乏科学精神。所以学生给出自己的答案时，并不能保证它是正确的，错误的答案教师必须指出来，因为其他学生也在听。明辨对错是对知识的尊重，对学生的负责。教师既是法官，应明辨是非，又是一个探照灯，引领学生走向通往真理的道路。对于一些开放性的问题，教师则应注意保留学生开放的思维，让他们在多元化的思考中不断寻求正确的答案。《世界多美呀》是小学语文的一篇课文，作者用欢快的语调，描述小鸡出壳的过程。其中有一段是这样的：

叽叽，叽叽，小鸡是在说："世界多美呀——蓝湛湛的，绿茵茵的，碧澄澄的······"[①]

这篇课文可以让学生读一读，体验小鸡的感情，说话的神气。假如学生把轻声的"de"读成了"dì"，就该指出来，否则其他学生也容易模仿，那样成将错就错了。

（三）提供指导

学生的课堂展示有很多需要完善的地方，教师可以提出改进的建议，评价则是提出建议的契机。教师的责任心往往体现在精益求精上。只有如此，教师才能怀着热忱的心把课上到更好，对于学生的展示也能给出中肯的建议，引导学生进一步提升。《咏华山》是小学一年级的一篇课文，写寇准八岁时随先生登山，即景生情，吟出绝妙诗歌，受到先生赞赏的故事。其中写道：

小孩儿情不自禁地吟诵起来：
只有天在上，更无山与齐。
举头红日近，回首白云低。

---

① 南京凤凰母语教育科学研究所，江苏中小学教材编写服务中心. 语文（一年级下册）. 南京：江苏凤凰教育出版社，2016：28.

"好诗！好诗！"先生连连点头称赞。①

这部分适合学生有感情地朗读。学生可能读出响亮的声音、抒情的语气，但可能没有节奏的缓急、动作的配合。于是，教师的指导就起了作用。教师可以在肯定学生的同时，给出自己的看法："读诗的时候要沉浸其中，仿佛你就是里面的人，你可以加上动作，来抒发心中充沛的感情，读'只有天在上'时，伸出手掌，手心向上，指向天的位置；读'更无山与齐'的时候，手掌放平，手心向下，画出'一'字；到'举头红日近'时，仰望天空；'回首白云低'时，回首低头。为了突出先生的惊喜，'好诗！好诗！'要读急促，与诗歌构成由缓入急的节奏变化。"这样一说，学生也就明白，诗歌不是简单的读读，还有这么多讲究，下次也就有了这个意识。

（四）活跃气氛

课堂上的语言交流是增加气氛的重要法宝。教师作为课堂的引导者，具有调控气氛的作用，要在评价中给予学生生动的评语。抑扬的语气、开放的襟怀都是活跃气氛的手段。比如这样的评语："你的答案我听见了，但从你的表情中看不出坚定，敢不敢大声点？再来一个！"这样的评语不仅鼓舞了这个学生，还燃起其他学生想听的愿望。

四、评价的艺术

学生比较在意教师对自己的评价，因此，教师在评价方式上要得体，用语要讲究，要把评价当成一种交流的艺术、语言的艺术。

（一）慧眼识金

小学生在知识面和语言表达上还不够成熟，教师只有认清这个事实，才能用宽容、欣赏的眼光看待他们的表现，才能慧眼识金，发现学生的闪光点，并将其发扬光大。打开蚌壳才能让珍珠熠熠生辉，打开学生的心灵也才能让它大放异彩，所以善于发现的教师更容易培育出充满希望的幼苗。教科版《科学》三年级下册教材上有一单元是《动物的生命周期》，题目下面有一幅插图，一只老鸭子领着六只小鸭子，编者意在通过直观的方式告诉学生"所有动物都要经历出生、

---

① 南京凤凰母语教育科学研究所，江苏中小学教材编写服务中心. 语文（一年级下册）. 南京：江苏凤凰教育出版社，2016：51-52.

生长到死亡的全过程。这个过程就是它们的生命周期"。教师想引导学生观察插图，体会到编者的意图，于是问："你们仔细观察这幅图片，能想到什么？"有的学生并未想到教师预想的答案。他可能会说："我看见小鸭子都在好奇地看着我，老鸭子却背对着我，理也不理睬，是不是刚出生的小动物都对世界很好奇呀？"这种答案虽然并不是书本上的答案，没有点明"动物的生命周期"，但它却是生动、有趣的，且暗含了一个道理——动物在不同生长阶段，它的特性也是不一样的。这个道理我们从猫狗等常见动物那里可见。教师遇到这种奇特的回答，就应该慧眼识金，赞赏学生的发现，并引导其做进一步的思考。

（二）民主测评

小学生天性活泼、好奇，他们的想法和成人有些不同，经验虽少，想象力却丰富；成人则往往少了几分天真与浪漫。那么把发言权交给学生，让他们大胆地猜、尽情地疑，把多种可能摆上桌面，供大家争辩、取舍。每个学生可以充当小评论员，大胆地发表自己的看法。这在开放性问题的交流中更体现得明显，如《品德与社会》中"家乡的明天什么样"这一节，引导学生"畅想家乡的美好明天，树立起光荣的使命感，为家乡的长远发展尽自己的一份力量"。教师可以组织"金点子交流会"，学生自己可以设计金点子，分组讨论，各小组选出一名代表发言，其余同学评价各小组的点子，从中选出金点子、银点子、铜点子。① 像这种凝聚集体智慧的评价，才能得出令大家满意的结果。

（三）高瞻远瞩

小学生对教师的期待往往很高，容易对教师所讲深信不疑，因此，教师应当努力提升站位，看得高、看得远，对学生做到在思想上启蒙、在行动上指导。提升自己是教师的一门必修课，唯有不断提升，教师才能紧跟时代的步伐。欲穷千里目，更上一层楼。

教师要想语出惊人，就得趁早修炼，多读多思，充实自己。《古诗词诵读精华》里有李商隐的《乐游原》，诗写道："向晚意不适，驱车登古原。夕阳无限好，只是近黄昏。"② 受"不适""只是"的影响，学生容易把诗意理解为悲伤与惋惜之情，这并没有错，但它毕竟还有"夕阳无限好"之句。假如学生回答："晚霞虽好，但好景不长，多么令人惋惜呀！"教师如果从另一个角度提出不一样

---

① 程振禄. 品德与社会·教师教学用书（四年级下册）. 北京：人民出版社，2011：74-77.

② 柳斌. 古诗词诵读精华3. 北京：人民教育出版社，2000：7.

的看法，就会开拓学生的思路。教师可以说："虽近黄昏，但晚霞似火，夕阳多么美好呀！人生又何尝不是如此？我们有纯真如蓝天的童年，也有成熟如彩霞的老年，每个阶段都使人迷醉，我们要发现它的美，赞美它，歌唱它！"这种哲理式解读虽与本意有别，但多角度的解读也是一种尝试，况且诗无达诂，因人而异。

（四）平易近人

教师不仅要高瞻远瞩，还要以亲近的态度与学生交流，能把话说得通俗易懂，能够化难为易，删繁就简，这才是成熟教师的特长。课堂上问与答的对话是一种口头交流，靠听觉来理会，语音转瞬即逝，不像文字可以反复揣摩，所以尽量把话说得浅显易懂。教师说话时要态度温和、表情亲切，更容易使人接近。"'新课堂'是师生之间对话的'聊天室'。"既然是对话，就不是居高临下，而是走下来。为了和学生融为一体，教师在评价时可以环绕教室，把声音播撒在每一个角落，观察表情，目光交流，实现亲切的交谈。就语文来说，这种走动的行为，符合动态的语文课堂观。"'动态生成'是新课程改革倡导的一个理念、一个策略。""追求动态语文课堂，成为当前语文课堂教学发展的主要方向。"走进学生中间，方便拉近距离，与学生互动。"课堂上师生互为互动，会使课堂更加精彩。"师生之间眉眼中信息的传递，融洽了感情。"情感是课堂教学的调节者。生态性的课堂是流淌情感的，而课堂的情感是丰富多彩而又充满生命力的。"①走近学生，播撒声音，交流情感，会使课堂更加美丽。

第五节　小学教师的诵读艺术

课堂是有声的课堂，讲台也是舞台，经过专业学习的教师应具备诵读与表演的技能。

一、诵读的作用

有文字的地方就少不了读，有感情的文字就需要用朗诵去表达。简言之，诵读是读出声来的意思。具体说，"诵读就是经过抑扬顿挫、声情并茂的艺术加工，把文学作品诉诸人们视觉的书面文字转化为诉诸听觉的有声语言的再创作活

---

① 汪潮. 小学语文课程与教学论. 上海：华东师范大学出版社，2010：235-248.

动，具有很强的艺术感染力"①。诵读在教学中发挥重要作用。

（一）示范作用

读书须读得准确、流利，节奏感突出。小学是语言积累的关键时期，生字的读音、标点的停顿、句子的语气等知识都是学习与练习得来的。由错到对，从生到熟，是学习的转变规律。小学语文教材里很多读字读文练习，教师的示范在先，学生才知道怎么去读。即便数学的符号，也有自己的读音，教师要示范诵读才是。《三个小伙伴》写小野猪、小袋鼠、小象一起上山栽树的故事。像这样一句，就须把它读好：

> 没有箩筐运肥料怎么办？小袋鼠说："不要紧，不要紧，我有一个皮口袋。"不一会儿，小袋鼠就用皮口袋运来了一堆肥料。②

把音读准是基础，"口袋"的"袋"要读"dɑi"，"不一会儿"的"儿"读"er"；还要读出语调，"没有箩筐运肥料怎么办？"语调要上扬，表示疑惑；又要读出节奏，"不要紧，不要紧"需要读得紧凑；还要带着感情，疑虑时焦急，找到办法时喜悦，忧喜之状形于脸色。这么多细节须教师亲自示范，让学生在感受中受到启发。

（二）传情作用

诵读时声音优美，感情丰富，容易打动人。读书不难，声情并茂就相对难些。如何传情也是需要教师的示范。诵读生动了，会把人带入情境当中，与故事里的悲欢离合琴弦共振。苏霍姆林斯基曾经说过："学生体验到一种自己在亲身参与掌握知识的情感，乃是唤起少年特有的对知识的兴趣的重要条件。""在一定条件下，一个人的情感可以使他人产生同样的或与之相联系的情感，反之亦然，这是情感共鸣。"③ 语文教材里处处闪现着情感的浪花，标点自是带有情感的符号，所以问号的读法与感叹号的读法不同，省略号与破折号的读法也不同。如《草船借箭》里："鲁肃对周瑜说：'十万支箭，三天怎么造得成呢？诸葛亮说的是假的吧？'"这里虽然用问号，明显有不用问，心里很自信的意思，语气中甚

---

① 李秀然. 诵读艺术：技巧与训练. 北京：中国传媒大学出版社，2013：2.
② 南京凤凰母语教育科学研究所，江苏中小学教材编写服务中心. 语文（一年级下册）. 南京：江苏凤凰教育出版社，2016：35.
③ 汪潮. 小学语文课程与教学论. 上海：华东师范大学出版社，2010：232.

至带点嘲讽。课文结尾处，"周瑜长叹一声，说：'诸葛亮神机妙算，我真比不上他！'"① 这是看到结果后发自内心的感叹，要表达出那种钦佩之情。某些字词自带感情色彩，文本自带感情基调，也要能够表现出来。《蚕姑娘》用整齐的形式、相似的段落，描写蚕姑娘的成长过程。有一段这样写道：

> 睡了四回的蚕姑娘，吃了几天的桑叶，就爬到蚕山上，吐出丝儿来，要盖新的房。成了，成了，茧子真漂亮。②

"真漂亮"三个字就凝聚了充沛的感情，诵读时应高音、响亮，代表惊喜。而从全文看，感情基调也是欣喜的，有着儿童的天真之趣。对于课文感情的把握，学生可能没有教师那么细致、准确，只有教师示范后，才能使学生有更加感性的理解。诵读传情使得课堂有了色彩，"在校园的青春旋律中，师生作为鲜活的生命个体卷入精神相遇的场域中去，每个完整的生命体都积淀人生的喜怒哀乐，流淌着跳动的音符，他们带着全部的生活体验参与到学校教育中，因而课堂教学对师生来说是一段重要的生命经历，是他们生命中有价值和意义的部分"③。从生命经历的角度讲，诵读传情是很有价值的学习体验。

（三）吸引作用

诵读时声音的起伏变化自带一种吸引力。"语句中轻重、缓急、抑扬、顿挫的交替出现，有规律的反复，音色相同或相近的韵脚有规律的重现，都使语言组合既有对比，又有和谐均衡的韵律感。"④ 教师带着感情的生动诵读，会使学生沉醉其中。《语文园地》"我会读"部分有一首《一个石头小姑娘》，写雕塑被人破坏的事情，其中几句是：

> 你那样天真，有一双
> 白白的、胖胖的小脚丫；
> 为什么小脚丫被人砸坏了？
> 我老是想不通。⑤

① 课程教材研究所，小学语文课程教材研究开发中心. 语文（五年级下册）. 北京：人民教育出版社，2009：96-99.
② 南京凤凰母语教育科学研究所，江苏中小学教材编写服务中心. 语文（二年级下册）. 南京：江苏凤凰教育出版社，2015：22.
③ 娄立志. 基础教育改革动态. 北京：高等教育出版社，2011：124.
④ 李秀亮. 诵读艺术：技巧与训练. 北京：中国传媒大学出版社，2013：64.
⑤ 课程教材研究所，小学语文课程教材研究开发中心. 语文（二年级下册）. 北京：人民教育出版社，2002：113.

教师准确地把握诗意、斟酌读法后，用深情的演绎吸引学生的注意力，甚至可以带动他们想象画面、体验情感。从重音角度，"你那样天真"的"那样"和"白白的、胖胖的小脚丫"的"小"字应该读重音，以突出天真的程度及脚丫的可爱。从节奏角度，"白白的、胖胖的"应该舒缓，声音清亮，表达童真之意与喜爱之情。从语调角度，"为什么小脚丫被人砸坏了"应该读成上扬调，表示不解和愤怒。从语势角度，前面两行读出欢快，后面两行读出沉闷，起句高，尾句低。白、胖、小的可感性加上声音的韵律性以及教师的抒情性，会把学生带入生动的情境中，体验语言的妙处。

二、诵读的艺术

诵读需要技巧，不同的读法会产生不同的效果。掌握诵读技巧对于传情达意有很大帮助。

（一）读准字眼

字眼指用在句子中的字或词，也指诗文中精要的字。文字是有生命力的语言符号，由音形义构成。"语音能表达一定的意义，它所表达的意义是社会成员约定俗成的。"[①]语音的高低、强弱、长短、特色不同，带来听觉的反应不同，也因此来判断意义，把握情感。没有读出准确性，就影响意义的表达。如"她迟迟（chíchí）不来，莫非是有了新情况？"若读成了"她次次（cìcì）不来，莫非是有了新情况？"就变换了意思。读得不准确还影响韵律美的传达。像《敕勒歌》（人教版二年级语文上册）："敕勒川，阴山下。天似穹庐，笼盖四野。天苍苍，野茫茫。风吹草低见牛羊。""笼盖四野"的"野"，不念yě，念yǎ；"风吹草低见牛羊"的"见"，念xiàn。如念错，就不押韵，而且见（jiàn）和见（xiàn）的意境也不一样。

（二）读变句子

句子根据表达的需要可以有各种变化，如轻重、缓急、抑扬、顿挫等。正是这种变化形成了听觉上的美感，如同琴弦发出不同的音色才可以组织成美妙的音乐。《冬阳·童年·骆驼队》写童年的美好回忆，驼铃声是作者童年中美妙的音乐。"骆驼队伍过来时，你会知道，打头儿的那一匹，长脖子底下总会系着一个

---

① 马景伦. 汉语（上编）. 南京：南京大学出版社，2000：12.

铃铛，走起来，铛、铛、铛地响。"① 读到"铛、铛、铛"的时候，应当缓慢，而且清脆，以契合骆驼慢慢地走、慢慢地嚼的特性。《景阳冈》写武松打虎，节奏感却是另一番样子。"武松见了，叫声：'啊呀！'从青石上翻身下来，把哨棒拿在手里，闪在青石旁边。"② "啊呀"二字须大声惊呼，高出其他音节，方显情节真实。带有语言描写的句子，区分陈述句和描写句很关键，像《人物描写一组》里边的这样一句："一语未了，只听后院中有人笑声，说：'我来迟了，不曾迎接远客。'"③ 读到人物话语时，语气自然不同，那是一种带有笑语的表达，须读出笑声来。至于前面的陈述语，只需平静去读就可以。由此看，情思的氛围、情节的发展、人物的特点等都能通过变化的读法来呈现。

（三）读畅全文

字句是组成文章的"砖瓦"，细节的处理对于整体来说也很重要，但是如果只把握好细节而不注重文章的整体效果，就不算成功，一叶障目就是这个道理。读畅全文是语文教学上的宏观要求。曹丕提出"文以气为主"的美学观，这个"气"就是指文学作品里流转的精神活力，也指作者的才情与志趣。要体会这种气的流转，须从整体着手。就叙事型作品而言，也须在理清文脉的基础上，读得起伏有致，摇曳生姿。莫泊桑的小说《项链》故事情节完整离奇，跌宕起伏，结局处戛然而止。诵读时须随情节的波折自然起伏，吸引听者的注意。小说讲究情节的构思，"节奏、语调的变化要有总体的设计，并有合理的快慢对比和明暗变化，这样才能吸引听众的注意力"④。

（四）读掉自我

陶渊明有诗句"采菊东篱下，悠然见南山"，因其深情忘我，受到无数人喜爱。读书也是如此，沉浸在书本当中，自我陶醉，飘飘然，不知身在何处。诵读和表演一样，忘掉自我，投身其中，才能演绎得传神。乡村生活是有趣的，《卖哨》就写了乡村的场景：

---

① 课程教材研究所，小学语文课程教材研究开发中心. 语文（五年级下册）. 北京：人民教育出版社，2009：27.

② 课程教材研究所，小学语文课程教材研究开发中心. 语文（五年级下册）. 北京：人民教育出版社，2009：104.

③ 课程教材研究所，小学语文课程教材研究开发中心. 语文（五年级下册）. 北京：人民教育出版社，2009：135.

④ 李秀然. 诵读艺术：技巧与训练. 北京：中国传媒大学出版社，2013：151.

"呜卟，呜卟，呜……"

田野里，什么声响和着孩子的鼻音，在浓绿的麦叶上掠过？一声呼，一声应，忽高忽低，那么欢快，那么柔美。①

这段带着喜悦的描写若加上深情的演绎，就会将学生引入情境中。教师要想感染学生，就得自己先进入情境，似人在画中游、倾听、冥想，仿佛自己就是那个在田野玩耍的孩子。忘掉了自我，也就没有了羞愧、扭捏、胆怯、紧张等干扰的心理因素，他会发出"呜卟，呜卟，呜……"的鸟叫声。教师需要这种投入和忘我的精神，"由于受认知水平和阅读能力的限制，学生在阅读课文时，往往体会不出作者的感情，或体会得很肤浅。教师的真情实感，对诱发和深化学生的内心体验，起着重要的导向和催化作用。这是由情感的感染特点所决定的"②。

第六节　小学教师的口语与态势语

教师上课用到口语与态势语，口语是主要的，态势语起辅助作用。有声结合无声，相互补充。

一、口语的规范

语言有两种表现形式：口语和书面语。口语是口头语言的简称，它是第一性的；书面语言是在口语的基础上产生和发展起来的，是第二性的。口语因临场交流所需带有随机性和随意性，不免有些粗糙和松散。课堂的交流大多用的是口语，所以对于口语的规范有内在的要求。

（一）发音对

说话发对音是基本要求，否则无法交流。因发错音造成理解偏差的情况也不少见。比如："这是一栋私人（sīrén）住宅。"如果sh和s不分，就会说成"这是一栋诗人（shīrén）住宅。"发音不对有时还会闹笑话，h与f在部分地区的方言里有混淆的现象，若把"你说她回去会不会发现桌子上有一朵花？"读混了就变成"你说她回（féi）去会（fèi）不会（fèi）发（huā）现桌子上有一朵花（fā）？"

---

① 课程教材研究所，小学语文课程教材研究开发中心. 语文（四年级下册）. 北京：人民教育出版社，2004：108.

② 汪潮. 小学语文课程与教学论. 上海：华东师范大学出版社，2010：231.

（二）语序顺

说话时需要逻辑合理、语句通顺。顺序颠倒的句子会使人的思路混乱，尤其对于学习这种逻辑性很强的行为。教师要想好了再说，把话说得流利。像这样一句话就有些混乱："同学们，今天给大家介绍一位新来的小朋友，他的名字——俗话说有朋自远方来，不亦乐乎？相逢是一种缘，人生何处不相逢？我们要珍惜彼此的缘分。对了，他的名字叫——来，你自己来说！"

（三）无冗言

冗是冗赘的意思，冗言指多余无用的语言。我们常说的口头禅就是冗言的一种。口头禅往往是无意识下说出的，说话者没有察觉、听话者却有些反感的口语。在课堂教学中，这种口头禅较常见，所以教师要尽量不使用口头禅。下面的句子中都带有口头禅：

　　蝴蝶是花的天使，其实我们不应该捉它来玩。
　　那天她穿着新买的红裙子，然后走路哼着歌，然后掉进了水坑里。
　　泉水从山顶上流下来，哗啦哗啦地流，说真的，流到了我的心里。
　　我今天来上学，反正看到了很多人站在屋檐下躲雨。

上面的"其实""然后""说真的""反正"都是多余的，教师在说话时应极力避免。试想教师一节课下来反复重复一个字、一个词，那该多让人难以忍受。其他口头禅还很多，如那、那么、那个、一个、呃、好、就是、总之、的话、另外、不骗你、说老实话等。对此，师生之间、生生之间可以说说听听，相互纠正。

二、几种魅力口语

由于说话人的年龄、性格、性别、音色等不同，说出的话听起来也不一样。口语的生动活泼、灵活是它的优点。如果说好了，口语自带一种魅力。现举几例口语类型。

（一）朴素的

朴，指没有加工的木材，比喻不加修饰。素的本义指未经加工的细密的本色丝织品，后引申为白色，又引申为不加修饰。朴素是一种本色，朴素的口语耐听、易懂、久听不厌。这个道理和饮食一样，味道浓烈、繁杂反而容易使人生厌，朴素的往往容易让人接受。师生之间的对话本应脱去浮华的修饰，还原内心的本真，做到以诚相待。《宿新市徐公店》是小学语文的一篇课文，内容是："篱落疏疏一径深，树头花落未成阴。儿童急走追黄蝶，飞入菜花无处寻。"①教师可以用朴素的语言这样导入：

> 同学们，我们都经历过和小蝴蝶、小蜻蜓赛跑的游戏，最后是谁赢了呢？不管是谁赢，我们都很开心对不对？今天老师就带领大家，一起来看看古代的小朋友有没有追上蝴蝶。跟老师一起读课题——宿新市徐公店。

（二）简洁的

简和繁相对，是简单、简化之义。洁有清洁、干净之义。简洁的口语听来干脆、直接。如果能用一句话解释的问题，教师就不要说两句，这是经济原则。简洁不代表省去内容、偷工减料，而是用最简洁的文字达到最清晰的效果。课前说出教学目标就适合简洁的口语。

> 家乡是生我养我、哺育我成长的热土，我们每个人对自己的家乡都怀有深厚的感情。今天，我们就来畅谈自己的家乡。

这里有情感的目标，也有能力的目标，简洁明了。

（三）生动的

生动的口语是把话说得形象可感，把语言组织得活泼灵动。经常使用修辞，如比喻、拟人、排比、夸张、通感、引用等。灵活多样的表达，给人新鲜的感觉，产生听觉的愉悦，从而更加投入课堂情境当中。数学学习"千克"（人教版二年级数学下册）概念时，可以这样引入课题：

> 白菜说："我每千克3.00元。"茄子听了偷笑道："我每千克4.00元。"青椒笑得蹲下来，小声说："还好意思说，也不看看我每千克6.00元。"同学们，它们都在说"千克"，千克到底有多重呢？

（四）幽默的

小学生爱玩，天性活泼，如果课堂太苦闷，学生就容易走神、提不起精神。

---

① 课程教材研究所，小学语文课程教材研究开发中心. 语文（二年级下册）. 北京：人民教育出版社，2002：6.

此时，幽默就是一剂"良药"，可以治愈乏味、激发兴趣。幽默对于师生关系的融洽也有促进作用。幽默是思维灵活的一种表现，没有幽默的口语直来直去，有了幽默就有了曲折，康庄大道当然好走，但曲径通幽也是一种快乐体验。在教学中，教师穿插适量的幽默，就会调剂课堂气氛，提升学习效率。数学课教授"吨的认识"（人教版三年级数学上册）时，同样可以采用幽默的表达。

小猴子中了大奖——一个电子秤，它高兴地跳上去，"哇，又瘦了，看看我多苗条！"大象听见了，急匆匆地跑过来，"我也来称称！""不要！"小猴子话音还没落，只听"砰"的一声，电子秤爆炸了！小猴子哭着喊："我们都是用千克来称，像你这样的块头应该用吨了！"同学们，"吨"是什么？它和"千克"有什么关系？

故事导入法加上幽默的口语很自然地吸引了学生的注意力，从而开启新课的学习。

（五）好听的

口语也是一种语音，好听的声音，大家愿意听；不好听的声音，大家想躲避。上课是口语的展示台，40分钟听着不好听的语言，学生会对学习产生厌恶之情。把口语说得好听是有必要的。说得好听的方法很多，引入音乐的灵感，说得富于变化，是一种；引入绘画的灵感，说得形象具体，是一种；引入影视的灵感，说得声色各异，也是一种。把话说得好听需要教师下一番功夫，要有设计、有技巧，还要有实践。教师要善于模仿，模仿人物的语言，模仿动物的发声，模仿自然的声音。掉了牙的老太太说的话和几岁儿童咿呀咿呀的声音、布谷布谷或叽叽喳喳的鸟声、叮叮咚咚的流水声、沙沙的树叶声等，都出自教师的口中，若能这样，教室里将充满动听的声音，学生也将在这种动听的声音中充满激情地学习。

三、态势语的作用

态势语又称体态语、动作语言等，"态势语是人类交际活动中的辅助手段，是通过体态、手势、表情、眼神等非语言元素来传递信息的辅助形式"[1]。态势语作为口语的辅助手段，能够有效地表现说话的情形、状态，从而使视觉上也带

---

[1] 李秀然. 诵读艺术：技巧与训练. 北京：中国传媒大学出版社，2013：88.

来生动体验。态势语有以下作用。

（一）弥补作用

口头语言虽可以传声，但无法观赏，如果又能听又能看，就能使教学进入更佳的状态，态势语就弥补了口语不能看的缺点。说话者可以摆出姿态，滑动手指，面露表情，抛出眼神，这些无不成为生动的无声语言。在说话不方便时，态势语可以出场，它就像一个嘴里吃着东西的人在给别人指路一样。在一些口语无法形容的情境里，态势语也大有作为。像说话者不想针对某个人多说一句话的时候，他可以撇撇嘴，摇摇头，表示一言难尽。哑剧是一种不用台词而凭借形体动作和表情表达剧情的戏剧形式。这和态势语是一样的，只不过日常态势语是为了配合口语，哑剧则纯属态势语。哑剧单用动作就能演绎生动的剧本，态势语还有口语在发挥主体作用。可见态势语的功能强大，用好了，会使口语锦上添花。

（二）传神作用

态势语利用表情、动作等辅助手段，使说话如同在表演，尤其在说话人沉浸其中的时候。在诵读文学作品时，态势语更能发挥传神的作用。诵读者"力求做到如临其境、如见其形，用有声语言和目光语的完美结合作画，把公众带入到文学作品的意境中去"[1]。读"山重水复疑无路，柳暗花明又一村"时，眼睛里可以放出明亮的光彩，如同从久关的黑屋子里推开窗户，看到满目阳光；读"孤帆远影碧空尽，唯见长江天际流"时，目光看向远方，眼波里浸润着不舍的泪花；读"千磨万击还坚劲，任尔东西南北风"时，站立挺直，目光坚毅。眼睛是心灵的窗口，它的感染力也是强大的。

（三）模仿作用

为了使人听得更明白，说话人或读书人往往做出一些手势、面部的表情、身体的姿势等，从而不自觉进入模仿状态。比如，一边说"我看见瓜秧上长着一个这么大的西瓜"，一边用双手画出一个大大的圆形，这是模仿；一边读"雨还没有要停的样子，偏偏今天忘带伞了，我真是！"边读边眉头紧锁，似要哭泣，这也是模仿；"猪八戒挺着大肚子，这样一晃一晃地走着。"边读边一模一样地走起来，这还是模仿。模仿相当于微型表演，它把语音、动作、表情等融为一体，使

---

[1] 李秀然. 诵读艺术：技巧与训练. 北京：中国传媒大学出版社，2013：89.

听者动容、见者生情。

四、态势语用法举隅

态势语千变万化，多姿多彩，各种用法只要运用恰当，就会对表达产生积极作用。下面举几种用法。

（一）以手画形

手是灵活的，可以画出各种形状。听觉接收的是声音，视觉接收的是形色。颜色手指比划不出，形状却可以手到形出。"极目远望，只见绵延起伏的山峦。"伴随这一句，用右手画出山峦起伏的曲线，于是无形的声音化作可见的形状。"两个黄鹂鸣翠柳，一行白鹭上青天。"（杜甫《绝句》）读这句诗的时候，用手画出一字型，引人顺着手指向着天的方向望去。手势虽然灵活，但不宜过多，不该出手时不出手，应尽量避免频繁而无意义的动作，否则会像口头禅一样令人反感。

（二）以目透灵

眼睛是心灵的窗户，这意味着眼睛可以透露人的心思。眼睛像一面透明的玻璃，后面藏着五颜六色的心。泰戈尔也说："一旦学会了眼睛的语言，表情的变化将是无穷无尽的。"[1]于是，在演绎书中人物时，可以在目上下功夫。晋代画家顾恺之也曾说过"传神写照，正在阿堵中"（《晋书·顾恺之传》），意思是要想人像画得传神生动，关键在于这眼睛上。这句话不止适合绘画艺术，文学艺术也是一样的道理。那么把文学里的眼神表现出来，并由此透露心灵，则是抓住了关键。艾青在诗中借鸟的口吻表达诗人那颗真挚、炽热的爱国之心。读"为什么我的眼里常含泪水？因为我对这土地爱得深沉……"（《我爱这土地》）这一句时，就应眼里含情，让观者看到其背后深沉的爱。

（三）以容传情

人的面容犹如一片湖水，时而平静，时而波起，有"潭面无风镜未磨"的宁静，也有"风乍起，吹皱一池春水"的不安。人的眉、目、嘴、鼻，包括面颊可以组合成各种情态。口语交谈时情形于色是自然，扮演他人时情形于色是达于自然。教师作为课堂的引导者，须用他的面部表情来召唤学生，走进自己的磁场，

---

[1]　李秀然. 诵读艺术：技巧与训练. 北京：中国传媒大学出版社，2013：90.

师生共同演绎情景剧。苏霍姆林斯基在《给教师的建议》中说过：教学过程中就是要形成、确立并且保持儿童的这样一种内心状态——即情绪高涨、智力振奋的状态，使儿童体验到自己在追求真理、进行脑力劳动的自豪感。因此，教师要充分利用不同的教学方式和手段激发学生的学习兴趣。以容传情是简易、灵活，充满情味与亲切感的手段，教师在传递喜怒哀乐的同时，自己也体验着其中的乐趣。

复习与思考

1）小学教师教学技能与特长考核的意义是什么？

2）教案编写的思路是什么？

3）课件制作的思路有哪些？

4）小学教师如何进行提问与评价？

5）诵读的艺术性体现在哪儿？

6）教师口语有哪些规范？

7）什么样的教师口语才是好的？

8）什么是态势语？如何使用态势语？

拓展资源

教育部基础教育课程教材发展中心. 古诗词诵读精华（1—3）. 北京：人民教育出版社，2000.

李秀然. 诵读艺术：技巧与训练. 北京：中国传媒大学出版社，2013.

娄立志. 基础教育改革动态. 北京：高等教育出版社，2011.

罗雅萍. 小学语文教学设计与案例分析. 北京：中国人民大学出版社，2019.

马景仑. 汉语（上编）. 南京：南京大学出版社，2000.

阮成武. 小学教育概论. 上海：华东师范大学出版社，2011.

沈嘉祺. 小学教育实践手册. 上海：华东师范大学出版社，2012.

汪潮. 小学语文课程与教学论. 上海：华东师范大学出版社，2010.

吴雪青. 小学教师口语. 上海：华东师范大学出版社，2010.

徐丽华. 小学课堂观察. 北京：高等教育出版社，2013.